Ring/Olsen-Ring

Internationales Zivilverfahrensrecht

Internationales Zivilverfahrensrecht

von

Dr. Gerhard Ring
o. Professor
an der TU Bergakademie Freiberg/Sachsen

und

Dr. Line Olsen-Ring, LL.M.
Honorarprofessorin für Skandinavisches Recht
an der Universität Leipzig

2018

www.beck.de

ISBN 978 3 406 70650 9

Wilhelmstraße 9, 80801 München
Druck: Druckhaus Nomos
In den Lissen 12, 76547 Sinzheim

Satz: DTP-Vorlagen der Autoren

Gedruckt auf säurefreiem, alterungsbeständigem Papier
(hergestellt aus chlorfrei gebleichtem Zellstoff)

Vorwort

Dieser Grundriss zum deutschen Internationalen Zivilverfahrensrecht (IZVR) soll Studierenden und Referendaren, aber auch Rechtsanwälten und Richtern, die sich oft unter Zeitdruck in diese nicht ganz einfach überschaubare Materie einarbeiten müssen, die Möglichkeit eröffnen, sich innerhalb kurzer Zeit einen Überblick zu verschaffen oder bereits vorhandenes Wissen zu wiederholen. Welches Gericht eines welchen Staates ist für die Entscheidung über eine konkrete Sache mit Auslandsbezug international zuständig? Ist ein Gericht in einem konkreten Fall international zur Entscheidung berufen, bestimmt sich der Verfahrensablauf dann nach Maßgabe des Rechts am Sitz des mit der Sache befassten Gerichts.

Der vorliegende Grundriss ergänzt unser in der Reihe Jurakompakt 2017 bereits in zweiter Auflage erschienenes Internationales Privatrecht (IPR). Das IZVR ist dem IPR insoweit vorgelagert, als das IPR der internationalen Zuständigkeit folgt.

Da eine einheitliche Kodifikation des IZVR fehlt, ist die Bestimmung der internationalen Zuständigkeit eines deutschen Gerichts oft schwierig. Eine Vielzahl EU-rechtlicher, völkerrechtlicher und autonomer rechtlicher Vorschriften des deutschen Rechts regeln die internationale Zuständigkeit in Bezug auf diverse Bereiche (z.B. allgemein Zivil- und Handelssachen, aber auch Ehe- oder Unterhaltsangelegenheiten bzw. erbrechtliche Streitigkeiten). Das autonome deutsche IZVR gelangt dabei aber nur subsidiär zur Anwendung, nämlich dann, wenn vorrangiges EU- oder Völkerrecht hierfür noch Raum lässt.

Der Grundriss will verständlich und kompakt zunächst die Grundlagen (nämlich die unterschiedlichen Kodifikationen des IZVR, den Ausgangspunkt der Anwendung der *lex fori* und die Grenzen der Gerichtsgewalt aufgrund des Völkerrechts) überblicksmäßig darstellen. Dem schließt sich ein Überblick über die internationale Zuständigkeit deutscher Gerichte nach europäischem Recht (vor allem nach der Brüssel Ia-VO, aber auch nach der EheVO, der UnterhaltsVO und der EuErbVO), nach internationalen Abkommen und nach autonomem deutschen Recht an. Behandelt werden auch die grenzüberschreitende Zustellung und die Beweisaufnahme im Ausland. Zuletzt erfolgt ein Überblick über die Anerkennung und Vollstreckung ausländischer Entscheidungen – wiederum differenziert nach Maßgabe des EU-Rechts (d.h. der Brüssel Ia-VO, der EheVO, der UnterhaltsVO, der EuErbVO, der EuVTVO, der EuGFVO, der EuMVVO und der EuKtPVO), internationaler Abkommen und des autonomen deutschen Rechts.

Von einer vertieften Darstellung der Internationalen freiwilligen Gerichtsbarkeit, des Internationalen Insolvenzrechts und des Verfahrens vor internationalen Schiedsgerichten, die gleichermaßen Gegenstand des IZVR sind, musste aus Platzgründen Abstand genommen werden.

Zahlreiche Schemata und Fälle aus der Rechtsprechung wollen eine kurze und gezielte Information ermöglichen, die sich auf das Wesentliche konzentriert.

Freiberg im Herbst 2017 *Gerhard Ring* und *Line Olsen-Ring*

Inhaltsverzeichnis

Abkürzungsverzeichnis

ABl.	Amtsblatt
a.E.	am Ende
AEUV	Vertrag über die Arbeitsweise der EU
AG	Amtsgericht
AUG	Ausführungsgesetz
AVAG	Gesetz zur Ausführung zwischenstaatlicher Verträge und zur Durchführung von Abkommen der EU auf dem Gebiet der Anerkennung und Vollstreckung in Zivil- und Handelssachen (Anerkennungs- und Vollstreckungsausführungsgesetz i.d.F. der Bekanntmachung vom 30. November 2015 (BGBl. I, S. 2146)
BAG	Bundesarbeitsgericht
BGHZ	amtliche Entscheidungssammlung des Bundesgerichtshofs in Zivilsachen
BVerfG	Bundesverfassungsgericht
BVerfGE	amtliche Entscheidungssammlung des Bundesverfassungsgerichts
Brüssel I-VO	Verordnung (EG) Nr. 44/2001 des Rates vom 22. Dezember 2000 über die gerichtliche Zuständigkeit und die Anerkennung und Vollstreckung von Entscheidungen in Zivil- und Handelssachen
Brüssel Ia-VO	Verordnung (EU) Nr. 1215/2012 des Europäischen Parlaments und des Rates vom 12. Dezember 2012 über die gerichtliche Zuständigkeit und die Anerkennung und Vollstreckung von Entscheidungen in Zivil- und Handelssachen
Brüssel IIa-VO	siehe unter EheVO
Brüssel IVa-VO	siehe unter Rom IVa-VO
Brüssel IVb-VO	siehe unter Rom IVb-VO
CMR	Übereinkommen über den Beförderungsvertrag im internationalen Straßengüterverkehr vom 19. Mai 1956 (BGBl. 1961 II, S. 1119)
d.h.	das heißt
EG	Europäische Gemeinschaft
EGBGB	Einführungsgesetz zum Bürgerlichen Gesetzbuch
EheVO	Verordnung (EG) Nr. 2201/2003 des Rates vom 27. November 2003 über die Zuständigkeit und Anerkennung und Vollstreckung von Entscheidungen in Ehesachen und in Verfahren betreffend die elterli-

	che Verantwortung und zur Aufhebung der Verordnung (EG) Nr. 1347/2000 (Europäische Ehe- und Sorgerechtsverordnung)
EU	Europäische Union
EuBVO	Verordnung (EG) Nr. 1206/2001 des Rates vom 28. Mai 2001 über die Zusammenarbeit zwischen den Gerichten der Mitgliedstaaten auf dem Gebiet der Beweisaufnahme in Zivil- oder Handelssachen
EuErbVO	Verordnung (EU) Nr. 650/2012 vom 4. Juli 2012 über die Zuständigkeit, das anwendbare Recht, die Anerkennung und Vollstreckung von Entscheidungen und die Annahme und Vollstreckung öffentlicher Urkunden in Erbsachen sowie zur Einführung eines Europäischen Nachlasszeugnisses (Europäische Erbrechtsverordnung)
EuGFVO	Verordnung (EG) Nr. 861/2007 des Europäischen Parlaments und des Rates vom 11. Juli 2007 zur Einführung eines europäischen Verfahrens für geringfügige Forderungen
EuGVO	siehe unter Brüssel I-VO
EuGVVO	siehe unter Brüssel I-VO
EuInsVO	Europäische Insolvenzverordnung
EuKtPVO	Verordnung (EG) Nr. 861/2007 des Europäischen Parlaments und des Rates vom 11. Juli 2007 zur Einführung eines europäischen Verfahrens für geringfügige Forderungen
EuMVVO	Verordnung (EG) Nr. 1896/2006 des Europäischen Parlaments und des Rates vom 12. Dezember 2006 zur Einführung eines Europäischen Mahnverfahrens
EuUntVO	Verordnung (EG) Nr. 4/2009 vom 18. Dezember 2008 über die Zuständigkeit, das anwendbare Recht, die Anerkennung und Vollstreckung von Entscheidungen und die Zusammenarbeit in Unterhaltssachen (Europäische Unterhaltsverordnung)
EuVTVO	Verordnung (EG) Nr. 805/2004 des Europäischen Parlaments und des Rates vom 21. April 2004 zur Einführung eines europäischen Vollstreckungsverfahrens für unbestrittene Forderungen
EuZustVO	Verordnung (EG) Nr. 1393/2007 des Europäischen Parlaments und des Rates vom 13. November 2007 über die Zustellung gerichtlicher und außergerichtlicher Schriftstücke in Zivil- und Handelssachen in den Mitgliedstaaten
EuZVO	Verordnung (EG) Nr. 1393/2007 des Europäischen Parlaments und des Rates vom 13. November 2007 über die Zustellung gerichtlicher und außergerichtlicher Schriftstücke in Zivil- oder Handelssachen in

	den Mitgliedstaaten („Zustellung von Schriftstücken") und zur Aufhebung der Verordnung (EG) Nr. 1348/2000 des Rates
EuZW	Europäische Zeitschrift für Wirtschaftsrecht
EWS	Europäisches Wirtschafts- und Steuerrecht
FamFG	Gesetz über das Verfahren in Familiensachen und in Angelegenheiten der freiwilligen Gerichtsbarkeit vom 17. Dezember 2008 (BGBl. I, S. 2586)
FamRZ	Zeitschrift für das gesamte Familienrecht
FPR	Familie, Partnerschaft, Recht
FuR	Familie und Recht
GPR	Zeitschrift für Gemeinschaftsprivatrecht
GVG	Gerichtsverfassungsgesetz i.d.F. vom 9. Mai 1975 (BGBl. I, S. 1077)
HBewÜ	Haager Übereinkommen über die Beweisaufnahme im Ausland in Zivil und Handelssachen vom 18. März 1970 (BGBl. 1977 II, S. 1472)
HKÜ	Haager Übereinkommen über die zivilrechtlichen Aspekte internationaler Kindesentführung vom 25. Oktober 1980 (Haager Kindesentführungsübereinkommen)
HKindUntVollstrÜbK	Haager Übereinkommen über die internationale Geltendmachung der Unterhaltsansprüche von Kindern und anderen Familienangehörigen vom 23. November 2007
HUntProt	Haager Protokoll über das auf Unterhaltspflichten anzuwendende Recht vom 23. November 2007
HUntVollstrÜbK	Haager Übereinkommen über die Anerkennung und Vollstreckung von Unterhaltsentscheidungen vom 2. Oktober 1973 (BGBl. 1986 II, S. 825)
HZPÜ	Haager Übereinkommen über den Zivilprozess vom 1. Januar 1954 (BGBl. 1958 II, S. 577)
HZustÜ	Haager Zustellungsübereinkommen
i.d.F.	in der Fassung
i.E.	im Einzelnen
IntErbRVG	Internationales Erbrechtsverfahrensgesetz vom 29. Juni 2015 (BGBl. I, S. 1042)
InFamRVG	Internationales Familienrechtsverfahrensgesetz vom 26. Januar 2005 (BGBl. I, S. 162)
IPR	Internationales Privatrecht
IPRax	Praxis des Internationalen Privat- und Verfahrensrechts
IZPR	Internationales Zivilprozessrecht
IZVR	Internationales Zivilverfahrensrecht
JR	Juristische Rundschau
JURA	Juristische Ausbildung
JuS	Juristische Schulung
JZ	Juristen-Zeitung

KSÜ	Haager Übereinkommen über die Zuständigkeit, das anwendbare Recht, die Anerkennung, Vollstreckung und Zusammenarbeit auf dem Gebiet der elterlichen Verantwortung und der Maßnahmen zum Schutz von Kindern vom 19. Oktober 1996 (BGBl. 2009 II, S. 603) (Haager Kinderschutzübereinkommen)
LG	Landgericht
MDR	Monatsschrift für Deutsches Recht
MSA	Übereinkommen über die Zuständigkeit der Behörden und das anzuwendende Recht auf dem Gebiet des Schutzes von Minderjährigen vom 5. Oktober 1961 (BGBl. 1971 II, S. 217)
NJ	Neue Justiz
NJW	Neue Juristische Wochenschrift
Nr.	Nummer
NZA	Neue Zeitschrift für Arbeitsrecht
OLG	Oberlandesgericht
RabelsZ	Zeitschrift für ausländisches und internationales Privatrecht
RGZ	amtliche Entscheidungssammlung des Reichsgerichts in Zivilsachen
RIW	Recht der internationalen Wirtschaft
Rn.	Randnummer
Rom IVa-VO	VO (EU) 2016/1103 des Rates zur Durchführung einer Verstärkten Zusammenarbeit im Bereich der Zuständigkeit, des anzuwendenden Rechts und der Anerkennung und Vollstreckung von Entscheidungen in Fragen des ehelichen Güterstands
Rom IVb-VO	VO (EU) 2016/1104 des Rates zur Durchführung einer Verstärkten Zusammenarbeit im Bereich der Zuständigkeit, des anzuwendenden Rechts und der Anerkennung und Vollstreckung von Entscheidungen in Fragen güterrechtlicher Wirkungen eingetragener Partnerschaften
UnterhaltsVO	Verordnung (EG) Nr. 4/2009 des Rates vom 18. Dezember 2008 über die Zuständigkeit, das anwendbare Recht, die Anerkennung und Vollstreckung von Entscheidungen und die Zusammenarbeit in Unterhaltssachen (Europäische Unterhaltsverordnung)
vgl.	vergleiche
VO	Verordnung
VVG	Versicherungsvertragsgesetz i.d.F. der Bekanntmachung vom 23. November 2007 (BGBl. I, S. 2631)
WDÜ	Wiener Übereinkommen über diplomatische Beziehungen vom 18. April 1961 (BGBl. 1964 II, S. 957)

WKÜ .... Wiener Übereinkommen über konsularische Beziehungen vom 24. August 1963 (BGBl. 1969 II, S. 1585)
WM .... Wertpapiermitteilungen
ZEuP .... Zeitschrift für Europäisches Privatrecht
ZEV .... Zeitschrift für Erbrecht und Vermögensnachfolge
ZGS .... Zeitschrift für das gesamte Schuldrecht
ZIP .... Zeitschrift für Wirtschaftsrecht
ZKJ .... Zeitschrift für Kindschaftsrecht und Jugendhilfe
ZPO .... Zivilprozessordnung i.d.F. der Bekanntmachung vom 5. Dezember 2005 (BGBl. I, S. 3202)
ZRHO .... Rechtshilfeordnung für Zivilsachen, neu gefasst durch Bekanntmachung vom 28. Oktober 2011 (Bundesanzeiger 2012 Nr. 38a)
ZRP .... Zeitschrift für Rechtspolitik
ZZP .... Zeitschrift für Zivilprozess
ZZPInt .... Internationale Zeitschrift für Zivilprozess

Literaturverzeichnis

Lehrbücher

Adolphsen	Europäisches Zivilverfahrensrecht, 2. Aufl. 2015
Geimer	Internationales Zivilprozessrecht, 7. Aufl. 2015
Geimer/Schütze	Europäisches Zivilverfahrensrecht, Kommentar, 3. Aufl. 2010
Geimer/Schütze (Hrsg.)	Internationaler Rechtsverkehr in Zivil- und Handelssachen (Loseblatt, Stand 2017)
Herdegen	Europarecht, 18. Aufl. 2016
Hess	Europäisches Zivilprozessrecht – Ein Lehrbuch, 2010
von Hoffmann/Thorn	Internationales Privatrecht, 9. Aufl. 2007
Junker	Internationales Zivilprozessrecht, 3. Aufl. 2016
Kropholler/von Hein	Europäisches Zivilprozessrecht, 9. Aufl. 2011
Linke/Hau	Internationales Zivilverfahrensrecht, Grundriss, 6. Aufl. 2015
Nagel/Gottwald	Internationales Zivilprozessrecht, 7. Aufl. 2013
Rauscher	Internationales Privatrecht (mit internationalem und europäischem Verfahrensrecht), 4. Aufl. 2012
Rauscher (Hrsg.)	Europäisches Zivilprozess- und Kollisionsrecht, Kommentar, Bd. 1 (Brüssel Ia-VO), 4. Aufl. 2015; Bd. 2 (EuVT-VO u.a.), 4. Aufl. 2015; Bd. 4 (Brüssel IIa-VO u.a.), 4. Aufl. 2015
Ring/Olsen-Ring	IPR, 2. Aufl. 2017
Ring/Olsen-Ring	Quellen des Europäischen und Internationalen Familienrechts (§ 1), in: Eherecht in Europa (hrsg. von Süß/Ring), 3. Aufl. 2017
Schack	Internationales Zivilverfahrensrecht mit internationalem Insolvenz- und Schiedsverfahrensrecht – Ein Studienbuch, 7. Aufl. 2017
Schlosser/Hess	EU-Zivilprozessrecht, Kommentar, 4. Aufl. 2015

Textsammlung

Jayme/Hausmann	Internationales Privat- und Verfahrensrecht, 18. Aufl. 2016

Fallsammlung

Schack	Höchstrichterliche Rechtsprechung zum Internationalen Privat- und Verfahrensrecht, 2. Aufl. 2000

Kapitel 1. Grundlagen

A. Bedeutung

Literatur: *Junker*, IZPR, §§ 1 und 2; *Linke/Hau*, IZVR, §§ 1 und 2; *Schack*, IZVR, § 1 (Gegenstand, Bedeutung und Zielsetzung des IZVR).

Das Internationale Zivilverfahrensrecht (IZVR) hat im Unterschied zum Internationalen Privatrecht (IPR, vgl. Art. 3 a.E. EGBGB – „das anwendbare Recht bei Sachverhalten mit einer Verbindung zu einem ausländischen Staat") keine gesetzliche Definition erfahren. *Linke/Hau*, § 1 1.1) definieren IZVR aber als die „Gesamtheit der Normen, die in Zivilrechtsfällen mit Auslandsbezug die daraus folgenden Verfahrensfragen regeln". Damit umfasst das IZVR zum einen das Internationale Zivilprozessrecht (IZPR), das sich mit den internationalen Fragen eines streitigen Verfahrens befasst (einschließlich der Anerkennung und Vollstreckung von Entscheidungen), und zum anderen aber auch die Internationale Freiwillige Gerichtsbarkeit, das Internationale Insolvenzrecht und das Verfahren vor internationalen Schiedsgerichten. 1

Gegenstand dieses Grundrisses soll allein das IZPR sein. Allerdings erfolgt in den Rn. 9 ff. vorab ein Überblick über zentrale Kodifikationen des gesamten IZVR. 2

Das IZPR befasst sich im Unterschied zum IPR mit der internationalen Zuständigkeit der Gerichte in Fällen mit Auslandsbezug. Es geht also um die Frage, welches Gericht eines welchen Staates für die Entscheidung über eine konkrete Sache mit Auslandsbezug international zuständig ist. Vgl. auch *Junker* (IZPR, § 1 Rn. 9), der IZPR als die „Gesamtheit der Vorschriften, die sich auf **Prozessrechtsverhältnisse** mit ausländischen Elementen beziehen", definiert. 3

Ist ein Gericht in einem konkreten Fall international zur Entscheidung berufen, bestimmt sich der **Verfahrensablauf** dann nach Maßgabe des Rechts am Sitz des mit der Sache befassten Gerichts (d.h. der *lex fori*). Es gilt der Grundsatz *„forum regit processum"*, mithin, so der BGH (NJW 1985, 552, 553): „Die deutschen Gerichte wenden in den vor ihnen anhängigen Verfahren nur deutsches Verfahrensrecht an" (kritisch zum „Dogma der *lex fori*" aber *Schack*, IZVR § 2 Rn. 45 ff.). 4

Das IZVR ist dem IPR insoweit vorgelagert, als das IPR der internationalen Zuständigkeit folgt. Ist die internationale Zuständigkeit des Gerichts eines Staates bestimmt, gelangt allein dessen IPR zur Anwendung. 5

6 Während also das IPR die Frage beantwortet, welches Recht in einem konkreten Fall mit Auslandsbezug zur Anwendung gelangt, regelt das IZPR, welche Gerichte welches Staates international für Entscheidungen in einer konkreten Sache mit Auslandsberührung zuständig sind.

7 Zwischen IPR und IZPR besteht ein grundlegender struktureller Unterschied: Die Bestimmung des anwendbaren Rechts nach dem IPR vollzieht sich ganz überwiegend anhand von Kollisionsnormen, d.h. anhand von Normen, die die auf einen Sachverhalt mit Auslandsberührung anwendbare Rechtsordnung benennen (vgl. *Ring/Olsen-Ring*, IPR, Rn. 12 ff.). Typisch für das IZPR sind hingegen Sachnormen, definiert als „Normen, die widerstreitende Interessen unmittelbar und abschließend beurteilen" (*Kegel/Schurig*, IPR, S. 53). Es handelt sich dabei also um Sonderregeln der *lex fori*, die sich mit auslandsbezogenen Prozessrechtsverhältnissen befassen.

8 Während das IPR in erster Linie **Kollisionsrecht** ist, ist das IZPR vorwiegend **Verfahrensrecht**, das im Rahmen der inländischen Prozessordnung den Besonderheiten eines Auslandssachverhalts Rechnung trägt (so *Junker*, IZPR, § 1 Rn. 17).

B. Kodifikationen des IZVR

9 Eine einheitliche Kodifikation des IZVR fehlt. Es finden sich allerdings eine Vielzahl EU-rechtlicher (Rn. 10 ff.), völkerrechtlicher (Rn. 16 ff.) und auch (autonomer) nationaler Regelungen (Rn. 23 ff.).

I. Europäisches Recht

10 Das europäische IZVR basiert nicht auf der allgemeinen Binnenmarktregelung des Art. 114 AEUV, sondern auf Art. 81 AEUV, der die Rechtsetzungskompetenz in Bezug auf die **justizielle Zusammenarbeit in Zivilsachen** regelt.

Beachte allerdings: Obgleich die nachstehend genannten Verordnungen solche des EU-Rechts sind, erfassen sie wegen ihres teilweise nur begrenzten räumlichen Anwendungsbereichs nicht alle Mitgliedstaaten der EU – teils weil sie im Verfahren nach **Art. 81 AEUV** ergangen sind, wonach die Union eine justizielle Zusammenarbeit in Zivilsachen mit grenzüberschreitendem Bezug entwickelt (dazu *Herdegen*, Europarecht, § 20 Rn. 9), die auf dem Grundsatz der gegenseitigen Anerkennung gerichtlicher und außergerichtlicher Entscheidungen beruht (woran Dänemark oder das Vereinigte Königreich aber nicht teilnehmen) – , teils weil sie sogar im Rahmen des

Art. 329 AEUV im Verfahren der Verstärkten Zusammenarbeit (dazu *Herdegen*, Europarecht, § 4 Rn. 24 und § 28 Rn. 9 f.) erlassen worden sind (was bspw. für die beiden Güterrechtsverordnungen [Rn. 13] gilt, dic nur von einem Teil der Mitgliedstaaten gezeichnet worden sind).

Für das IZVR sind folgende EU-Verordnungen relevant: **Allgemein** die 11

- **VO** (EU) Nr. 1215/2012 des Europäischen Parlaments und des Rates vom 12.12.2012 **über die gerichtliche Zuständigkeit und die Anerkennung und Vollstreckung von Entscheidungen in Zivil- und Handelssachen** (ABl. L Nr. 351/1 vom 20.12.2012 [Europäische Gerichtsstands- und Vollstreckungsverordnung], kurz: **EuGVO**, **EuGVVO** oder auch fortan: **Brüssel Ia-VO**), die am 10.1.2015 die alte VO (EG) Nr. 44/2001 (sog. Brüssel I-VO) abgelöst hat. Der **Brüssel Ia-VO** als Nicht-Unionsrecht i.e.S., gleichwohl aber als „Keimzelle des Europäischen Zivilprozessrechts" (so *Junker*, IZPR, § 6 Rn. 3) kommt die größte Bedeutung in Bezug auf die internationale Zuständigkeit in Zivil- und Handelssachen zu (vgl. zum IZPR im Einzelnen die Art. 4 bis 35 Brüssel Ia-VO).
- **VO** (EG) Nr. 805/2004 des Europäischen Parlaments und des Rates vom 21.4.2004 **zur Einführung eines europäischen Vollstreckungstitels für unbestrittene Forderungen** (ABl. L Nr. 143/15 vom 20.4.2004, kurz: **EuVTVO**);
- **VO** (EG) Nr. 1896/2006 des Europäischen Parlaments und des Rates vom 12.12.2006 **zur Einführung eines Europäischen Mahnverfahrens** (ABl. Nr. 399/1 vom 30.12.2006, kurz: **EuMVVO**); und die
- **VO** (EG) Nr. 861/2007 des Europäischen Parlaments und des Rates vom 11.7.2007 **zur Einführung eines europäischen Verfahrens für geringfügige Forderungen** (ABl. Nr. 199/1 vom 31.7.2007, kurz: **EuGFVO**).

Ergänzt werden diese Verordnungen zum Zwecke der Verbesserung 12 der Rechtshilfe in anderen EU-Mitgliedstaaten durch die Spezialfragen regelnde

- **VO** (EG) Nr. 1393/2007 des Europäischen Parlaments und des Rates vom 13.11.2007 **über die Zustellung gerichtlicher und außergerichtlicher Schriftstücke in Zivil- und Handelssachen** in den Mitgliedstaaten (Zustellung von Schriftstücken) und zur Aufhebung der VO (EG) Nr. 1348/2000 des Rates (ABl. Nr. L 324/79 vom 10.12.2007, kurz: **EuZVO**) und die
- **VO** (EG) Nr. 1206/2001 des Rates vom 28.5.2001 **über die Zusammenarbeit zwischen den Gerichten der Mitgliedstaaten auf dem Gebiet der Beweisaufnahme in Zivil- und Handelssachen** (ABl. Nr. L 174 S. 1, kurz: **EuBVO**).

13 Für das **Internationale Familienrecht** gelten die

- **VO** (EG) Nr. 2201/2003 des Rates vom 27.11.2003 **über die Zuständigkeit und die Anerkennung und Vollstreckung von Entscheidungen in Ehesachen und in Verfahren betreffend die elterliche Verantwortung** und zur Aufhebung der VO (EG) Nr. 1347/2000 (ABl. Nr. L 338/1 vom 23.12.2003, Europäische Eheverordnung, EuEheVO – fortan: **EheVO**), vgl. zum IZPR dort im Einzelnen die Art. 3 bis 20 EheVO, die
- **VO** (EG) Nr. 4/2009 des Rates vom 18.12.2008 **über die Zuständigkeit, das anwendbare Recht, die Anerkennung und Vollstreckung von Entscheidungen und die Zusammenarbeit in Unterhaltssachen** (ABl. Nr. L 7/1 vom 10.1.2009, Europäische Unterhaltsverordnung, EuUntVO – fortan: **UnterhaltsVO**), vgl. zum IZPR dort im Einzelnen die Art. 3 bis 14 UnterhaltsVO

sowie (anwendbar ab dem 29.1.2019) – erlassen im Wege der Verstärkten Zusammenarbeit – die beiden **Güterrechtsverordnungen**:

- VO (EU) 2016/1103 des Rates zur Durchführung einer Verstärkten Zusammenarbeit im Bereich der Zuständigkeit, des anzuwendenden Rechts und der Anerkennung und Vollstreckung von Entscheidungen in **Fragen des ehelichen Güterstands** (ABl. L 183/1 vom 8.7.2016), Brüssel IVa-VO, fortan: **Rom IVa-VO** (vgl. zum IZPR dort im Einzelnen die Art. 4 bis 19 Rom IVa-VO), und die
- VO (EU) 2016/1104 des Rates zur Durchführung einer Verstärkten Zusammenarbeit im Bereich der Zuständigkeit, des anzuwendenden Rechts und der Anerkennung und Vollstreckung von Entscheidungen in **Fragen güterrechtlicher Wirkungen eingetragener Partnerschaften** (ABl. L 183/30 vom 8.7.2016), Brüssel IVb-VO, fortan **Rom IVb-VO** (vgl. zum IZPR dort im Einzelnen die Art. 4 bis 19 Rom IVb-VO).

14 Für das **Internationale Erbrecht** gilt die

- VO (EU) Nr. 650/2012 des Europäischen Parlaments und des Rates vom 4.7.2012 über die Zuständigkeit, das anzuwendende Recht, die Anerkennung und Vollstreckung von Entscheidungen und die Annahme und Vollstreckung öffentlicher Urkunden in Erbsachen sowie zur Einführung eines Europäischen Nachlasszeugnisses (ABl. Nr. L 201/107 vom 27.7.2012, **Europäische Erbrechtsverordnung** – kurz: **EuErbVO** oder Rom IV-VO), vgl. zum IZPR dort im Einzelnen die Art. 4 bis 19 EuErbVO.

Für das Insolvenzverfahren gilt die VO (EG) Nr. 1346/2000 des Rates vom 29.5.2000 über Insolvenzverfahren (ABl. Nr. L 160/1 vom 30.6.2000, **Europäische Insolvenzverordnung**, kurz: **EuInsVO**).

Auslegung: Soweit die genannten Verordnungen in den EU-Mitgliedstaaten Geltung beanspruchen und damit unmittelbar anwendbares Recht sind (vgl. Art. 288 Unterabs. 2 AEUV) sind sie für diese Staaten einheitlich (d.h. ohne Rückgriff auf das nationale Recht) auszulegen (**verordnungsautonome, mithin autonome europäische Auslegung**, vgl. EuGH NJW 2013, 2099 Rn. 27). Die verordnungsautonome Auslegung folgt aber auch in Bezug auf das EU-Verordnungsrecht grundsätzlich der im nationalen Recht geläufigen Auslegungsmethodik: 15

- **Grammatikalische Interpretation** (orientiert am Wortlaut nach der gewöhnlichen oder natürlichen „gemeineuropäischen Wortbedeutung", so *Junker*, IZPR § 2 Rn. 25).
- **Systematische Interpretation** (wobei der Auslegungszusammenhang im Mittelpunkt steht, *Junker*, IZPR, § 2 Rn. 26). Eine wichtige Rolle spielen für die systematische Interpretation auch der sog. *Hoffmann/Krieg-Bericht* zum EGVÜ (der auch immer noch für die Brüssel Ia-VO bedeutsam ist), der sog. *Jenard-Bericht* (BT-Drucks. VI/1973, S. 52 ff.), der sog. *Schlosser-Bericht* (BT-Drucks. 10/61, S. 31 ff.) bzw. der sog. *Jenard/Möller-Bericht* (BT-Drucks. 12/6838, S. 54 ff.) zum LugÜ.
- **Historische Auslegung** (auf der Grundlage der Entstehungsgeschichte der Norm) sowie die
- **teleologische Auslegung** (nach Sinn und Zweck der Norm im Rahmen des Wortlauts, wobei die der jeweiligen Verordnung vorgestellten **Erwägungsgründe** bedeutsam sind, die Aufschluss über die Intention des Verordnungsgebers geben).

Im Rahmen der verordnungsautonomen Auslegung ist aber stets dem Spezifikum Rechnung zu tragen, dass es oberstes Ziel der Auslegung europäischer Rechtsakte ist, aus diesen sowohl für die Mitgliedstaaten als auch für die Normadressaten so weit wie möglich gleiche Rechte und Pflichten herzuleiten (EuGH Slg. 1988, 5565 Rn. 15; *Junker*, IZPR, § 2 Rn. 24).

Nach dem ***effet-utile*-Grundsatz** ist eine Norm so auszulegen, dass ihr in Bezug auf das verfestigte Regelungsziel die **größte praktische Wirksamkeit** zukommt. I.Ü. ist – bei mehreren Auslegungsmethoden – jene zu wählen, die im Interesse einer fortschreitenden europäischen Integration den größten Anwendungsbereich entfaltet (**dynamische Auslegung**, dazu näher *Junker*, IZPR, § 2 Rn. 28, der in Rn. 29 darauf hinweist, dass *effet utile* mit **dynamischer Auslegung** ein „Spannungsverhältnis“ zum **Gebot der Rechtssicherheit** begründet).

Sofern eine Auslegung allein aus dem Unionsrecht selbst nicht möglich ist, muss für die Auslegung eines Tatbestandsmerkmals des europäischen Rechts nach einem **„gemeinsamen Begriffskern“** im Recht der Mitgliedstaaten gesucht werden (so *Junker*, IZPR, § 2 Rn. 22).

Letztlich sichert das **Vorabentscheidungsverfahren** durch den EuGH nach Art. 267 AEUV die einheitliche Rechtsanwendung des EU-Verordnungsrechts in allen Mitgliedstaaten.

II. Völkerrechtliche Vereinbarungen

16 In Bezug auf das IZVR müssen weiterhin in Ergänzung der unmittelbar geltenden EU-rechtlichen Vorgaben solche in bilateralen (**Abkommen**) bzw. multilateralen Staatsverträgen (**Konventionen**) beachtet werden (**völkerrechtliche Vereinbarungen als Mittel der Rechtsharmonisierung**).

17 In der Normhierarchie stehen völkerrechtliche Vereinbarungen zwischen EU-Verordnungen und dem autonomen deutschen Recht. Damit gehen sie nationalen Regelungen vor (vgl. bspw. auch § 97 Abs. 1 S. 1 FamFG, wonach Regelungen in völkerrechtlichen Verträgen, soweit sie unmittelbar anwendbares innerstaatliches Recht geworden sind, den Vorschriften des FamFG vorgehen).

18 In Bezug auf die **Auslegung von Staatsverträgen** gilt der „Grundsatz der Harmonie der Rechtsanwendung“ (BGHZ 52, 216, 220).

19 Bedeutsam sind insbesondere die **Übereinkommen der Haager Konferenz für Internationales Recht** (zur Historie der Haager Konferenz für IPR, die Übereinkommensvorschläge berät mit dem Ziel, auf dieser Grundlage „durch Staatsverträge einen internationalen Entscheidungsgleichklang herbeizuführen“, näher *Junker*, IZPR, § 2 Rn. 34 ff.). Für das IZVR relevant sind: **Allgemein** das

– (vormalige) Übereinkommen über die gerichtliche Zuständigkeit und die Vollstreckung gerichtlicher Entscheidungen in Zivil- und Handelssachen vom 27.9.1968 (ABl. EG Nr. L 299 vom 31.12.1972, S. 32 – **sog. Brüsseler Übereinkommen** als Vorläuferregelung der Brüssel I- und nunmehr der Brüssel Ia-VO, vorstehende Rn. 11), ursprünglich zwischen den sechs EWG-Staaten (Belgien, Deutschland, Frankreich, Italien, Luxemburg und den Niederlanden) – zum 1.3.2003 abgelöst durch die EuGVVO (Brüssel I-VO) und damit heute grundsätzlich bedeutungslos.

- **Haager Übereinkommen über den Zivilprozess (HZPÜ)** vom 1.1.1954 (für Deutschland seit dem 1.1.1960 in Kraft – BGBl. 1958 II, S. 577);
- **Haager Übereinkommen über die Zustellung gerichtlicher und außergerichtlicher Schriftstücke im Ausland in Zivil- und Handelssachen** (**HZustÜ**) vom 15.11.1961 (für Deutschland in Kraft seit dem 26.6.1979 – BGBl. 1977 II, S. 1453), das Zustellungen in den common law-Staaten erleichtern soll (als Überarbeitung und Neufassung der Art. 1 bis 7 HZPÜ);
- **Haager Übereinkommen über die Beweisaufnahme im Ausland in Zivil- und Handelssachen** (**HBewÜ** vom 18.3.1970 – für Deutschland seit dem 26.6.1979 in Kraft – BGBl. 1977 II, S. 1472), als Reform der Regelungen über die Beweisaufnahme nach den Art. 8 bis 16 HZPÜ zur Angleichung der Regelungen über die Beweisbeschaffung zwischen den USA und europäischen Staaten.

> **Beachte:** in Bezug auf Zustellungen ersetzt das HZustÜ und hinsichtlich Beweisaufnahmen das HBewÜ die entsprechenden Regelungen des HZPÜ. Letzteres hat allerdings fortgeltende Bedeutung für die Bereiche:
>
> - Prozesskostensicherheit und Vollstreckung von Kostenentscheidungen (Art. 17 bis 19 HZPÜ) sowie für die
> - Prozesskostenhilfe (Art. 20 bis 24 HZPÜ).

- **Haager Übereinkommen über die Anerkennung und Vollstreckung von Unterhaltsentscheidungen** (**HUnthVÜ**) vom 2.10.1973, das nach seinem Art. 29 das Haager Übereinkommen über die Anerkennung und Vollstreckung von Entscheidungen auf dem Gebiet der Unterhaltspflicht gegenüber Kindern vom 15.4.1958 (**HKUnthVÜ**) ersetzt (für Deutschland in Kraft getreten am 1.4.1987 – BGBl. 1986 II, S. 806 und 20). Dem HUntVÜ kommt nach dem Inkrafttreten der UnterhaltsVO (vorstehende Rn. 13) nach deren Art. 69 Abs. 2 nur noch Bedeutung im Verhältnis zu Drittstaaten zu.
- **Haager Übereinkommen über Gerichtsstandsvereinbarungen** (**HGSÜ**) vom 30.6.2005 (mit Ergänzungen im deutschen AVAG), das nur zwischen den EU-Mitgliedstaaten (außer Dänemark) und Mexiko am 1.10.2015 in Kraft getreten ist.

Im Hinblick auf das **Familienrecht** insbesondere auch das 20

- Haager Übereinkommen über die Zuständigkeit, das anzuwendende Recht, die Anerkennung, Vollstreckung und Zusammenarbeit auf dem Gebiet der elterlichen Verantwortung und der Maßnahmen zum

Schutz von Kindern vom 19.10.1996 (**Haager Kinderschutzübereinkommen – KSÜ**) und das
– Haager Übereinkommen über die zivilrechtlichen Aspekte internationaler Kindesentführung vom 25.10.1980 (**Haager Kindesentführungsübereinkommen – HKÜ**).

Vgl. i.Ü. auch das **Luxemburger Europäische Übereinkommen über die Anerkennung und Vollstreckung von Entscheidungen über das Sorgerecht für Kinder und die Wiederherstellung des Sorgeverhältnisses** vom 20.5.1980 (für Deutschland in Kraft getreten am 1.1.1991 – BGBl. 1990 II, S. 220), dessen Bedeutung jedoch gering ist, da es nach Art. 60 EheVO (Rn. 13) zwischen den EU-Staaten (mit Ausnahme Dänemarks) von der EheVO verdrängt wird

Literatur: *Kubis*, Das revidierte Lugano-Übereinkommen über die gerichtliche Zuständigkeit und die Vollstreckung gerichtlicher Entscheidungen in Zivil- und Handelssachen, Mitt. 2010, 151; *Reiser/Jent-Sørensen*, Exequatur und Arrest im Zusammenhang mit dem revidierten Lugano-Übereinkommen, SJZ 107 (2011) 453; *Schnyder*, Lugano-Übereinkommen zum internationalen Zivilverfahrensrecht, 2011; *Wagner/Jansen*, Das Lugano-Übereinkommen vom 30.10.2007, IPRax 2010, 308.

21 Bedeutsam ist darüber hinaus auch noch das **Luganer Übereinkommen über die gerichtliche Zuständigkeit und die Anerkennung und Vollstreckung gerichtlicher Entscheidungen in Zivil- und Handelssachen** vom 30.10.2007 (Lugano-Übereinkommen – **LugÜ**, ABl EU Nr. L 339 vom 21.12.2007, S. 3), das für alle EU-Mitgliedstaaten im Verhältnis zu Norwegen (am 1.1.2010), zur Schweiz (am 1.1.2011) und zu Island (am 1.5.2011) in Kraft getreten ist. Das Abkommen zielt in Bezug auf diese drei Staaten auf eine Angleichung der Regelungen der Brüssel I-VO (vom 12.12.2000) in Bezug auf Gerichtsstände, Anerkennung und Vollstreckung. Eine Revision und Anpassung an die Brüssel Ia-VO vom 12.12.2012 ist hingegen noch nicht gelungen.

22 Für die internationale Schiedsgerichtsbarkeit ist weiterhin das **New Yorker UN-Übereinkommen über die Anerkennung und Vollstreckung ausländischer Schiedssprüche** vom 10.6.1958 bedeutsam.

III. Nationale Regelungen

23 Das **autonome deutsche IZVR** (verstanden als „Regelungen, die der deutsche Gesetzgeber erlässt, ohne dass er durch Rechtsakte der europäischen Union [supranationales Recht] oder durch völkerrechtliche Regelungen [Staatsverträge] an der Rechtssetzung gehindert oder in ihr beschränkt wird“, so *Junker*, IZPR, § 2 Rn. 45, und strikt abzugrenzen von **autonomem europäischen Recht**, dazu näher unter Rn. 24) – vornehmlich zersplittert in der ZPO in Normen geregelt, die auch nationale Sachverhalte mit regeln – gelangt **subsidiär** nur dann zur Anwendung, wenn

nach Anwendung des vorrangigen EU- oder Völkerrechts dafür noch Raum ist.

Beachte: Autonomes europäisches Recht ist dem autonomem deutschen IZVR vorrangiges Recht der EU, das autonom (mithin europäisch, d.h. ohne Rückgriff auf die nationalen Rechte der Mitgliedstaaten) auszulegen ist. **24**

In der ZPO finden sich Regelungen in Bezug auf die **25**
- **internationale Zuständigkeit** (bspw. in den §§ 15, 16, 23, 27 Abs. 2, 32a, 32b, 38 bzw. 828 Abs. 2 ZPO), zur
- **Prozessfähigkeit von Ausländern** (§ 55 ZPO), zur
- **Prozesskostensicherheit** (§§ 110 ff. ZPO; vgl. auch die Verweisvorschrift des § 113 Abs. 1 S. 2 FamFG); zur
- **Zustellung im Ausland** (in § 174 Abs. 2 und den §§ 183 ff. ZPO), zu
- **ausländischen Urteilen** sowie deren **Anerkennung** (§ 328 ZPO) und **Vollstreckbarkeit** (§§ 722 f. ZPO).

Das GVG trifft in seinen §§ 18 ff. Regelungen zur **Befreiung von der deutschen Gerichtsbarkeit** und das FamFG in den §§ 97 ff. für Familiensachen und Angelegenheiten der freiwilligen Gerichtsbarkeit: Vorschriften zur **26**
- internationalen Zuständigkeit (§§ 98 bis 106 FamFG) und zur
- Anerkennung und Vollstreckung (§§ 107 bis 110 FamFG).

Vgl. auch die zentrale Vorgabe in § 97 Abs. 1 FamFG, wonach Regelungen in völkerrechtlichen Vereinbarungen, soweit sie unmittelbar anwendbares innerstaatliches Recht geworden sind, den Vorschriften des FamFG vorgehen – und Regelungen in Rechtsakten der EG unberührt bleiben. **27**

Einen Sonderstatus nimmt die **halbautonome deutsche Begleitgesetzgebung** (d.h. deutsche Ausführungs-, Durchführungs- und Ergänzungsvorschriften) zu EU-Verordnungen oder Staatsverträgen ein. Hier gilt der Grundsatz, dass die zur Umsetzung und Ausführung von Vereinbarungen und Rechtsakten i.S. von § 97 Abs. 1 FamFG erlassenen Bestimmungen vorstehende Rn. 27) unberührt bleiben (vgl. § 97 Abs. 2 FamFG). **28**

C. Ausgangspunkt: Anwendung der lex fori

Das IZPR ist von dem Grundsatz geprägt, dass das angerufene Gericht sein **eigenes Verfahrensrecht** anwendet: *forum regit processum.* **29**

Das eigene Verfahrensrecht unterliegt der ***lex fori***, d.h. dem am Gerichtsort geltenden Recht in Bezug auf
- die Verfahrensarten
- die Prozessvoraussetzungen,
- das Beweisrecht oder
- die möglichen Rechtsmittel

(***lex fori*-Prinzip**). Dieses Recht des Forums kann durch eine Parteivereinbarung nicht geändert werden.

30 Die Anwendung des Verfahrensrechts des Forums resultiert aus seinem öffentlich-rechtlichen Charakter. Die Gerichte wenden auf dem Territorium ihres Staates nationales Prozessrecht an. Dies ist auch aus Praktikabilitätsgesichtspunkten angemessen (Kenntnis des eigenen Verfahrensrechts).

D. Grenzen der Gerichtsgewalt aufgrund des Völkerrechts

31 Nach den allgemeinen Regeln des Völkerrechts sind Staaten **immun** gegen eine Inanspruchnahme durch die Gerichtsbarkeit eines anderen Staates. Dadurch beschränkt die Staatenimmunität die Reichweite der Gerichtsbarkeit eines anderen Staates. Die Frage, ob das Handeln eines ausländischen Staates der deutschen Gerichtsbarkeit unterfällt, ist im Erkenntnisverfahren eine von Amts wegen zu prüfende Prozessvoraussetzung. Fehlt die Prozessvoraussetzung „deutsche Gerichtsbarkeit", ist eine Klage als unzulässig abzuweisen – und zwar ohne Rücksicht darauf, ob eine internationale Zuständigkeit des deutschen Gerichts nach Maßgabe des IZPR besteht oder nicht.

32 **Prüfungsfolge:**

1. Bestehen der deutschen Gerichtsbarkeit? (die auch als Gerichtsgewalt [*Schack*, IZVR, Rn. 156] oder Gerichtshoheit [*Kropholler*, IPR, S. 597] bezeichnet wird). Ob deutsche Gerichtsbarkeit eröffnet ist, bestimmt sich nach Maßgabe des Völkerrechts, vgl.

a) § 18 GVG

b) § 19 Abs. 1 und 2 GVG

c) § 20 Abs. 1 GVG

d) Staatenimmunität

2. Internationale Zuständigkeit des angerufenen deutschen Gerichts als Frage des IZPR?

Beachte: Einem Urteil, das bei bestehender deutscher Gerichtsbarkeit nach internationaler Zuständigkeit gegen einen ausländischen Staat ergangen ist, kann gleichwohl im Rahmen der Vollstreckung ggf. auch noch **Vollstreckungsimmunität** entgegenstehen. 33

I. Immunität

Grundsätzlich kann ein deutsches Gericht im Ausland keine hoheitliche Handlung (bspw. keine Vollstreckungsmaßnahme) vornehmen (sog. **Exterritorialität** i.e.S.). 34

Aber auch innerhalb der Staatsgrenzen genießen bestimmte Personen, Gegenstände oder Tätigkeiten eines anderen Staates im Rahmen der diplomatischen oder konsularischen Beziehungen **Immunität**. Deutschen Gerichten ist es insoweit verwehrt, Recht zu sprechen. 35

1. Personenimmunität

So sind nach § 18 S. 1 GVG die Mitglieder der im Geltungsbereich des GVG errichteten diplomatischen Missionen, ihre Familienmitglieder (und ihre privaten Hausangestellten) nach Maßgabe der Art. 29 ff. des **Wiener Übereinkommens über diplomatische Beziehungen** (**WDÜ**) vom 18.4.1961 (BGBl. 1964 II, S. 957) von der deutschen Gerichtsbarkeit befreit. Sie genießen grundsätzlich **persönliche Immunität** (**Exemtion**). Letztendlich zielt dieser Schutz aber nicht auf den persönlichen Schutz eines Diplomaten oder den seiner Angehörigen oder Hausangestellten, sondern dient dem Schutz des Entsendestaates und damit den diplomatischen Beziehungen (so *Junker*, IZPR, § 3 Rn. 7). 36

Die **diplomatische Immunität** des Missionschefs und der Mitglieder der diplomatischen Mission ist grundsätzlich **vollumfänglich**. 37

Ausgenommen sind nach Art. 31 Abs. 1 S. 2 WDÜ nur folgende Fälle: 38

- dingliche Klagen in Bezug auf privates, im Hoheitsgebiet des Empfangsstaats gelegenes unbewegliches Vermögen, es sei denn, dass der diplomatische Vertreter dieses im Auftrag des Entsendestaats für die Zwecke der Mission im Besitz hat (Buchst. a);
- Klagen in Nachlasssachen, in denen der diplomatische Vertreter als Testamentsvollstrecker, Verwalter, Erbe oder Vermächtnisnehmer in privater Eigenschaft und nicht als Vertreter des Entsendestaats beteiligt ist (Buchst. b); sowie
- Klagen im Zusammenhang mit einem freien Beruf oder einer gewerblichen Tätigkeit, die der diplomatische Vertreter im Empfangsstaat neben seiner amtlichen Tätigkeit ausübt (Buchst. c).

I.Ü. gilt nach Art. 32 Abs. 3 WDÜ, dass wenn ein diplomatischer Vertreter oder eine Person, die nach Maßgabe des Art. 37 WDÜ Immunität von der Gerichtsbarkeit genießt, (selbst) ein Gerichtsverfahren anstrengt (**Aktivprozess**), sie sich in Bezug auf eine **Widerklage**, die mit der Hauptklage in unmittelbarem Zusammenhang steht, nicht auf die Immunität von der Gerichtsbarkeit berufen können.

39 Gegen einen diplomatischen Vertreter dürfen **Vollstreckungsmaßnahmen** nach Art. 31 Abs. 3 WDÜ nur in den in Art. 31 Abs. 1 S. 2 Buchst. a, b und c WDÜ vorgesehenen Fällen (vorstehende Rn. 38) und nur unter der Voraussetzung getroffen werden, dass sie durchführbar sind, ohne die Unverletzlichkeit seiner Person oder seiner Wohnung zu beeinträchtigen (**Vollstreckungsimmunität**).

40 Auf die Immunität von der Gerichtsbarkeit, die einem diplomatischen Vertreter oder nach Maßgabe des Art. 37 WDÜ einer anderen Person zusteht, kann der Entsendestaat nach Art. 31 Abs. 1 WDÜ verzichten, wobei der Verzicht stets ausdrücklich erklärt werden muss (so Art. 31 Abs. 2 WDÜ – **Verzicht auf diplomatische Immunität durch ausdrückliche Erklärung**). Der Verzicht auf die Immunität von der Gerichtsbarkeit in einem Zivilgerichtsverfahren gilt gemäß Art. 32 Abs. 4 WDÜ allerdings nicht als Verzicht auf die Immunität von der Urteilsvollstreckung. Hierfür ist ein besonderer Verzicht erforderlich (**Notwendigkeit eines besonderen Vollstreckungsverzichts**).

41 Die persönliche Immunität erfasst nur **Passivprozesse**, d.h. Klagen gegen den Diplomaten – nicht jedoch Aktivprozesse mit der Folge, dass der Diplomat in Deutschland selbst als Kläger oder Antragsteller gegen Dritte auftreten kann.

2. Diplomatische Immunität i.e.S.

42 Die diplomatische Immunität geht über die persönliche Immunität (vorstehende Rn. 36 ff.) hinaus und erfasst auch die Räumlichkeiten der Mission (Art. 22 ff. WDÜ – **räumlich-gegenständliche Immunität**). Dies führt nicht zur Exterritorialität des Botschaftsgeländes. Vielmehr gilt auch dort deutsches Recht, dieses ist nur nicht durchsetzbar (Geltung des Rechts versus Durchsetzbarkeit desselben).

43 Die Mitglieder der im Geltungsbereich des GVG errichteten **konsularischen Vertretungen** einschließlich der Wahlkonsularbeamten sind gemäß § 19 Abs. 1 GVG nach Maßgabe der Art. 43 ff. des **Wiener Übereinkommens über konsularische Beziehungen (WKÜ)** vom 24.8.1963 (BGBl. 1969 II, S. 1585) von der deutschen Gerichtsbarkeit befreit. Besondere völkerrechtliche Vereinbarungen über die Befreiung der genannten Personen von der deutschen Gerichtsbarkeit bleiben nach § 19 Abs. 2 GVG aber unberührt.

Die Befreiung von der deutschen Gerichtsbarkeit gilt in Bezug auf Diplomaten wie Konsularbeamte auch dann, wenn ihr Entsendestaat nicht Vertragsstaat des WDÜ bzw. des WKÜ ist. In diesem Fall findet Art. 2 des Gesetzes vom 6.8.1964 zum WDÜ respektive Art. 2 des Gesetzes vom 26.8.1969 zum WKÜ entsprechende Anwendung (so § 18 S. 2 bzw. § 19 Abs. 1 S. 2 GVG). Dadurch wird deutlich, dass die diplomatische und die konsularische Immunität auch bereits schon völkergewohnheitsrechtlichen Schutz genießen. 44

Während **Konsularbeamte** zeitlich unbegrenzt Immunität nur in Bezug auf ihre dienstliche Tätigkeit genießen (**Amtsexemtion** bzw. **funktionelle Immunität**, vgl. Art. 43 WKÜ), genießen **Diplomaten** sowohl **Amtsexemtion** als auch **persönliche Immunität** für private Tätigkeiten bis zur Beendigung ihrer dienstlichen Tätigkeit (vgl. Art. 31 WDÜ). 45

Von der Amtsexemtion zugunsten von Konsularbeamten bestehen Ausnahmen bei Zivilklagen nach Art. 43 Abs. 2 Buchst. a und b WKÜ. Ein Immunitätsverzicht nach Art. 45 Abs. 1 und 2 WKÜ erfasst nur das Erkenntnisverfahren. Ein Verzicht auf die Vollstreckungsimmunität bedarf nach Art. 45 Abs. 4 WKÜ einer separaten Erklärung. 46

Neben der Amtsexemtion der Konsularbeamten (Rn. 43) genießen auch die Räumlichkeiten des Konsulats nach Maßgabe der Art. 31 ff. WKÜ **räumlich-gegenständliche Immunität**. 47

II. Immunität von Staatsgästen

Nach § 20 Abs. 1 GVG genießen Repräsentanten ausländischer Staaten (in Normierung einer Regel des Völkergewohnheitsrechts) in Deutschland Immunität. 48

> **Beachte:** Die Immunität von Staatsgästen ist von der Immunität der Staatsoberhäupter – die Ausprägung der Staatenimmunität (nachstehende Rn. 49 ff.) ist (arg.: das Staatsoberhaupt als oberster Repräsentant seines Staates) – zu unterscheiden (so *Junker*, IZPR, § 3 Rn. 18).

III. Staatenimmunität

Literatur: *Stürner*, Staatenimmunität und Brüssel I-VO, IPRax 2008, 197; *Wagner*, Staatenimmunität und internationale Zuständigkeit nach der EuGVVO, RIW 2014, 260; *ders.*, Staatenimmunität in zivilrechtlichen Verfahren, RIW 2013, 851.

Gemäß § 20 Abs. 2 GVG erstreckt sich die deutsche Gerichtsbarkeit nicht auf ausländische Staaten, soweit diese nach allgemeinen Regeln 49 des Völkerrechts, aufgrund völkerrechtlicher Vereinbarungen oder sonstiger Vorschriften von ihr befreit sind.

50 Als **allgemeine völkerrechtliche Vereinbarung** gilt für Deutschland (im Verhältnis zu Belgien, Luxemburg, den Niederlanden, Österreich, der Schweiz, dem Vereinigten Königreich und Zypern) auch das **Europäische Übereinkommen über Staatenimmunität** vom 16.5.1972 (**EuStImmÜ**, BGBl. 1990 II, S. 35; dazu BGHZ 155, 279, 284).

51 Der Grundsatz der Staatenimmunität ist gemäß Art. 25 GG als allgemeine Regel des Völkerrechts Bestandteil des Bundesrechts und geht einfachen Gesetzen vor.

Vgl. auch die *United Nations Convention on Jurisdictional Immunities of States and their Property (**UN Immunities Convention**)*, die allerdings noch nicht in Kraft getreten ist (obgleich sie bereits 2004 von der UN-Generalversammlung verabschiedet wurde).

1. Erkenntnisverfahren

52 Bei der Staatenimmunität (die ggf. auch Staatsunternehmen erfassen kann) handelt es sich – so bspw. das Schleswig-Holsteinische OLG, (ZIP 2015, 1253) – um eine **allgemeine Regel des Völkergewohnheitsrechts**. Das OLG hat entschieden, dass die deutsche Gerichtsbarkeit für Klagen der vom Schuldenschnitt betroffenen Anleger in **griechische Staatsanleihen** gegen den Staat Griechenland aufgrund des Grundsatzes der Staatenimmunität als allgemeiner Regel des Völkerrechts nicht eröffnet ist. Nach Ansicht des BGH (BGHZ 155, 279 = NJW 2003, 3488) ist die Anerkennung des Urteils eines griechischen Gerichts, durch das die Bundesrepublik Deutschland wegen Kriegsverbrechen der deutschen Wehrmacht in Griechenland im Zweiten Weltkrieg zur Zahlung von Schadensersatz an verletzte griechische Staatsangehörige verurteilt wurde, ausgeschlossen, weil ein solches Urteil dem völkerrechtlichen Grundsatz der Staatenimmunität widerspricht.

53 Soweit im Völkerrecht in einem allgemeinen Sinne von Staatenimmunität die Rede ist, bezieht sich dies auf den völkergewohnheitsrechtlich anerkannten Grundsatz, dass ein Staat nicht fremdstaatlicher nationaler Gerichtsbarkeit unterworfen ist. Ausgehend vom **Prinzip der souveränen Gleichheit der Staaten** (sog. *sovereign equality of states*) gilt im Grundsatz das Rechtsprinzip, dass Staaten bei korrespondierender gegenseitiger Anerkennung ihrer Souveränität nicht übereinander zu Gericht sitzen.

54 Im Unterschied zur früher herrschenden **Lehre von der absoluten Staatenimmunität**, die ein jedes Handeln eines ausländischen Staates gerichtsfrei stellte, hat das Recht der allgemeinen Staatenimmunität

heute – nicht zuletzt wegen des zunehmenden kommerziellen grenzüberschreitenden Tätigwerdens staatlicher Stellen – einen Wandel zu einem nur noch relativen Recht durchlaufen (**Lehre von der relativen bzw. beschränkten Staatenimmunität**, vgl. BVerfGE 16, 27, 61). Die steigende Verpflichtung der Staaten in ihren wirtschaftlichen Beziehungen hat also zu einer „Relativierung der Staatenimmunität" geführt (so *Junker*, IZPR, § 4 Rn. 5).

Es gilt keine allgemeine Regel des Völkerrechts mehr, nach der ein **55** Staat Immunität auch für nicht-hoheitliches Handeln genießt (BVerfGE 117, 141 Rn. 24).

Das BVerfG differenziert seit jeher zwischen der völkerrechtlich all- **56** gemein anerkannten Immunität von **Hoheitsakten** ausländischer Staaten (*acta iure imperii*) einerseits und **nicht-hoheitlichen Akten** ausländischer Staaten (privatrechtliches Handeln, *acta iure gestionis*) andererseits (seit BVerfGE 16, 27), für die der ausländische Staat keine Immunität für sich reklamieren kann.

a) Hoheitsakte ausländischer Staaten

Im Einklang mit der allgemeinen völkerrechtlichen Praxis geht das **57** BVerfG insoweit davon aus, dass Hoheitsakte ausländischer Staaten grundsätzlich immer der Staatenimmunität unterfallen (BVerfGE 117, 141 Rn. 34). Dies gilt in vergleichbarer Weise außer für das Erkenntnisverfahren auch für die Zwangsvollstreckung von im Inland belegenen Vermögenswerten ausländischer Staaten, die hoheitlichen Zwecken dienen (BVerfG NJW 2014, 1723 Rn. 21). Staatenimmunität besteht also auch heute noch weitgehend uneingeschränkt für solche Akte, die hoheitliches Handeln eines Staates darstellen. Rechtsakte eines Staates, die hoheitlichen Charakter haben, unterfallen demnach nicht der nationalen Gerichtsbarkeit des Forumstaates (**Gerichtsfreiheit**).

Etwas anderes gilt nur dann, wenn der ausländische Staat auf seine **58** diesbezügliche Immunität verzichtet (BVerfGE 117, 141 Rn. 35). Möglich ist ein **Immunitätsverzicht** durch Staatsvertrag, Individualvertrag bzw. ausdrücklicher oder konkludenter Zustimmung (z.B. dadurch, dass der ausländische Hoheitsträger selbst klagt oder Anträge stellt, vgl. Art. 1 Abs. 1 EuStImmÜ mit der Folge, einer möglichen Widerklage), wodurch die Klage zulässig ist.

Die grundsätzliche Gerichtsbarkeit bei hoheitlichem Handeln erfasst **59** allerdings nicht dingliche Klagen im Hinblick auf im Forumstaat belegenes unbewegliches Vermögen des ausländischen Staates – arg.: Grund und Boden sowie fest damit verbundene Sachen unterliegen allein der Herrschaft des Staates, in dem diese belegen sind (so auch schon RGZ 103, 274, 277 – vgl. jedoch BVerfGE 15, 25, 29 in Bezug auf die Unzulässigkeit eines Antrags auf Herausgabe eines Botschaftsgrundstücks wegen der Grundsätze über die „räumliche Immunität“, vorstehende Rn. 42). Diese Immunitätsausnahme basiert seit langem auf Völkergewohnheitsrechts (vgl. auch Art. 9 EuStImmÜ).

60 Umstritten ist, ob fremde Staaten auch bei hoheitlichem Handeln der Gerichtsbarkeit eines anderen Staates wegen Verstoßes gegen zwingende Normen (*ius cogens*) des humanitären oder Kriegsvölkerrechts unterworfen sind (bejahend *Junker*, IZPR, § 4 Rn. 13; a.A. hingegen *Schack*, IPR, Rn. 177).

61 Trifft ein deutsches Gericht trotz entgegenstehender Staatenimmunität – mithin bei fehlender deutscher Gerichtsbarkeit – gleichwohl eine Entscheidung, so ist diese **nichtig**. Eine ausländische Entscheidung, die unter Verletzung der Staatenimmunität ergangen ist, wird in Deutschland nicht anerkannt (so *Junker*, IZPR, § 4 Rn. 14: selbstständiges Anerkenntnishindernis „fehlender Gerichtsbarkeit“).

62 Bei Anwendung der heutigen Lehre von der relativen oder beschränkten Staatenimmunität werden dem Staat dessen Staatsorgane, Staatsunternehmen sowie die Zentralbank (letztere unabhängig von ihrer Rechtsform) gleichgestellt.

b) Privatwirtschaftliches Handeln eines ausländischen Staates

63 Das privatwirtschaftliche Handeln eines ausländischen Staates i.S. einer Teilnahme am internationalen Wirtschaftsverkehr in den Formen des Privatrechts genießt hingegen keine Staatenimmunität. Da dem allgemeinen Völkerrecht eine Kategorisierung staatlicher Tätigkeiten als hoheitlich oder nicht-hoheitlich fremd ist, muss diese Abgrenzung grundsätzlich nach dem nationalen Recht des Gerichtsstaats erfolgen (BVerfG NJW 2014, 1723 Rn. 22). Das BVerfG grenzt eine ausweitende Auslegung privatrechtlichen Handelns durch die Prozessgerichte aber dadurch ein, „dass vom hoheitlichen Bereich und damit von der Immunität nicht solche Handlungen ausgenommen werden dürfen, die nach der von den Staaten überwiegend vertretenen Auffassung zum Bereich der Staatsgewalt im engeren Sinne gehören“ (so BVerfGE 46, 342, 394). Nicht-hoheitliches (privatwirtschaftliches) Handeln ist anzunehmen, wenn das in Streit stehende Rechtsverhältnis bzw. der geltend gemachte Anspruch aus einer privatwirtschaftlichen Betätigung des Staates herrührt. Der Zweck des staatlichen Handelns spielt hingegen keine Rolle, da letztlich jede staatliche Betätigung hoheitlichen Aufgaben dient (so BVerfGE 16, 27, 62).

2. Vollstreckungsimmunität

64 Im Zusammenhang mit der Vollstreckbarkeit gilt gleichermaßen eine – aus dem Völkerrecht herzuleitende – relative Immunität i.S. einer funktionalen Beschränkung (**funktionale Immunität**) dahingehend, dass in Vermögensgegenstände eines fremden Staates in Deutschland, die hoheitlichen Zwecken dienen, ohne dessen Zustimmung weder einstweilige Maßnahmen noch Vollstreckungsmaßnahmen betrieben werden dürfen (*Junker*, IZPR, § 4 Rn. 15; BVerfGE 64, 1, 40 f.). Etwas anderes gilt für Vermögensgegenstände des fremden Staates, die dessen privatwirtschaftlicher Betätigung dienen.

3. Staatsunternehmen und Staatsschiffe/Staatsflugzeuge

Da **Staatsunternehmen**, denen ein ausländischer Staat den Status einer selbstständigen juristischen Person verliehen hat (so BGHZ 18, 1, 9), normalerweise keine hoheitlichen Aufgaben wahrnehmen, ist ihnen regelmäßig im Erkenntnisverfahren auch keine Immunität zuzuerkennen (*Junker*, IZPR, § 4 Rn. 16). Betreibt ein Gläubiger die Vollstreckung in Vermögen eines in Deutschland ansässigen ausländischen Staatsunternehmens wegen einer ihm gegen den ausländischen Staat zustehenden Forderung, kommt es daher zur Vollstreckung, wenn das Staatsunternehmen keine hoheitlichen Zwecke verfolgt (*Junker*, IZPR, § 4 Rn. 17; BVerfGE 64, 1, 23 ff.). 65

In Bezug auf **Staatsschiffe** oder **Staatsflugzeuge**, d.h. solche, die im Eigentum eines ausländischen Staates stehen, gilt dasselbe wie für ausländische Staatsunternehmen (*Junker*, IZPR, § 4 Rn. 18 – d.h. Militärflugzeuge bzw. Kriegsschiffe unterfallen der Immunität, Handelsschiffe und zivile Verkehrsflugzeuge hingegen nicht). 66

Kapitel 2. Die internationale Entscheidungszuständigkeit deutscher Gerichte

A. Vorbemerkung

67 Das erkennende deutsche Gericht wendet nach dem Grundsatz *forum regit processum* auf ein bei ihm anhängiges Verfahren das Verfahrensrecht des Gerichtsstaats (*lex fori processualis*, vgl. BGHZ 48, 327, 331) an. Dies liegt darin begründet, dass die deutschen Zivilgerichte aufgrund der öffentlich-rechtlichen Natur des Verfahrensrechts nur deutsches Zivilverfahrensrecht anwenden dürfen, da die Gerichtsbarkeit eine hoheitliche Tätigkeit des Staates ist (dazu *Junker*, IZPR, § 24 Rn. 2). Die *lex fori* ist auch (vorbehaltlich vorrangiger europa- und staatsvertraglicher Regelungen) das Qualifikationsstatut, wenn es darum geht, die Grenze zwischen Verfahrensrecht (IZVR) und materiellem Recht (IPR) zu ziehen.

68 **Ausnahmen** vom Grundsatz *forum regit processum* – d.h. der prinzipiellen Anwendung des Verfahrensrechts des Gerichtstaates – bestehen für folgende Bereiche:

– die Partei- und Prozessfähigkeit (nachstehende Rn. 69 f.),
– die Zustellung im Ausland (vgl. Art. 7 Abs. 1 EuZustVO und Art. 5 Abs. 1 Buchst. b HZustÜ, Rn. 368 ff.),
– die Beweisaufnahme im Ausland (Art. 10 Abs. 3 EuBVO und Art. 9 Abs. 2 HBewÜ, Rn. 382 ff.)

Vgl. hierzu auch § 397 ZPO des autonomen deutschen Rechts: Entspricht die von einer ausländischen Behörde vorgenommene Beweisaufnahme den für das Prozessgericht geltenden Gesetzen, so kann daraus, dass sie nach den ausländischen Gesetzen mangelhaft ist, kein Einwand entnommen werden.

– und die Prozesskostensicherheit (Rn. 71).

69 Die **Parteifähigkeit** (d.h. die Fähigkeit, aktiv oder passiv Subjekt eines Rechtsstreits zu sein, vgl. nach deutschem Recht § 50 Abs. 1 [Abhängigkeit von der Rechtsfähigkeit] bzw. § 50 Abs. 2 ZPO i.V.m. §§ 124, 161 Abs. 2 HGB) bildet eine **ungeschriebene eigenständige prozessuale Kollisionsnorm** und unterliegt dabei unmittelbar dem Heimatrecht (**Personalstatut**) der betroffenen Partei (so BGHZ 153, 353, 358; zum Personalstatut näher *Ring/Olsen-Ring*, IPR, Rn. 98 ff.). Demnach ist die Partei parteifähig, die nach dem Verfahrensrecht ihres Heimatstaats parteifähig ist.

70 Die **Prozessfähigkeit** (d.h. die Fähigkeit, Prozesshandlungen selbst oder durch einen Vertreter vornehmen zu können, vgl. im deutschen Recht §§ 51 Abs. 1, 52 ZPO bzw. § 125 Abs. 1 FamFG) unterliegt nach einer weiteren **ungeschriebenen eigenständigen prozessualen Kollisionsnorm** gleichermaßen dem Heimatrecht (**Personalstatut**) der betroffenen Person.

Beachte aber: Ein Ausländer, dem nach dem Recht seines Landes die Prozessfähigkeit mangelt, gilt nach der gesetzlichen Fiktion des § 55 ZPO (Prozessfähigkeit von Ausländern) zum Schutz des inländischen Rechtsverkehrs als prozessfähig, wenn ihm nach dem Recht des Prozessgerichts (d.h. deutschem Recht) die Prozessfähigkeit zusteht (vgl. auch § 9 Abs. 5 FamFG).

71 Das autonome deutsche Zivilprozessrecht gewährt dem Beklagten (mit dem Ziel eines Schutzes seines Kostenerstattungsanspruchs) gegen einen im Ausland ansässigen Kläger, der in Deutschland einen Prozess gegen den Beklagten angestrengt hat, beim Vorliegen bestimmter Voraussetzungen einen **Anspruch auf Prozesskostensicherheit** (sog. Ausländersicherheit oder Kautionspflicht, *cautio iudicatum solvi* – §§ 100 bis 113 ZPO respektive § 113 Abs. 1 S. 2 FamFG): Kläger, die ihren gewöhnlichen Aufenthalt (bzw. effektiven Verwaltungssitz bei juristischen Personen, analog § 17 Abs. 1 ZPO, so *Junker*, IZPR, § 24 Rn. 20) nicht in einem EU- bzw. EWR-Mitgliedstaat haben, müssen nach § 110 Abs. 1 ZPO auf Verlangen des Beklagten wegen der Prozesskosten Sicherheit leisten. Diese Verpflichtung tritt gemäß § 110 Abs. 2 ZPO nicht ein, wenn aufgrund völkerrechtlicher Verträge keine Sicherheit verlangt werden kann (vgl. bspw. Art. 17 ff. des HZPÜ – Nr. 1), wenn die Entscheidung über die Erstattung der Prozesskosten an den Beklagten aufgrund völkerrechtlicher Verträge vollstreckt würde (Nr. 2), wenn der Kläger im Inland ein zur Deckung der Prozesskosten hinreichendes Grundvermögen oder dinglich gesicherte Forderungen besitzt (Nr. 3) bzw. bei Widerklagen (vgl. § 33 ZPO – Nr. 4).

72 **Prüfungsschema zur internationalen Zuständigkeit deutscher Gerichte**

1. EU-Verordnungen und staatsvertragliche Regelungen

a) Europäische Verordnungen (z.B. Brüssel Ia-VO, EheVO)

aa) Anwendungsbereich der VO

(1) sachlicher Anwendungsbereich

(2) territorialer bzw. persönlich-räumlicher Anwendungsbereich

(3) zeitlicher Anwendungsbereich

bb) Bestimmung der internationalen Zuständigkeit

(1) Gerichtsstandsvereinbarung

(2) ausschließliche Zuständigkeit

(3) allgemeine Zuständigkeiten

(4) besondere Zuständigkeiten

(5) rügelose Einlassung

b) **Ansonsten: Übereinkommen** (mehrseitige Staatsverträge – z.B. LugÜ), Prüfung wie unter a)

c) **Ansonsten: Abkommen** (bilaterale Staatsverträge), Prüfung wie unter a)

2. Ansonsten: Autonomes deutsches Recht

a) **spezielle Vorschriften über die internationale Zuständigkeit** (z.B. §§ 98 ff. FamFG, § 738a HGB)

b) ansonsten: **analoge Heranziehung der §§ 12 ff. ZPO** (über die örtliche Zuständigkeit) für die Bestimmung der internationalen Zuständigkeit (**Prinzip der Doppelfunktionalität**) – örtliche Zuständigkeit indiziert die internationale Zuständigkeit.

B. Europäisches Recht

I. Die Brüssel Ia-Verordnung

Literatur: *Alio*, Die Neufassung der Brüssel I-Verordnung, NJW 2014, 2395; *Bach*, Drei Entwicklungsschritte im europäischen Zivilprozessrecht, ZRP 2011, 97; *Geimer*, Salut für die Verordnung (EG) Nr. 44/2001 (Brüssel I-VO). Einige Betrachtungen zur „Vergemeinschaftung" des EuGVÜ, IPRax 2002, 69; *Gsell*, Autonom bestimmter Gerichtsstand am Erfüllungsort nach der Brüssel I-Verordnung, IPRax 2002, 484; *v. Hein*, Die Neufassung der Europäischen Gerichtsstands- und Vollstreckungsverordnung (EuGVVO), RIW 2013, 97; *Hess*, Die Reform der EuGVVO und die Zukunft des Europäischen Zivilprozessrechts, IPRax 2011, 125; *Junker*, Vom Brüsseler Übereinkommen zur Brüsseler Verordnung – Wandlungen des Internationalen Zivilprozessrechts, RIW 2002, 569; *Piltz*, Vom EuGVÜ zur Brüssel I-Verordnung, NJW 2002, 789; *Reinmüller*, Die Neufassung der EuGVVO („Brüssel Ia-VO") seit 10. Januar 2015, IHR 2015, 1; *Staudinger/Steinrötter*, Das neue Zuständigkeitsregime bei zivilrechtlichen Auslandssachverhalten, JuS 2015, 1; *Wagner*, Vom Brüsseler Übereinkommen über die Brüssel I-Verordnung zum Europäischen Vollstreckungstitel, IPRax 2002, 75; *Wagner*, Internationale und örtliche Zuständigkeit in Verbrauchersachen im Rahmen des Brüsseler Übereinkommens und der Brüssel I-Verordnung, WM 2003, 116; *Weller*, Der Kommissionsentwurf zur Reform der Brüssel I-VO, GPR 2012, 34.

73 Am 1.3.2002 wurde das Brüsseler EWG-Übereinkommen über die gerichtliche Zuständigkeit und die Vollstreckung gerichtlicher Entscheidungen in Zivil- und Handelssachen vom 27.9.1968 (EuGVÜ, dazu näher *Ring/Olsen-Ring*, Quellen, § 1 Rn. 40 ff.) für seit diesem Zeitpunkt erhobene Klagen (vgl. Art. 66 Abs. 1, vgl. BGH ZIP 2003, 213, 214) durch die Verordnung (EG) Nr. 44/2001 des Rates vom 23.12.2000 über die gerichtliche Zuständigkeit und die Anerkennung und Vollstreckung von Entscheidungen in Zivil- und Handelssachen (kurz EuGVO, EuGVVO bzw. **Brüssel I-VO**, ABl. EG Nr. L 12 vom 16.1.2001, S. 1) ersetzt.

74 Die Brüssel I-VO wurde für **Unterhaltspflichten** durch die Verordnung (EG) Nr. 4/2009 des Rates vom 18.12.2008 über die Zuständigkeit, das anwendbare Recht, die Anerkennung und Vollstreckung von Entscheidungen und die Zusammenarbeit in Unterhaltssachen (**UnterhaltsVO**, ABl. EU Nr. L 7 vom 10.1.2009, S. 1, dazu Rn. 201 ff.) abgelöst und erfasst seit dem **18.6.2011** nicht länger Unterhaltspflichten (*Ring/Olsen-Ring*, Quellen, § 1 Rn. 32).

75 Mit Inkrafttreten der Brüssel I-VO wurde das EuGVÜ nach Art. 68 EuGVO (Brüssel I-VO) im Verhältnis der EU-Mitgliedstaaten zueinander durch diese VO ersetzt (vgl. zum Problem der Anwendung des Brüssel I-VO im Verhältnis zu Dänemark *Ring/Olsen-Ring*, Quellen, § 1 Rn. 33).

76 Seit dem 10.1.2015 ist die Brüssel I-VO durch die VO (EU) Nr. 1215/2012 des Europäischen Parlaments und des Rates vom 12.12.2012 über die gerichtliche Zuständigkeit und die Anerkennung und Vollstreckung von Entscheidungen in Zivil- und Handelssachen (ABl. EU Nr. L 351/01, S. 1) – die **Brüssel Ia-VO** – neu gefasst worden. Diese bringt im Vergleich zur Brüssel I-VO als Neuerung außer dem Versuch, sog. Torpedoklagen im Zusammenhang mit Gerichtsstandsvereinbarungen zu verhindern, die Abschaffung des Exequaturverfahrens und die ausdrückliche Ausnahme staatlicher Hoheitsakte nach Art. 1 Abs. 1 vom Anwendungsbereich der VO.

1. Anwendungsbereich

a) Sachlicher Anwendungsbereich (Art. 1 Abs. 1 und Abs. 2 Brüssel Ia-VO)

Die Brüssel Ia-VO ist nach ihrem Art. 1 Abs. 1 S. 1 in sachlicher Hinsicht grundsätzlich (vorbehaltlich Art. 1 Abs. 2, nachstehende Rn. 79 f.) auf alle **Zivil- und Handelssachen** anzuwenden, ohne dass es auf die Art der Gerichtsbarkeit ankommt. Gemäß Art. 1 Abs. 1 S. 2 Brüssel Ia-VO gilt sie hingegen „insbesondere" nicht für Steuer- und Zollsachen (Klarstellung für *commen law*-Staaten, die das Steuerrecht dem Zivilrecht zurechnen) sowie für verwaltungsrechtliche Angelegenheiten oder die Haftung des Staates für Handlungen oder Unterlassungen im Rahmen der Ausübung hoheitlicher Rechte (*acta iure imperii*). Ansprüche gegen hoheitlich handelnde Behörden werden damit ausdrücklich vom sachlichen Anwendungsbereich der VO ausgenommen. 77

Vgl. auch EuGH NJW 2012, 2175 (F-Tex SIA/Lietuvos-Anglijos UAB „*Jadecloud-Vilma*"), wonach Art. 1 Abs. 1 Büssel Ia-VO dahin auszulegen ist, dass eine Klage, die gegen einen Dritten von einem Anspruchsteller auf der Grundlage einer durch den im Rahmen eines Insolvenzverfahrens bestellten Verwalters erfolgten Forderungsabtretung erhoben wird, deren Gegenstand das Insolvenzanfechtungsrecht ist, das diesem Verwalter nach dem für das Insolvenzverfahren geltenden nationalen Recht zusteht, unter den Begriff der „Zivil- und Handessachen" i.S. der Bestimmung fällt.

Ob eine „Zivil- und Handelssache" oder ein „hoheitliches Handeln" vorliegt, bestimmt sich zwecks einheitlicher Anwendung in allen EU-Mitgliedstaaten autonom nach der Brüssel Ia-VO und nicht nach der *lex fori*. 78

Aus der Rechtsprechung: So hat der EuGH bspw. am 21.4.1993 (NJW 1993, 2091) entschieden, dass „Zivilsache" die Schadensersatzklage vor einem Strafgericht gegen einen Lehrer einer öffentlichen Schule umfasst (Adhäsionsverfahren), der auf einem Schulausflug durch rechtswidrige und schuldhafte Verletzung seiner Aufsichtspflichten einen Schüler geschädigt hatte, was auch dann gelte, wenn ein öffentlich-rechtlicher Sozialversicherungsschutz bestehe.

In einer Entscheidung vom 15.2.2007 hat der EuGH (EuZW 2007, 252) festgestellt, dass die Klage, welche natürliche Personen in einem Vertragsstaat gegen einen anderen Vertragsstaat erheben, und die auf Ersatz des Schadens gerichtet ist, den Hinterbliebene der Opfer aufgrund des Verhaltens von Streitkräften im Rahmen von Kriegshandlungen im Hoheitsgebiet des erstgenannten Staates erlitten haben, hingegen keine „Zivilsache" sei.

In dem Urteil *Realchemie/Bayer CropScience* hat der EuGH am 18.10.2011 (NJW 2011, 3568) i.Ü. festgestellt, dass der Begriff „Zivil- und Handelssache" dahin auszulegen ist, dass die VO auf die Anerkennung und Vollstreckung einer

Entscheidung eines Gerichts anwendbar ist, die eine Verurteilung zur Zahlung eines Ordnungsgeldes umfasst, um eine gerichtliche Entscheidung in einer Zivil- und Handelssache durchzusetzen. Auch wenn dieses Ordnungsgeld an einen Mitgliedsstaat zu leisten ist, von Amts wegen beigetrieben wird, und die tatsächliche Vollstreckung durch staatliche Stellen erfolgt, könnten diese Gesichtspunkte nicht für die Natur des Vollstreckungsanspruchs entscheidend sein. Die Natur dieses Anspruchs hänge nämlich von der Natur des subjektiven Rechts ab, dessen Verletzung zur Anordnung der Vollstreckung führt. Das Recht, eine durch ein Patent geschützte Erfindung exklusiv zu verwerten, falle aber – so der EuGH – eindeutig unter die Begrifflichkeit „Zivil- und Handelssache" i.S. des Art. 1 der VO.

In der Rechtssache *Land Berlin/Ellen Mirjam Sapir u.a.* hat der EuGH (NJW 2013, 1661) schließlich in Bezug auf die Rückzahlung rechtsgrundlos geleisteter Wiedergutmachungsbeiträge entschieden, dass der Begriff „Zivil- und Handelssache" eine Klage auf Erstattung einer ohne Rechtsgrund geleisteten Zahlung umfasst, wenn eine öffentliche Stelle durch eine Behörde, die durch ein Gesetz zur Wiedergutmachung von Verfolgungen seitens eines totalitären Regimes geschaffen wurde, angewiesen worden ist, einem Geschädigten zur Wiedergutmachung einen Teil des Erlöses aus einem Grundstückskaufvertrag auszuzahlen, stattdessen aber versehentlich den gesamten Kaufpreis an diese Person überwiesen hat und anschließend die ohne Rechtsgrund geleistete Zahlung gerichtlich zurückfordert.

79 **Nicht anzuwenden** ist die Brüssel Ia-VO nach ihrem Art. 1 Abs. 2 (unabhängig davon, ob es sich dabei um eine „Zivil- und Handelssache" i.S. von Art. 1 Abs. 1 [vorstehende Rn. 77 f.] handelt oder nicht) auf

- den **Personenstand** (z.B. die Ehescheidung), die Rechts- und Handlungsfähigkeit sowie die gesetzliche Vertretung von natürlichen Personen, die ehelichen Güterstände oder Güterstände aufgrund von Verhältnissen, die nach dem auf diese Verhältnisse anzuwendenden Recht mit der Ehe vergleichbare Wirkungen entfalten (Buchst. a). Diese Bereiche werden z.T. von Sonderregelungen erfasst, z.B. der EheVO (nachstehende Rn. 201 ff.) bzw. (künftig) von der Rom IVa- oder IVb-VO in Bezug auf das Güterstandsrecht.
- **Konkurse**, **Vergleiche** und ähnliche Verfahren (Buchst. b), wobei hier als Sonderregelung die Europäische Insolvenzverordnung (EuInsVO) gilt.
- Die soziale Sicherheit (Buchst. c).
- Die **Schiedsgerichtsbarkeit** (Buchst. d, vgl. Erwägungsgrund 12 – eine Spezialregelung findet sich z.B. im New Yorker Übereinkommen über die Anerkennung und Vollstreckung ausländischer Schiedssprüche).
- **Unterhaltspflichten**, die auf einem Familien-, Verwandtschafts- oder eherechtlichen Verhältnis oder auf Schwägerschaft beruhen (Buchst. e – hier gilt als Sonderregelung die UnterhaltsVO [nachstehende Rn. 239 ff.) oder

– das Gebiet des **Testaments- und Erbrechts**, einschließlich der Unterhaltspflichten, die mit dem Tod entstehen (Buchst. f). In diesem Bereich gilt die EuErbVO (nachstehende Rn. 265 ff.).

Die Begrifflichkeiten sind wiederum (vgl. vorstehende Rn. 15) autonom nach Maßgabe der Brüssel Ia-VO und nicht nach der *lex fori* zu bestimmen. **80**

Beachte: Im Hinblick auf die genannten Rechtsgebiete des Ausnahmekatalogs gelten also ggf. speziellere Verordnungen (bspw. die EheVO, die EuErbVO, die UnterhaltsVO bzw. ab dem 17.2.2019 in Bezug auf das Güterrecht die Rom IVa- bzw. die Rom IVb-VO).

b) Persönlich-räumlicher Anwendungsbereich (Art. 4 Abs. 1, Art. 5 Abs. 1 und Art. 6 Abs. 1 Brüssel Ia-VO)

aa) Natürliche Personen

Vorbehaltlich anderweitiger Vorschriften der Brüssel Ia-VO sind (natürliche) Personen, die ihren **Wohnsitz im Hoheitsgebiet eines Mitgliedstaats** haben, ohne Rücksicht auf ihre Staatsangehörigkeit vor den Gerichten dieses Mitgliedstaats zu verklagen (so Art. 4 Abs. 1 Brüssel Ia-VO, **Anknüpfung an den Wohnsitz des Beklagten**). Auf Personen, die nicht dem Mitgliedstaat, in dem sie ihren Wohnsitz haben, angehören (**Ausländer**), sind nach Art. 4 Abs. 2 Brüssel Ia-VO gleichermaßen die für Inländer maßgebenden Zuständigkeitsvorschriften anzuwenden. **81**

Personen, die ihren Wohnsitz im Hoheitsgebiet eines Mitgliedstaats haben, können nach Art. 5 Abs. 1 Brüssel Ia-VO vor den **Gerichten eines anderen Mitgliedstaats** nur nach Maßgabe der Art. 7 bis 26 Brüssel Ia-VO verklagt werden. Gegen diese Personen können gemäß Art. 5 Abs. 2 Brüssel Ia-VO insbesondere nicht die innerstaatlichen Zuständigkeitsvorschriften (welche die Mitgliedstaaten der Kommission nach Art. 76 Abs. 1 Buchst. a Brüssel Ia-VO zu notifizieren haben) geltend gemacht werden. **82**

Hat der Beklagte **keinen Wohnsitz im Hoheitsgebiet eines Mitgliedstaats**, so bestimmt sich nach Art. 6 Abs. 1 Brüssel Ia-VO – vorbehaltlich des Art. 18 Abs. 1, Art. 21 Abs. 2 und der Art. 24 und 25 Brüssel Ia-VO – die Zuständigkeit der Gerichte eines jeden Mitgliedstaats nach dessen eigenem Recht. Gegenüber einem Beklagten, der keinen Wohnsitz im Hoheitsgebiet eines Mitgliedstaats hat, kann sich gemäß Art. 6 Abs. 2 Brüssel Ia-VO aber jede Person, die ihren Wohnsitz im Hoheitsgebiet eines Mitgliedstaats hat, in diesem Mitgliedstaat auf die dort geltenden Zuständigkeitsvorschriften – insbesondere auf diejenigen, die die Mitgliedstaaten der Kommission nach Art. 76 Abs. 1 Buchst. a Brüssel **83**

Ia-VO zu notifizieren haben – wie ein Staatsangehöriger dieses Mitgliedstaats (**Inländer**) berufen.

Aus der Rechtsprechung: So hat der EuGH am 1.3.2005 (EuZW 2005, 345) im Falle eines britischen Staatsangehörigen, der in Großbritannien Schadensersatzklagen wegen eines auf Jamaika erlittenen Badeunfalls gegen den gleichermaßen in Großbritannien ansässigen Vermieter eines Ferienhauses mit Badestrand (wo sich der Unfall ereignet hat) aus Vertragsverletzung und gegen mehrere jamaikanische Gesellschaften (die für den Badestand verantwortlich zeichneten) aus unerlaubter Handlung geltend gemacht hat, entschieden, dass die Brüssel Ia-VO es dem Gericht eines Mitgliedstaats (Großbritannien) verwehrt, seine Zuständigkeit mit der Begründung zu verneinen, dass das Gericht eines Nichtvertragsstaates (Jamaika) geeigneter sei, um über den Rechtsstreit zu befinden – selbst wenn keine Zuständigkeit eines Gerichts des anderen Vertragsstaats in Betracht kommt oder das Verfahren keine Anknüpfungspunkte zu einem anderen Vertragsstaat aufweist.

bb) Gesellschaften und juristische Personen

84 Gesellschaften und juristische Personen haben für die Anwendung der Brüssel Ia-VO nach deren Art. 63 Abs. 1 ihren **Wohnsitz** an dem Ort, an dem sich

– ihr satzungsmäßiger Sitz (Buchst. a),
– ihre Hauptverwaltung (Buchst. b) oder
– ihre Hauptniederlassung (Buchst. c) befindet.

85 Im Falle Irlands, Zyperns und des Vereinigten Königreichs ist unter dem Begriff „**satzungsmäßiger Sitz**" nach Art. 63 Abs. 2 Brüssel Ia-VO das *registered office* oder (wenn ein solches nirgendwo besteht) der *place of incorporation* (Ort der Erlangung der Rechtsfähigkeit) oder (wenn auch ein solcher nirgendwo besteht) der Ort, nach dessen Recht die *formation* (Gründung) erfolgt ist, zu verstehen.

Um zu bestimmen, ob ein **Trust** seinen Sitz in dem Mitgliedstaat hat, bei dessen Gerichten die Klage anhängig ist, wendet das angerufene Gericht gemäß Art. 63 Abs. 3 Brüssel Ia-VO sein IPR an.

c) Zeitlicher Anwendungsbereich (Art. 81 Brüssel Ia-VO)

86 In zeitlicher Hinsicht ist die Brüssel Ia-VO nach ihrem Art. 81 Unterabs. 1 am **1.1.2013** in Kraft getreten. Sie gilt für alle ab dem **10.1.2015** anhängigen Verfahren – mit Ausnahme der Art. 75 und 76, die bereits ab dem 10.1.2014 gelten (so Art. 81 Unterabs. 2 Brüssel Ia-VO).

2. Bestimmung des zuständigen Gerichts (Zuständigkeitsregeln)

87 Die Gerichtsstände der Brüssel Ia-VO sind in deren Art. 4 bis 26 geregelt und haben **abschließenden Charakter** (*numerus clausus*, *Junker*, IZPR, § 8 Rn. 5):

- **Ausschließliche Zuständigkeit** (Art. 24 Brüssel Ia-VO – ohne Rücksicht auf den Wohnsitz)
- **Konkurrierende Zuständigkeiten**
  - Besondere Gerichtsstände (Art. 6 bis 9 Brüssel Ia-VO)
  - Versicherungs-, Verbraucher- und Arbeitsvertragssachen (im Interesse eines Schutzes des Schwächeren – Art. 10 bis 23 Brüssel Ia-VO)
  - Gerichtsstandsvereinbarung (Art. 25 Brüssel Ia-VO) und rügelose Einlassung (Art. 26 Brüssel Ia-VO)
- **Allgemeiner Gerichtsstand** (Art. 4 Abs. 1 Brüssel Ia-VO – Wohnsitz des Beklagten ohne Rücksicht auf die Staatsangehörigkeit – „vorbehaltlich der Vorschriften dieser Verordnung")

Beachte: Im Anwendungsbereich der Brüssel Ia-VO bestimmt sich die Zuständigkeit **ausschließlich** nach den Art. 4 ff. – für das autonome Recht der Mitgliedstaaten bleibt somit kein Raum.

a) Ausschließliche Zuständigkeiten (exklusiver Gerichtsstand – Art. 24 Brüssel Ia-VO)

Art. 24 Brüssel Ia-VO begründet eine ausschließliche Zuständigkeit in Bezug auf Konstellationen, in denen eine sehr **enge** (vom Wohnsitz der Parteien unabhängige) **Beziehung des Rechtsstreits zu einem Mitgliedstaat** besteht. Diese exklusiven Gerichtsstände im Katalog des Art. 24 Brüssel Ia-VO verdrängen jede eine andere Zuständigkeit begründende Regelung, d.h. **88**
- den allgemeinen Gerichtsstand (Art. 4 Abs. 1 Brüssel Ia-VO) sowie
- die besonderen Gerichtsstände (Art. 7 bis Art. 23 Brüssel Ia-VO).

Beachte: Die ausschließlichen Zuständigkeiten nach Art. 24 Brüssel Ia-VO – i.S. **exklusiver Gerichtsstände** – müssen immer vorab geprüft werden. Sie schließen nämlich jede andere Zuständigkeitsregelung der Brüssel Ia-VO aus. Im Bereich der ausschließlichen Zuständigkeiten entfalten i.Ü. auch **Gerichtsstandsvereinbarungen** (Art. 25 Brüssel Ia-VO) oder eine Zuständigkeitsbegründung aufgrund rügeloser Einlassung (Art. 26 Brüssel Ia-VO – **Derogation**) keine Wirkung.

Nach Art. 27 Brüssel Ia-VO hat sich im **Erkenntnisverfahren** das Gericht eines Mitgliedstaats **von Amts wegen** für unzuständig zu erklären, wenn es wegen einer Streitigkeit angerufen wird, für die das Gericht eines anderen Mitgliedstaats aufgrund des Art. 24 Brüssel Ia-VO ausschließlich zuständig ist. **89**

> **Beachte** des Weiteren Art. 45 Abs. 1 Buchst. e 2. Alt. Brüssel Ia-VO, wonach ein Verstoß des Erstgerichts im Erkenntnisverfahren gegen die internationale Zuständigkeit gemäß Art. 24 Brüssel Ia-VO ein **Anerkenntnishindernis im Vollstreckungsverfahren** ist.

90 Art. 24 Brüssel Ia-VO statuiert eine ausschließliche Zuständigkeit in Bezug auf **folgende Materien**:

- unbewegliche Sachen (Nr. 1), d.h.
  - dingliche Rechte an unbeweglichen Sachen (S. 1 Alt. 1),
  - Miete oder Pacht von unbeweglichen Sachen (S. 1 Alt. 2) sowie
  - kurzfristige Gebrauchsüberlassungsverträge (S. 2):

  Zuständig sind die Gerichte des Belegenheitsorts.
- Innere Angelegenheiten von Gesellschaften oder juristischen Personen (Nr. 2):
  Zuständig sind die Gerichte am Sitz der Gesellschaft oder der juristischen Person.
- Gültigkeit von Eintragungen in öffentlichen Registern (Nr. 3):
  Zuständig sind die Gerichte des registerführenden Staates.
- Eintragung von gewerblichen Schutzrechten (Nr. 4):
  Zuständig sind die Gerichte des Staates der Hinterlegung bzw. der Registrierung.
- Zwangsvollstreckungsverfahren (Nr. 5):
  Zuständig sind die Gerichte des Vollstreckungsstaats.

Judikatur: Eine **Klage auf Aufhebung eines Schenkungsvertrags über ein Grundstück wegen Geschäftsunfähigkeit des Schenkenden** fällt nach Ansicht des EuGH (NJW 2017, 315) nicht nach Art. 24 Nr. 1 Brüssel Ia-VO in die ausschließliche Zuständigkeit der Gerichte des Mitgliedstaats, in dem das Grundstück belegen ist, sondern in die besondere Zuständigkeit nach Art. 7 Nr. 1 Buchst. a Brüssel Ia-VO. Eine Klage auf Löschung der das Eigentumsrecht des Beschenkten betreffenden Eintragungen aus dem Grundbuch fällt hingegen in die ausschließliche Zuständigkeit nach Art. 24 Nr. 1 Brüssel Ia-VO.

Eine **Klage auf Feststellung der Ungültigkeit der Ausübung eines dinglichen Vorkaufsrechts**, das an einem Grundstück besteht und gegenüber jedermann wirkt (§ 1094 BGB), unterfällt nach Ansicht des EuGH (NJW 2014, 1871) Art. 24 Nr. 1 Brüssel Ia-VO, so dass die Gerichte am Belegenheitsort der betroffenen unbeweglichen Sache ausschließlich zuständig sind. Im Fall der Anrufung eines Gerichts in einem anderen EU-Mitgliedstaat darf das später angerufene, aber gemäß § 24 Nr. 1 Brüssel Ia-VO ausschließlich zuständige Gericht mit Blick auf die anderweitige Rechtshängigkeit weder das Verfahren aussetzen noch sich für unzuständig erklären. Vielmehr muss es in der Sache über die bei ihm erhobene Klage entscheiden.

Ohne Rücksicht auf den Wohnsitz der Parteien sind nach Art. 24 Brüssel Ia-VO folgende Gerichte eines Mitgliedstaats ausschließlich zuständig (**Katalog der ausschließlichen Zuständigkeiten**): 91

- **Unbewegliche Sachen** (Nr. 1)

  dingliche Rechte bzw. Miete oder Pacht an unbeweglichen Sachen (S. 1): Ohne Rücksicht auf den Wohnsitz der Parteien sind ausschließlich zuständig für Verfahren, welche dingliche Rechte an unbeweglichen Sachen (Alt. 1 – arg.: Gebietshoheit des Staates – sofern die Klage **auf** das dingliche Recht gestützt wird und nicht die bloße Klärung einer Vorfrage in Rede steht) sowie die Miete oder Pacht von unbeweglichen Sachen zum Gegenstand haben (Alt. 2 – arg.: Sozialschutz – wodurch der Vertragsgerichtsstand nach Art. 7 Nr. 1 Brüssel Ia-VO verdrängt wird), die Gerichte des Mitgliedstaats, in dem die unbewegliche Sache belegen ist (**Gerichte des Belegenheitsorts – Gerichtsstand der Belegenheit**). Die Begrifflichkeiten „dingliche Rechte" und „Miete oder Pacht von unbeweglichen Sachen" sind verordnungsautonom auszulegen i.S. einer Wirkung *erga omnes* (im Gegensatz zu „persönlichen Ansprüchen", denen nur eine *inter partes*-Wirkung zukommt).
- Jedoch sind für Verfahren betreffend die Miete oder Pacht unbeweglicher Sachen (S. 1 Alt. 2) (1) zum vorübergehenden privaten Gebrauch (2) für höchstens sechs aufeinander folgende Monate nach Nr. 1 S. 2 (d.h. für **kurzfristige Gebrauchsüberlassungsverträge** – als Ausnahmevorschrift, z.B. für die Miete von Ferienhäusern oder Ferienwohnungen) auch die Gerichte des Mitgliedstaats zuständig, in dem der Beklagte seinen Wohnsitz hat (**Gerichtsstand des Beklagtenwohnsitzes**), (3) sofern es sich bei dem Mieter oder Pächter um eine natürliche Person handelt, und (4) der Eigentümer sowie der Mieter oder Pächter ihren Wohnsitz in demselben Mitgliedstaat haben.

Fall: Der EuGH (EuZW 2005, 759 – *Klein gegen Rhodos Management Ltd.*) hat entschieden, dass die Nr. 1 eine Ausnahme vom allgemeinen Grundsatz des Art. 4 Brüssel Ia-VO vorsieht, wonach sich die Zuständigkeit der Gerichte eines jeden Vertragsstaats nach seinen eigenen Gesetzen bestimmt, wenn der Beklagte keinen Wohnsitz in einem Vertragsstaat hat: Zuständigkeit des Gerichts des Vertragsstaats, in dem die unbewegliche Sache belegen ist. Als Ausnahme von den allgemeinen Zuständigkeitsregeln dürfe Nr. 1 daher nicht weiter ausgelegt werden, als es sein Ziel erfordert, da Nr. 1 bewirke, dass den Parteien die ihnen sonst mögliche Wahl des Gerichtsstands genommen wird und sie in bestimmten Fällen vor einem Gericht zu verklagen sind, das für keine von ihnen das Gericht ihres Wohnsitzes ist.

Der EuGH hatte i.Ü. bereits entschieden, dass ein Vertrag, der nicht nur Teilzeitnutzungsrechte an einem Wohngebäude – sondern auch die Erbringung gesonderter Dienstleistungen zum Gegenstand hat, deren Wert jener der Teilzeitnutzungsrechte übersteigt – **kein** Vertrag über die Miete von Immobilien i.S. von Art. 3 Abs. 2 Buchst. a der Haustürwiderrufsrichtlinie 85/577/EWG alt vom 20.12.1985 ist (EuGH EuZW 1999, 377 – *Travel Vac*). In Anbetracht des zwischen der Brüssel Ia-VO und der Gemeinschaftsrechtsordnung bestehenden Zusammenhangs (EuGH NJW 2000, 1853 – *Krombach*) sei diese für die Zwecke der Auslegung des Übereinkommens zu berücksichtigen. Vor diesem Hintergrund hat der EuGH (EuZW 2005, 759) entschieden, dass die Nr. 1 dahin auszulegen ist, dass sie keine Anwendung findet auf einen Vertrag über eine Clubmitgliedschaft, der als Gegenleistung zur Mitgliedschaftsgebühr, die den Hauptbestandteil des Gesamtpreises ausmacht, den Mitgliedern ermöglicht, das Teilzeitnutzungsrecht an einer lediglich nach Typ und Lageort bezeichneten Immobilie zu erwerben, und der die Aufnahme der Mitglieder in eine Organisation vorsieht, die einen Tausch ihres Nutzungsrechts ermöglicht (mithin eines **Vertrags über eine gebührenpflichtige Clubmitgliedschaft mit dem Zweck des Erwerbs von tauschbaren Teilzeitnutzungsrechten an Immobilien – Timesharekonstellation**).

Zusammenfassung: Für Timesharing-Verträge gilt Folgendes (so *Junker*, IZPR, § 14 Rn. 14):

- Ist der Vertrag dinglich ausgestaltet, gilt Nr. 1 S. 1 Alt. 1.
- Ist der Vertrag vereinsrechtlich ausgestaltet (z.B. Clubmitgliedschaft), greift Nr. 1 nicht.
- Ist der Vertrag schuldrechtlich ausgestaltet, gilt Nr. 1 S. 1 Alt. 2, wobei geprüft werden müsse, ob die Ausnahme der Nr. 1 S. 2 zur Anwendung gelangt.

Problem: Liegt ein Grundstück, über das zwei Unionsbürger streiten, außerhalb der Mitgliedsstaaten, gelangt Art. 24 Nr. 1 Brüssel Ia-VO nicht zur Anwendung. Es kommt in diesem Fall zur Wohnsitzzuständigkeit nach der allgemeinen Gerichtsstandsregelung des Art. 4 Abs. 1 Brüssel Ia-VO (was das danach berufene Gericht auch nicht unter Verweis auf die **Theorie der Reflexwirkung** verneinen kann für den Fall, dass der Belegenheitsdrittstaat eine Art. 24 Nr. 1

Brüssel Ia-VO analoge ausschließliche Zuständigkeit kennt, so *Junker*, IZPR, § 14 Rn. 4).

- **Gesellschaftsrechtliche Klagen** (Nr. 2): Ohne Rücksicht auf den Wohnsitz der Parteien sind im Interesse der Rechtssicherheit (d.h. einer Vermeidung widerstreitenden Entscheidungen) ausschließlich zuständig für (kontradiktatorische) Verfahren (d.h. nicht solche der freiwilligen Gerichtsbarkeit), welche
  - das **Bestehen** (Alt. 1), d.h.
    - die Gültigkeit,
    - die Nichtigkeit oder
    - die Auflösung einer Gesellschaft oder juristischen Person, oder
  - die **Gültigkeit der Beschlüsse** ihrer Organe (Alt. 2)

  zum Gegenstand haben (i.S. eines begrenzten Anwendungsbereichs), die Gerichte des Mitgliedstaats, in dessen Hoheitsgebiet die Gesellschaft (auch wenn es sich um eine Gesellschaft ohne eigene Rechtspersönlichkeit handelt) oder juristische Person ihren **Sitz** hat (S. 1 – **Gerichte am Ort des Gesellschaftssitzes**).

Bei der Entscheidung darüber, wo der Sitz sich befindet, wendet das Gericht nach Nr. 2 S. 2 die Vorschriften seines IPR (Internationales Privatrecht des Forumstaats) an. D.h., es kommt (anders als nach Art. 63 Brüssel Ia-VO) nicht zu einer verordnungsautonomen Bestimmung des Sitzes. Damit soll ein Gleichlauf mit dem anzuwendenden materiellen Recht hergestellt werden (vgl. BGHZ 190, 242). 92

Fall: Der BGH (BGHZ 190, 242 = NJW 2011, 3372) hat die Frage, wo sich der für die ausschließliche internationale Zuständigkeit nach der Nr. 2 maßgebliche Sitz der Gesellschaft in einem EU-Mitgliedstaat befindet, dahingehend beantwortet, dass sich dies nach der **Gründungstheorie** und damit grundsätzlich nach dem **Satzungssitz im Herkunftsstaat** bestimmt: Beklagte war im konkreten Fall eine nach dem Recht des Vereinigten Königreichs gegründete *Private Limited Company* mit Sitz in England. Der Anwendungsbereich der Nr. 2 sei jedenfalls dann eröffnet, wenn sich die Klage unmittelbar gegen Beschlüsse der Gesellschafterversammlung richtet und beantragt wird, diese Beschlüsse für nichtig zu erklären EuGH ZIP 2011, 1071 – *BVG/JPMorgan*). Im Streitfall sei die Gründungstheorie anwendbar, da die beklagte Gesellschaft in einem EU-Mitgliedstaat gegründet wurde. Zwar folge der BGH weiterhin der Sitztheorie (BGHZ 178, 192 – *Trabrennbahn*; näher *Ring/Olsen-Ring*, IPR, Rn. 569 ff.). Der BGH habe sich aber aufgrund der Rechtsprechung des EuGH in den Entscheidungen *Centros* (EuGH ZIP 1999, 438), *Überseering* (EuGH ZIP 2002, 2037) und *Inspire Art* (EuGH ZIP

2003, 1885) für diejenigen Auslandsgesellschaften, die in einem EU- bzw. EWR-Mitgliedstaat oder in einem mit diesen aufgrund eines Staatsvertrages in Bezug auf die Niederlassungsfreiheit gleichgestellten Staat gegründet worden sind, der Gründungstheorie angeschlossen (BGHZ 164, 148, 151; 178, 192 – Rn. 19 – *Trabrennbahn*). Hieran sei auch nach der *Cartesio*-Entscheidung des EuGH festzuhalten (EuGH ZIP 2009, 24), in der das Gericht – anknüpfend an das *Daily Mail*-Urteil (EuGH NJW 1989, 2186) – das Recht des Herkunftsstaates bekräftigt hat, die Voraussetzungen festzulegen, die eine Gesellschaft erfüllen muss, um als eine nach seinem Recht gegründete Gesellschaft die Niederlassungsfreiheit zu erlangen und zu erhalten. Die Anwendung der Gründungstheorie auf Auslandsgesellschaften, die in einem EU-Mitgliedstaat gegründet wurden, hänge nicht davon ab, ob ein über den reinen Registertatbestand hinausgehender realwirtschaftlicher Bezug zum Gründungsstaat („*genuine link*“) gegeben ist (BGH ZIP 2005, 805, 806).

Danach bestimmt sich der aus der Niederlassungsfreiheit folgende Schutz einer Auslandsgesellschaft vor Beschränkungen durch den Aufnahmestaat nach den Entscheidungen *Centros* und *Inspire Art* des EuGH. Der Umstand, dass eine Gesellschaft in einem Mitgliedstaat nur gegründet wurde, um in den Genuss vorteilhafterer Rechtsvorschriften zu kommen, stellt keinen Missbrauch der vom Aufnahmestaat zu beachtenden Niederlassungsfreiheit dar, und zwar auch dann nicht, wen die betreffende Gesellschaft ihre Tätigkeit hauptsächlich oder ausschließlich im Aufnahmemitgliedstaat ausübt (EuGH ZIP 1999, 438 – *Centros*; EuGH ZIP 2003, 1885 – *Inspire Art*).

Da sich das im entschiedenen Fall anwendbare IPR – so der BGH (BGHZ 190, 242) – aus den Regeln der Gründungstheorie ergebe, seien sie maßgebend für die Entscheidung darüber, wo sich der gemäß Nr. 2 S. 2 zuständigkeitsbegründende Sitz der Beklagten befindet. Dies diene auch dem im Interesse einer sachkundigen Entscheidung wünschenswerten Gleichlauf von internationaler Zuständigkeit und anwendbarem materiellem Recht.

- **Eintragungen in öffentliche Register** (Nr. 3): Ohne Rücksicht auf den Wohnsitz der Parteien sind für Verfahren, welche die „Gültigkeit von Eintragungen“ in öffentliche Register (z.B. Grundbücher oder Handelsregister, nicht jedoch Personenstandsregister, die nach Art. 1 Abs. 2 Buchst. a Brüssel Ia-VO vom Anwendungsbereich der Verordnung ausgenommen sind) zum Gegenstand haben, die Gerichte des Mitgliedstaats ausschließlich zuständig, in dessen Hoheitsgebiet die

Register geführt werden (**Gerichte am Ort des registerführenden Staates – Gerichte des Registerstaats**).

– **Eintragung und Gültigkeit von gewerblichen Schutzrechten** 93
(Nr. 4): Ohne Rücksicht auf den Wohnsitz der Parteien sind für Verfahren, welche die „Eintragung oder die Gültigkeit" (Tatbestandsmerkmale, die einer engen Auslegung bedürfen, z.B. Patentnichtigkeitsverfahren, nicht jedoch Patentverletzungsverfahren) von Patenten, Marken, Mustern und Modellen sowie ähnlicher Rechte, die einer Hinterlegung oder Registrierung bedürfen, zum Gegenstand haben, unabhängig davon, ob die Frage im Wege der Klage oder der Einrede aufgeworfen wird, die Gerichte des Mitgliedstaats ausschließlich zuständig, in dessen Hoheitsgebiet die Hinterlegung oder Registrierung beantragt oder vorgenommen worden ist oder aufgrund eines Unionsrechtsakts oder eines zwischenstaatlichen Übereinkommens als vorgenommen gilt (S. 1 – **Gerichte am Ort des Antrags oder der Vornahme der Registrierung bzw. der Hinterlegung – Gerichte des Hinterlegungs- bzw. Registrierungsstaates**).

Unbeschadet der Zuständigkeit des Europäischen Patentamts nach dem am 5.10.1973 in München unterzeichneten Übereinkommen über die Erteilung europäischer Patente sind nach Nr. 4 S. 2 (als **Sonderregelung für europäische Patente**) die Gerichte eines jeden Mitgliedstaats für alle Verfahren ausschließlich zuständig, welche die Erteilung oder die Gültigkeit eines europäischen Patents zum Gegenstand haben, das für diesen Mitgliedstaat erteilt wurde.

Fall: Der EuGH (EuZW 2006, 575) hat entschieden, dass Nr. 4 in dem Sinne auszulegen ist, dass die ausschließliche Zuständigkeitsregel, die er aufstellt, alle Arten von Rechtsstreitigkeiten über die Eintragung oder die Gültigkeit eines Patents betrifft, unabhängig davon, ob die Frage klage- oder einredeweise aufgeworfen wird: Der Begriff des Rechtsstreits, der „die Eintragung oder die Gültigkeit von Patenten ... zum Gegenstand hat", sei als autonomer Begriff anzusehen, der in allen Vertragsstaaten einheitlich anzuwenden ist (EuGH, Slg. 1983, 3663, Rn. 19 – *Duijnstee*). Der EuGH hat daher in dem in Bezug genommenen Urteil entschieden, dass als Rechtsstreitigkeiten, die „die Eintragung oder die Gültigkeit von Patenten ... zum Gegenstand haben", Rechtsstreitigkeiten über die Gültigkeit, das Bestehen oder das Erlöschen des Patents oder über die Geltendmachung eines Prioritätsrechts aufgrund einer früheren Hinterlegung anzusehen sind (Rn. 24). Betreffe der Rechtsstreit dagegen nicht die Gültigkeit des Patents oder das Bestehen einer Hinterlegung oder Registrierung und würden diese von den Parteien auch nicht bestritten, so falle der

Rechtsstreit nicht unter Nr. 4 (Rn. 25 und 26). Dies wäre z.B. bei einer Verletzungsklage der Fall, bei der die Gültigkeit des angeblich verletzten Patents nicht in Frage gestellt wird.

Die ausschließliche, den Gerichten des Hinterlegungs- oder Registrierungsstaats zugewiesene Zuständigkeit für Rechtsstreitigkeiten über die Eintragung oder die Gültigkeit von Patenten sei dadurch gerechtfertigt, dass diese Gerichte am besten in der Lage sind, über Fälle zu entscheiden, in denen es um die Gültigkeit des Patents oder das Bestehen der Hinterlegung oder Registrierung selbst geht (Rn. 22). Die Gerichte des Vertragsstaats, in dessen Hoheitsgebiet die Register geführt werden, könnten nach ihrem nationalen Recht über die Gültigkeit und die Wirkungen der Patente entscheiden, die in diesem Staat erteilt worden sind. Dieses Interesse an einer geordneten Rechtspflege sei auf dem Gebiet der Patente von umso größerer Bedeutung, als mehrere Vertragsstaaten angesichts der Besonderheit der Materie ein besonderes Rechtsschutzsystem eingerichtet haben und diese Streitigkeit spezialisierten Gerichten vorbehalten. Diese ausschließliche Zuständigkeit sei auch dadurch gerechtfertigt, dass die Erteilung von Patenten das Tätigwerden der nationalen Verwaltung impliziert.

Unter Berücksichtigung der Stellung der Nr. 4 in dessen Systematik und des verfolgten Zweckes ist davon auszugehen, dass die in dieser Vorschrift vorgesehene ausschließliche Zuständigkeit unabhängig davon zu gelten hat, wie der verfahrensrechtliche Rahmen beschaffen ist, in dem sich die Frage der Gültigkeit eines Patents stellt, also unabhängig davon, ob dies klage- oder einredeweise geschieht, bei Klageerhebung oder in einem späteren Verfahrensstadium.

Würde hingegen dem Gericht, das mit einer Verletzungsklage oder einer Klage auf Feststellung der Nichtverletzung befasst ist, gestattet, inzident die Nichtigkeit des betreffenden Patents festzustellen, so würde dies die zwingende Natur der in Nr. 4 vorgesehenen Zuständigkeitsregel beeinträchtigen. Der Kläger wäre nämlich durch die bloße Formulierung seines Klageantrags in der Lage, den zwingenden Charakter der in diesem Artikel aufgestellten Zuständigkeitsregel zu umgehen, obwohl Nr. 4 nicht zur Disposition der Parteien steht. I.Ü. würde die dadurch eröffnete Möglichkeit, Nr. 4 zu umgehen, zu einer Häufung der Gerichtsstände führen und könnte so die Vorhersehbarkeit der Zuständigkeitsregeln des Übereinkommens und damit den Grundsatz der Rechtssicherheit, der diesem zugrunde liegt, beeinträchtigen (EuGH, Slg. 2002, I-1699 – *Besix*).

– **Zwangsvollstreckungsklagen** (Nr. 5): Ohne Rücksicht auf den Wohnsitz der Parteien sind für „Verfahren" (mithin nicht nur für Klagen), welche die „Zwangsvollstreckung aus Entscheidungen" (was verordnungsautonom auszulegen ist i.S. aller Verfahren, die einen „unmittelbaren Bezug" zur Zwangsvollstreckung haben und nicht bloße Vorfrage sind, so *Junker*, IZPR, § 15 Rn. 26) zum Gegenstand haben, die Gerichte des Mitgliedstaats ausschließlich zuständig (arg.: staatliche Hoheitsakte unter Souveränitätsgesichtspunkten), in dessen Hoheitsgebiet die Zwangsvollstreckung durchgeführt werden soll oder durchgeführt worden ist (**Gerichte am Ort der Zwangsvollstreckung – Gerichte des Vollstreckungsstaats**). 94

Beachte: In Bezug auf die Tatbestandsmerkmale des Art. 24 Brüssel Ia-VO gilt das **Gebot der engen Auslegung** (*Junker*, IZPR, § 14 Rn. 5: „Die ausschließlichen Zuständigkeiten dürfen … nicht weiter ausgelegt werden, als ihr Zweck es erfordert").

b) Gerichtsstandsvereinbarungen (Art. 25 Brüssel Ia-VO)

Literatur: *Hohmeier*, Zur Privilegierung ausschließlicher Gerichtsstandsvereinbarungen durch die Brüssel Ia-VO, IHR 2014, 217.

Haben die Parteien – unabhängig von ihrem Wohnsitz – vereinbart, dass ein Gericht (d.h. die örtliche Zuständigkeit) oder die Gerichte eines Mitgliedstaats (mithin die internationale Zuständigkeit) über 95
– eine bereits entstandene Rechtsstreitigkeit oder über
– eine künftige aus einem bestimmten Rechtsverhältnis entspringende Rechtsstreitigkeit

entscheiden soll/sollen, so ist/sind nach Art. 25 Abs. 1 S. 1 Brüssel Ia-VO grundsätzlich dieses (bestimmte) Gericht oder die Gerichte dieses (bestimmten) Mitgliedstaats zuständig. Etwas anderes gilt nur dann, wenn die Vereinbarung nach dem Recht dieses Mitgliedstaats materiell nichtig ist. Dieses Gericht oder die Gerichte dieses Mitgliedstaats sind nach der Vermutungsregelung des Art. 25 Abs. 1 S. 2 Brüssel Ia-VO ausschließlich zuständig (**ausschließliche Zuständigkeit aufgrund einer Gerichtsstandsvereinbarung**), sofern die Parteien nichts anderes vereinbart haben.

Judikatur: Eine im Vertrag zwischen dem Hersteller eines Gegenstands und dem Erwerber vereinbarte Gerichtsstandsklausel kann – so der EuGH (NJW 2013, 3086 – *Refcomp SpA/Axa Corporate Solutions Assurace SA*) – dem späteren Erwerber, der diesen Gegenstand am Ende einer Kette von das Eigentum übertragenden Verträgen, die zwischen in verschiedenen Mitgliedstaaten ansässigen Parteien geschlossen wurden, erworben hat und eine Haftungsklage gegen den Hersteller erheben möchte, nicht entgegengehalten werden, es sei denn, es steht fest, dass dieser Dritte der Klausel unter den Vorgaben der Brüssel Ia-VO tatsächlich zugestimmt hat.

96 Die Gerichtsstandsvereinbarung beinhaltet i.d.R.

- eine **Derogation** (d.h. die Abwahl einer objektiven i.S. einer gesetzlichen Zuständigkeit) und
- eine **Prorogation** (mithin die Wahl einer neuen anderweitigen Zuständigkeit),

wenngleich auch eine isolierte Derogation oder eine isolierte Prorogation vereinbart werden kann.

Prüfungsschema 97

Art. 25 Brüssel Ia-VO hat folgende **Voraussetzungen:**

1. **Anwendbarkeit der Norm:** Ist Art. 25 Abs. 1 S. 1 Brüssel Ia-VO überhaupt anwendbar?
   - Zuständigkeitsvereinbarung der Parteien
   - „unabhängig von ihrem Wohnsitz“ (auch wenn beide Parteien ihren Wohnsitz in einem Drittstaat haben)
   - Notwendigkeit eines Auslandsbezugs der Vereinbarung (kein reiner Inlandssachverhalt, bei dem sich eine Gerichtsstandsvereinbarung in Deutschland nach den §§ 38, 40 ZPO beurteilen würde)
   - Vereinbarung der Zuständigkeit eines Gerichts oder der Gerichte eines Mitgliedstaats (nicht eines Drittstaats – für diesen Fall würde das autonome Recht des angerufenen Gerichts zur Anwendung gelangen, mithin in Deutschland die §§ 38, 40 ZPO)
   - **Beachte** im Interesse eines Schutzes schwächerer Parteien die Sonderregelungen (Restriktionen) in Art. 15 (Versicherungssachen), Art. 19 (Verbrauchersachen) und Art. 23 Brüssel Ia-VO (Individualarbeitsverträge)
2. **Ist die Gerichtsstandsvereinbarung wirksam zustande gekommen** (Art. 25 Abs. 1 S. 3 und Abs. 2 Brüssel Ia-VO)?
   - Inhaltlich hinreichende und formal konkrete Gerichtsstandseinigung (was „Gerichtsstandsvereinbarung“ ist, muss autonom bestimmt werden)?
   - Wie die Gerichtsstandsvereinbarung ordnungsgemäß zustande kommt, beurteilt sich nach dem Recht des vereinbarten Gerichts (*lex fori*, vgl. den Wortlaut des Art. 25 Abs. 1 S. 1 Brüssel Ia-

VO: „es sei denn, die Vereinbarung ist nach dem Recht dieses Mitgliedstaats materiell nichtig")

- Gerichtsstandsvereinbarung in Bezug auf eine „bereits entstandene Rechtsstreitigkeit" (**nachträgliche Gerichtsstandsvereinbarung**) oder eine „künftige, aus einem bestimmten Rechtsverhältnis resultierende Rechtsstreitigkeit" (**vorherige Gerichtsstandsvereinbarung**)

3. Rechtsfolgen einer Gerichtsstandsvereinbarung:

- Vereinbarung einer Derogation (Art. 25 Abs. 1 S. 2 Brüssel Ia-VO)
- Reichweite der Gerichtsstandsvereinbarung

Art. 25 Abs. 1 S. 3 Brüssel Ia-VO statuiert im Interesse der Rechtssi- **98**
cherheit und eines Übereilungsschutzes bestimmte **Formerfordernisse** für eine Wirksamkeit der Gerichtsstandsvereinbarung. Sie muss geschlossen werden (alternativ):

- schriftlich (Alt. 1) oder mündlich mit schriftlicher Bestätigung (durch eine Partei, Alt. 2 – Halbschriftlichkeit) (Buchst. a),
- in einer Form, welche den Gepflogenheiten entspricht, die zwischen den Parteien entstanden sind (Buchst. b – **Parteigepflogenheit**), oder
- im internationalen Handel in einer Form, die (1) einem Handelsbrauch entspricht, (2) den die Parteien kannten oder kennen mussten und (3) den Parteien von Verträgen dieser Art in dem betreffenden Geschäftszweig allgemein kennen und regelmäßig beachten (Buchst. c – **internationaler Handelsbrauch**, der nur für Kaufleute gilt).

Aus der Rechtsprechung: Sowohl für das Erfordernis des Buchst. b (**Gepflogenheiten**, dazu BGH NJW-RR 2004, 1292 – in Streit stehende Gerichtsstandsvereinbarung bei internationalem Viehkaufvertrag, wenn der Vertrag mündlich abgeschlossen worden ist) als auch nach Buchst. c (**Handelsbrauch**, dazu EuGH NJW 1997, 1431) bedarf es einer **Willensübereinstimmung hinsichtlich der Gerichtsstandsvereinbarung**, da die Regelung sicherstellen soll, dass eine Willenseinigung der Parteien tatsächlich erfolgt ist. Der laufende Abdruck von Gerichtsstandsklauseln auf Rechnungen oder Auftragsbestätigungen genügt nicht – eine Einigung ist aber dann erzielt, wenn ein Vertrag im Rahmen laufender Geschäftsbeziehungen zwischen den Parteien mündlich geschlossen wurde und feststeht, dass diese Beziehungen in ihrer Gesamtheit bestehenden AGB unterliegen, die eine Gerichtsstandsklausel enthalten (BGH NJW 1994, 2699 unter Bezugnahme auf EuGH NJW 1977, 495). Haben die Parteien ihre Geschäftsbeziehungen immer in Übereinstimmung mit diesen Gepflogenheiten abgewickelt, verstößt diejenige Partei gegen Treu und Glauben, die sich auf einmal nicht mehr an die Gepflogenheiten gebunden fühlt.

99 **Elektronische Übermittlungen**, die eine dauerhafte Aufzeichnung der Vereinbarung ermöglichen, sind nach Art. 25 Abs. 2 Brüssel Ia-VO der **Schriftform** gleichgestellt.

100 Eine Gerichtsstandsvereinbarung, die Teil eines Vertrags ist (sog. **Gerichtsstandsklausel**), ist gemäß Art. 25 Abs. 5 Unterabs. 1 Brüssel Ia-VO als eine von den übrigen Vertragsbestimmungen unabhängige Vereinbarung zu behandeln (**Gerichtsstandsvereinbarung als Teil eines Vertrags**). Die Gültigkeit einer Gerichtsstandsvereinbarung kann nach Art. 25 Abs. 5 Unterabs. 2 Brüssel Ia-VO nicht allein mit der Begründung in Frage gestellt werden, dass der Vertrag nicht gültig ist.

101 In Bezug auf die **Rechtsfolgen einer Gerichtsstandsvereinbarung** bestimmt Art. 25 Abs. 4 Brüssel Ia-VO, dass sie keine rechtlichen Wirkungen hat, wenn sie den Vorschriften der Art. 15 (Versicherungssachen), Art. 19 (Verbrauchersachen) oder Art. 23 Brüssel Ia-VO (Arbeitnehmersachen) zuwiderläuft (Alt. 1 – arg.: grundsätzlich unabdingbarer Schutz des Schwächeren), oder wenn die Gerichte, deren Zuständigkeit abbedungen wird, aufgrund Art. 24 Brüssel Ia-VO ausschließlich zuständig sind (Alt. 2) – **Derogationsverbot**. Nach der (widerlegbaren) **Derogationsvermutung** (vgl. „es sei denn") aus Art. 25 Abs. 1 S. 2 Brüssel Ia-VO ist das Gericht oder sind die Gerichte der Mitgliedstaaten, die in der Gerichtsstandsvereinbarung bestimmt worden ist/sind, ausschließlich zuständig – mithin begründet die Gerichtsstandsvereinbarung grundsätzlich eine **ausschließliche Zuständigkeit**.

102 Die **Auslegung** – wie weit eine Gerichtsstandsvereinbarung reicht (d.h. welche Streitgegenstände davon erfasst werden) – unterstellt der EuGH (EuZW 2015, 384) der *lex fori* des angerufenen Gerichts.

c) Rügelose Einlassung (Art. 26 Brüssel Ia-VO)

103 Sofern das Gericht eines Mitgliedstaats nicht bereits nach anderen Vorschriften der Brüssel Ia-VO zuständig ist (d.h. das Gericht ist an sich eigentlich unzuständig), wird es nach Art. 26 Abs. 1 S. 1 Brüssel Ia-VO zuständig, wenn sich der Beklagte (unabhängig vom Wohnsitz der Parteien, *Junker*, IZPR, § 16 Rn. 1) vor ihm auf das Verfahren (vorbehaltslos) einlässt (i.S. einer **konkludenten Prorogation** – Theorie der stillschweigenden Zuständigkeitsvereinbarung [EuGH RIW 2016, 245]). Zur Einlassung des Beklagten als stillschweigender Zuständigkeitsvereinbarung EuGH NJW 2011, 510 – *CPP/Bilas*.

104 Dies hat zur Folge, dass die räumlich-persönlichen Anwendungsvoraussetzungen des Art. 25 Abs. 1 S. 1 Brüssel Ia-VO (auch ohne ausdrückliche Benennung) bei Anwendung des Art. 26 Brüssel Ia-VO erfüllt sein müssen (umstritten, so aber *Junker*, IZPR, § 16 Rn. 3; a.A. hingegen *Linke/Hau*, Rn. 6.31). Dies gilt gemäß Art. 26 Abs. 1 S. 2 Brüssel Ia-VO dann aber nicht, wenn der Beklagte sich einlässt, um nur den

Mangel der Zuständigkeit geltend zu machen (Alt. 1), oder wenn ein anderes Gericht aufgrund Art. 24 Brüssel Ia-VO ausschließlich zuständig ist (Alt. 2).

Einlassung ist einheitlich europäisch als jede (nach dem nationalen Prozessrecht wirksame [Problem: z.B. Postulationsfähigkeit]) Verteidigung des Beklagten zu verstehen, durch die er auf eine Klageabweisung abzielt (*Junker*, IZPR, § 16 Rn. 4: nicht jedoch im Vorfeld des Verfahrens, weswegen bspw. ein Einspruch gegen den Europäischen Zahlungsbefehl keine „Einlassung" ist). **105**

In bestimmten Streitigkeiten, in denen der Beklagte (die schwächere Partei) Versicherungsnehmer, Versicherter, Begünstigter eines Versicherungvertrags, Geschädigter, Verbraucher oder Arbeitnehmer ist, stellt das Gericht nach Art. 26 Abs. 2 Brüssel Ia-VO, bevor es sich nach Art. 26 Abs. 1 Brüssel Ia-VO für unzuständig erklärt, aber sicher, dass der Beklagte über sein Recht, die Unzuständigkeit des Gerichts geltend zu machen, und über die Folgen der Einlassung oder Nichteinlassung auf das Verfahren belehrt wird (**Belehrungspflicht des Gerichts**). **106**

Die rügelose Einlassung nach Art. 26 Brüssel Ia-VO begründet sowohl die **internationale Zuständigkeit** der Gerichte eines Mitgliedstaats als auch die **örtliche Zulässigkeit** des angerufenen Gerichts. **107**

Prüfungsschema: Zuständigkeit und Zulässigkeit des Verfahrens (Art. 27 und 28 Brüssel Ia-VO) **108**

- Das Gericht eines Mitgliedstaats hat sich nach Art. 27 Brüssel Ia-VO **von Amts wegen** (Amtsermittlung – Untersuchungsgrundsatz) für unzuständig zu erklären (in Deutschland durch Prozessurteil), wenn es wegen einer Streitigkeit angerufen wird, für die das Gericht eines anderen Mitgliedstaats aufgrund von Art. 24 Brüssel Ia-VO ausschließlich zuständig ist.
- Art. 28 Brüssel Ia-VO erfasst alle Gerichtsstände mit Ausnahme der ausschließlichen sowie Art. 24 Brüssel Ia-VO, für die Art. 27 Brüssel Ia-VO gilt.
- Lässt sich der Beklagte, der seinen Wohnsitz im Hoheitsgebiet eines Mitgliedstaats hat (Beklagtenwohnsitz in einem anderen Mitgliedstaat als dem Forumstaat) und der vor dem Gericht eines anderen Mitgliedstaats verklagt wird, auf das Verfahren nicht ein, so hat sich das Gericht nach Art. 28 Abs. 1 Brüssel Ia-VO **von Amts wegen** für unzuständig zu erklären, wenn seine Zuständigkeit nach der Brüssel Ia-VO nicht begründet ist. Damit sichert die Norm einem Beklagten, der sich nicht auf das Verfahren einlässt (vgl.

Art. 26 Brüssel Ia-VO) einen **Mindeststandard an Beklagtenschutz** (*Junker*, IZPR. § 17 Rn. 6).

- Zum Schutz des Beklagten müssen vor Erlass eines **Versäumnisurteils** (Schutz des rechtlichen Gehörs) die Gerichte von Amts wegen die weiteren Voraussetzungen nach Art. 28 Abs. 2 bis 4 Brüssel Ia-VO prüfen, d.h. positiv feststellen, dass die verfahrenseinleitenden Schriftstücke dem Kläger rechtzeitig und ordnungsgemäß zugestellt worden sind (vgl. dazu auch das Anerkenntnishindernis nach Art. 45 Abs. 1 Buchst. b Brüssel Ia-VO).

d) Allgemeiner Gerichtsstand

Literatur: *Hess*, Die allgemeinen Gerichtsstände der Brüssel I-Verordnung, in: FS für Lindacher, 2007, S. 53 ff.

109 Der allgemeine Gerichtsstand nach Art. 4 Abs. 1 Brüssel Ia-VO kommt dann zum Tragen, wenn weder eine ausschließliche Zuständigkeit (**exklusiver Gerichtsstand**, Art. 24 Brüssel Ia-VO, vorstehende Rn. 88 ff.) besteht noch eine **Gerichtsstandsvereinbarung** nach Art. 25 Abs. 1 Brüssel Ia-VO (Rn. 95 ff.) getroffen wurde bzw. eine **Zuständigkeit aufgrund rügelosen Einlassens** (Art. 26 Brüssel Ia-VO, Rn. 103 ff.) erfolgt ist.

110 Der **allgemeine internationale Gerichtsstand natürlicher Personen** ist nach Art. 4 Abs. 1 Brüssel Ia-VO (dazu bereits vorstehende Rn. 81 ff.) ohne Rücksicht auf die Staatsangehörigkeit am **Wohnsitz** (d.h. nicht am gewöhnlichen Aufenthalt) **des Beklagten** (zu dessen Vorteil, *favor defensoris* – Zuständigkeit der Gerichte des Wohnsitzstaats des Beklagten) – bzw. bei **Gesellschaften und juristischen Personen** an deren **Sitz** (Art. 63 Brüssel Ia-VO, Rn. 84 f.) – begründet.

111 Dies basiert auf dem Grundsatz, dass der Kläger dem Gerichtsstand des Beklagten folgt (*actor sequitur forum rei*).

112 Der **Wohnsitz einer natürlichen Person** bestimmt sich nach der *lex fori* des angerufenen Gerichts: Ist zu entscheiden, ob eine Person im Hoheitsgebiet des Mitgliedstaats, dessen Gerichte angerufen worden sind, einen Wohnsitz hat, so wendet das Gericht nach Art. 62 Abs. 1 Brüssel Ia-VO sein eigenes Recht an. Damit richtet sich der Wohnsitz einer natürlichen Person in Deutschland nach den §§ 7 bis 11 BGB. Nach § 7 Abs. 1 BGB ist auf die ständige Niederlassung an einem Ort abzustellen, wenngleich gemäß § 7 Abs. 2 BGB auch mehrere Wohnsitze möglich sind. Ein Wohnsitz wird nach § 7 Abs. 3 BGB aufgehoben, wenn ein Wegzug mit dem Willen, die Niederlassung aufzuheben, erfolgt. Hat eine Person keinen Wohnsitz i.S. der §§ 7 ff. BGB in Deutschland, wird aber ein deutsches Gericht angerufen, so wendet dieses Gericht nach

Art. 62 Abs. 2 Brüssel Ia-VO, wenn es zu entscheiden hat, ob die Partei einen Wohnsitz in einem anderen Mitgliedstaat hat, das (materielle) Recht dieses Mitgliedstaats (d.h. deutsches Recht) an. Kann der Wohnsitz nicht ermittelt werden und gelingt auch nicht der Nachweis, dass der Beklagte einen Wohnsitz außerhalb der EU genommen hat, ist auf den letzten bekannten Wohnort in der EU abzustellen (EuGH Slg. 2011, I-11543, Rn. 55). Erst wenn dies alles fehlgeschlagen ist, kann auf Art. 6 Abs. 1 Brüssel Ia-VO rekurriert werden (korrespondierende Anwendung des nationalen Zuständigkeitsrechts): Hat der Beklagte keinen Wohnsitz im Hoheitsgebiet eines Mitgliedstaats, so bestimmt sich vorbehaltlich Art. 18 Abs. 1, Art. 21 Abs. 2 und der Art. 24 und 25 Brüssel Ia-VO die Zuständigkeit der Gerichte eines jeden Mitgliedstaats nach dessen eigenem Recht.

Der **Wohnsitz einer juristischen Person** ist einheitlich europarechtlich (d.h. verordnungsautonom) zu bestimmen. Gesellschaften und juristische Personen haben für die Anwendung der Brüssel Ia-VO nach deren Art. 63 Abs. 1 ihren „Wohnsitz" an dem Ort, an dem sich **113**
– ihr satzungsmäßiger Sitz (Buchst. a),
– ihre Hauptverwaltung (Buchst. b) oder
– ihre Hauptniederlassung (Buchst. c)
befindet.

Beachte jedoch die Ausnahmeregelung des Art. 24 Nr. 2 S. 1 Brüssel Ia-VO, wonach – ohne Rücksicht auf den „Wohnsitz" der Parteien – für Verfahren, welche die Gültigkeit, die Nichtigkeit oder die Auflösung einer Gesellschaft oder einer juristischen Person oder die Gültigkeit der Beschlüsse ihrer Organe zum Gegenstand haben, die Gerichte des Mitgliedstaats, in deren Hoheitsgebiet die Gesellschaft oder juristische Person ihren Sitz hat, ausschließlich zuständig sind (**ausschließliche Zuständigkeit der Gerichte des Sitzstaats**). Bei der Entscheidung, wo der „Sitz" sich befindet, wendet (mit dem Ziel der Schaffung eines Gleichlaufs von internationaler Zuständigkeit und anwendbarem Recht, um ein *forum-shopping* auszuschließen) das Gericht die Vorschriften seines IPR (d.h. das Internationale Gesellschaftsrecht des Forums) an (Konzeption des Art. 24 Nr. 2 Brüssel Ia-VO als *forum legis*, so *Junker*, IZPR, § 9 Rn. 13; BGHZ 190, 242).

Ist der internationale Gerichtsstand einer natürlichen oder juristischen Person einmal bestimmt, ist die Frage, welches Gericht in dem zuständigen Staat **örtlich zuständig** ist, nach Maßgabe des nationalen Rechts (d.h. in Deutschland nach den §§ 12 ff. ZPO) zu beantworten. **114**

115 Auf Personen, die nicht dem Mitgliedstaat, in dem sie ihren Wohnsitz haben, angehören (**Nicht-Staatsangehörige**), sind nach der Spezialregelung des Art. 4 Abs. 2 Brüssel Ia-VO die für Staatsangehörige des Mitgliedstaats maßgebenden Zuständigkeitsvorschriften (in Bezug auf die örtliche Zuständigkeit) anzuwenden (sofern diese auf die Staatsangehörigkeit abstellen, was in Deutschland aber in den §§ 12 ff. ZPO nicht der Fall ist).

116 Zu berücksichtigen ist jedoch, dass dem Kläger ein **Wahlrecht** insoweit zusteht, als er den Beklagten an dessen allgemeinem Gerichtsstand (Art. 4 Abs. 1 Brüssel Ib-VO) oder aber – sofern die Voraussetzungen gegeben sind – auch an einem **besonderen Gerichtsstand** (nachstehende Rn. 117 ff.) verklagen kann, was allerdings die Gefahr eines *forum shopping* in sich birgt.

e) Besondere Gerichtsstände

117 Die besonderen – mit dem allgemeinen Gerichtsstand nach Art. 4 Abs. 1 Brüssel Ia-VO konkurrierenden – Gerichtsstände bestimmt allgemein der Katalog des Art. 7 Brüssel Ia-VO.

Beachte: Im Falle eines bestehenden konkurrierenden Gerichtsstandes (**konkurrierende Zuständigkeit im internationalen Zivilprozessrecht**) hat der Kläger ein **Wahlrecht** (*fakultas*), ob er dort oder am allgemeinen Gerichtsstand klagt.

118 Die **Häufung der Zuständigkeiten** als positiver Kompetenzkonflikt (so *Junker*, IZPR, § 5 Rn. 12) birgt die Gefahr eines *forum-shoppings* in sich. Im Falle eines positiven Kompetenzkonflikts wird der Gefahr einer doppelten Rechtshängigkeit aber dadurch begegnet, dass der zuerst anhängigen Klage (bei gleichem Anspruch, was nach der **Kernpunkttheorie** des EuGH [Slg. 1987, 4861, Rn. 17] zu bestimmen ist) nach der **Zeitkollisionsregel** der Art. 29 und 32 Brüssel Ia-VO ein Vorrang gewährt wird (Lehre von der *lis alibi pendens*, dazu *Junker*, IZPR, § 5 Rn. 12).

119 Art. 7 Brüssel Ia-VO bestimmt i.Ü. – anders als Art. 4 Abs. 1 Brüssel Ia-VO – **außer der internationalen auch die örtliche Zuständigkeit innerhalb der Mitgliedstaaten**.

120 Die Tatbestände der Nr. 1 bis 7 des Art. 7 Brüssel Ia-VO haben nach dem Einleitungssatz alle zur Voraussetzung (i.S. einer **Einschränkung des Anwendungsbereichs**), dass „eine Person, die ihren Wohnsitz im Hoheitsgebiet eines Mitgliedstaats hat, … in einem anderen Mitgliedstaat verklagt werden“ kann – d.h., dass der **Beklagte keinen Wohnsitz im Gerichtsstaat** hat.

Beachte: Art. 7 Brüssel Ia-VO setzt im Interesse einer größeren Sachnähe des Forums die Privilegierung des Beklagten außer Kraft, vor den Gerichten seines Heimatstaats verklagt zu werden (d.h. den Grundsatz *actor sequitur forum rei*, vgl. *Junker*, IZPR, § 9 Rn. 4).

Die **besonderen Gerichtsstände** nach Art. 7 Brüssel Ia-VO sind die Folgenden: **121**
– Gerichtsstand für Vertragsklagen (Nr. 1)
– Gerichtsstand für Deliktsklagen (Nr. 2)
– Gerichtsstand für Adhäsionsverfahren (Nr. 3)
– Gerichtsstand für die Wiedererlangung von Kulturgütern (Nr. 4)
– Gerichtsstand der Niederlassung (Nr. 5).

aa) Vertragsrechtliche Streitigkeiten (Vertragsklagen – Art. 7 Nr. 1 Brüssel Ia-VO)

Art. 7 Nr. 1 Brüssel Ia-VO regelt dreierlei: **122**
– den Gerichtsstand des vertraglichen Erfüllungsorts (Buchst. a),
– den Gerichtsstand für Kauf- und Dienstleistungsverträge (Buchst. b) sowie
– den Erfüllungsort nach der Auffangregelung (Buchst. c).

Im Hinblick auf die Anwendung von Art. 7 Nr. 1 Buchst. b und Nr. 1 Buchst. a Brüssel Ib-VO erfolgt zunächst eine Bestimmung, was die im Rahmen eines Vertrags zu erbringende „Leistung“ und was die „Gegenleistung“ ist. Es ist letztlich allein auf die im konkreten Fall in Streit stehende **Hauptleistungspflicht** abzustellen – nicht auf die vertragscharakteristische Leistung. **123**

(1) Vertrag oder Ansprüche aus Vertrag

Eine Person, die ihren Wohnsitz im Hoheitsgebiet eines Mitgliedstaats hat, kann nach Art. 7 Nr. 1 Buchst. a Brüssel Ia-VO in einem anderen Mitgliedstaat verklagt werden, wenn ein **Vertrag oder Ansprüche aus einem Vertrag** (wobei die Begrifflichkeiten verordnungsautonom zu bestimmen sind) den Gegenstand des Verfahrens bilden, vor dem Gericht des Ortes, an dem die Verpflichtung erfüllt worden ist oder zu erfüllen wäre (**Gerichtsstand des vertraglichen Erfüllungsorts – *forum executionis***). **124**

Beachte: Buchst. a erfasst auch Streitigkeiten über das **Bestehen bzw. das Nichtbestehen von Verträgen**. So hat der EuGH (Slg. 1982, 825) festgestellt, dass dem Kläger der Gerichtsstand des Erfüllungsorts auch dann zur Verfügung steht, wenn das Zustandekommen des Vertrages, aus dem der Klageanspruch hergeleitet wird, zwischen den Parteien streitig ist.

125 Entscheidend ist, wie der „**Erfüllungsort**" nach Buchst. a zu bestimmen ist: Die zu erfüllende Verpflichtung ist nicht die charakteristische Verpflichtung, die das gesamte Vertragsverhältnis prägt, sondern die **konkret streitige Leistungspflicht** (EuGH Slg. 1976, 1497, Rn. 14). Diese bestimmt den Erfüllungsort, der jedoch weder einheitlich europäisch noch nach dem materiellen Recht des Forums zu bestimmen ist, sondern nach der *lex causae* – mithin nach dem Recht, dem die streitige Leistungspflicht nach den Kollisionsnormen des Forums unterliegt (so EuGH Slg. 1976, 1473, Rn. 15 – *Rs. Tessili*).

Beachte zudem: Folgende Sondervorschriften verdrängen Art. 7 Nr. 1 Brüssel Ia-VO:

- Art. 10 ff. Brüssel Ia-VO für Versicherungsverträge
- Art. 17 ff. Brüssel Ia-VO für Verbraucherverträge
- Art. 20 ff. Brüssel Ia-VO für Individualarbeitsverträge

I.Ü. besteht nach Maßgabe von Art. 24 Nr. 1 Brüssel Ia-VO eine ausschließliche Zuständigkeit für Miet- und Pachtverträge (Belegenheitsstatut).

Zum Gerichtsstand des Erfüllungsorts nach autonomem deutschen Recht vgl. § 29 ZPO.

Aus der Judikatur: Im Kontext mit der Frage, ob eine „vertragsrechtliche Streitigkeit" i.S. von Art. 7 Nr. 1 Brüssel Ia-VO vorliegt, ist problematisch, ob auch eine **Schadensersatzklage aus *culpa in contrahendo*** (Verschulden bei Vertragsschluss – §§ 280 Abs. 1 i.V.m. §§ 311 Abs. 2, 241 Abs. 2 BGB, dazu nachstehende Rn. 126) bzw. eine Klage auf **Erfüllung einer Gewinnzusage** (§ 661a BGB, Rn. 127 f.) dem Anwendungsbereich der Nr. 1 unterfallen.

126 ***Culpa in contrahendo* als „unerlaubte Handlung"?**

Der EuGH hat mit Urteil vom 17.9.2002 (NJW 2002, 3179 – *Tacconi-Entscheidung*) in Bezug auf die gerichtliche Zuständigkeit für eine Schadensersatzklage aus *culpa in contrahendo* zunächst festgestellt, dass die Begriffe „Vertrag" (Nr. 1) und „unerlaubte Handlung" (Nr. 2) autonom auszulegen sind, wobei in erster Linie die Systematik und die Zielsetzung der Norm berücksichtigt werden müssen. Die Begriffe lassen sich daher nicht als bloße Verweisungen auf das innerstaatliche Recht des einen oder des anderen betroffenen Vertragsstaats verstehen. Nur eine solche **vertragsautonome Auslegung** kann nämlich die einheitliche Anwendung (der Verordnung) sicherstellen, zu deren Zielen es gehört, die Zuständigkeitsregeln für die Gerichte der Vertragsstaaten zu vereinheitlichen und den

Rechtsschutz für die in der Gemeinschaft niedergelassenen Personen zu verbessern, dass ein Kläger ohne Schwierigkeiten festzustellen vermag, welches Gericht er anrufen kann, und einem verständigen Beklagten erkennbar wird, vor welchem Gericht er verklagt werden kann.

Der Begriff „**unerlaubte Handlung**" i.S. von Nr. 2 bezieht sich auf alle Klagen, mit denen eine Schadenshaftung des Beklagten geltend gemacht wird und die nicht an einen „Vertrag" i.S. von Nr. 1 anknüpfen. Außerdem verlangt Nr. 1 zwar **nicht den Abschluss eines Vertrages**, doch ist für die Anwendung dieser Bestimmung gleichwohl die Feststellung einer Verpflichtung unerlässlich, da sich die Zuständigkeit des nationalen Gerichts dann, wenn ein Vertrag oder Ansprüche aus einem Vertrag den Gegenstand des Verfahrens bilden, nach dem Ort bestimmt, an dem die Verpflichtung erfüllt worden ist oder zu erfüllen wäre. Die Begriffe „Vertrag" oder „Ansprüche aus einem Vertrag" können i.Ü. nicht so verstanden werden, dass sie eine Situation erfassen, in der es an einer von einer Partei gegenüber einer anderen freiwillig eingegangenen Verpflichtung fehlt.

Unter den Umständen des Ausgangsverfahrens kann sich die Verpflichtung zum Schadensersatz, der durch einen **ungerechtfertigten Abbruch der (Vertrags-) Verhandlungen** verursacht worden ist, nur aus einem Verstoß gegen Rechtsvorschriften ergeben, namentlich diejenige, wonach die Parteien bei Vertragsverhandlungen nach Treu und Glauben handeln müssen. Insoweit konstatiert der EuGH, dass die Haftung, die sich ggf. daraus ergeben könnte, dass der in der im Ausgangsverfahren erhobenen Klage bezeichnete Vertrag nicht geschlossen wurde, **nicht vertraglicher Natur** sein kann.

Der EuGH hat daher entschieden, dass unter Umständen wie denen des Ausgangsverfahrens – das dadurch gekennzeichnet ist, dass es an von einer Partei gegenüber einer anderen bei Vertragsverhandlungen freiwillig eingegangenen Verpflichtungen fehlt, und dass möglicherweise ein Verstoß gegen Rechtsvorschriften (namentlich diejenige, wonach die Parteien bei diesen Verhandlungen nach Treu und Glauben handeln müssen) vorliegt – bei einer Klage, mit der die **vorvertragliche Haftung** der Beklagten geltend gemacht wird, eine unerlaubte Handlung oder eine Handlung, die einer unerlaubten Handlung gleichgestellt ist, oder Ansprüche aus einer solchen Handlung i.S. von Nr. 2 den Gegenstand des Verfahrens bilden.

Klage auf Auszahlung eines Preises aufgrund Gewinnzusage 127

In seinem *Ilsinger*-Urteil hat der EuGH am 14.5.2009 (EuZW 2009, 489) in Bezug auf die **Klage** eines Verbrauchers **auf Auszahlung eines** vermeintlich gewonnenen **Preises aufgrund** der **Gewinnzusage** eines Versandhandelsunternehmens Folgendes entschieden: Wenn ein Verbraucher nach dem Recht des Mitgliedstaates, in dem er seinen Wohnsitz hat, und bei dem Gericht des Ortes seines Wohnsitzes gegen eine in einem anderen Mitgliedstaat ansässige Versandhandelsgesellschaft auf Auszahlung eines von ihm scheinbar gewonnenen Preises klagt und –diese Gesellschaft dem Verbraucher zu dem Zweck, ihn zum Vertragsabschluss zu bewegen, ein persönlich adressiertes Schreiben zugesandt hat, mit dem bei ihm der Eindruck erweckt wurde, er erhalte einen Preis, wenn er diesen durch

Rücksendung des dem Schreiben beigefügten „Gewinn-Anforderungs-Zertifikats" beanspruche, ohne dass der Erhalt dieses Preises aber von einer Bestellung von Waren, die diese Gesellschaft zum Kauf anbietet, oder von einer Testbestellung abhängt, die Zuständigkeitsvorschriften wie folgt auszulegen sind:

- Eine solche vom Verbraucher erhobene Klage unterliegt Nr. 1 unter der Voraussetzung, dass sich der gewerbsmäßige Verkäufer rechtlich gebunden hat, dem Verbraucher den Preis auszuzahlen.
- Ist diese Voraussetzung nicht erfüllt, unterliegt eine Klage nur dann der Nr. 1, wenn der Verbraucher bei dem gewerbsmäßigen Verkäufer tatsächlich eine Bestellung aufgegeben hat.

In seiner *Gabriel*-Entscheidung hatte der EuGH am 11.7.2002 (NJW 2002, 2697) bereits entschieden, dass Nr. 1 auf eine Klage Anwendung findet, mit der ein Verbraucher, der an seinem Wohnsitz die Zusendung eines (gewerbsmäßigen) Verkäufers erhalten hat, die zu einer Bestellung der von diesem zu bestimmten Bedingungen angebotenen Waren führen sollte, und der im Vertragsstaat, in dem er seinen Wohnsitz hat, tatsächlich eine solche Bestellung aufgegeben hat, von diesem Verkäufer die Herausgabe eines scheinbar gewonnenen Preises verlangen kann: Der Verbraucher habe einen „Vertrag" i.S. der Nr. 1 mit einem (gewerbsmäßigen) Verkäufer „abgeschlossen", da die Willenseinigung der beiden Parteien, die mit dem Angebot von Waren durch das Versandhandelsunternehmen und der Annahme dieses Angebots durch den Verbraucher bei seiner anschließenden Bestellung entsprechender Waren zustande gekommen sei. Dies habe zu einem zwischen diesen Parteien abgeschlossenen Vertrag geführt, der durch gegenseitige und voneinander abhängige Pflichten der Parteien gekennzeichnet sei und im konkreten Fall die Lieferung beweglicher Sachen betraf.

Demhingegen hat der EuGH in seiner *Engler*-Entscheidung vom 20.1.2005 (NJW 2005, 811) die Anwendung der Nr. 1 in einem Fall ausgeschlossen, in dem der Verbraucher die Auszahlung des zugesagten Gewinns eingefordert hatte, der Erhalt des angeblich gewonnenen Preises aber nicht von der Voraussetzung abhing, dass der Verbraucher bei der Versandhandelsgesellschaft Waren bestellt, und der Verbraucher tatsächlich auch keine Bestellung aufgegeben hatte. Der EuGH hat dies damit begründet, dass der Versand eines Schreibens mit einer irreführenden Gewinnzusage in diesem Fall nicht zu einem Vertragsabschluss zwischen dem Verbraucher und der Versandhandelsgesellschaft geführt hat, da keine Bestellung über von dieser Gesellschaft angebotenen Waren aufgegeben worden war – die Anwendung der Nr. 1 jedoch bereits ihrem Wortlaut nach von verschiedenen Voraussetzungen abhängig ist, zu denen gerade der Abschluss eines entsprechenden Vertrages durch den Verbraucher gehört. Der EuGH stellte Folgendes fest:

- Eine Klage, mit der ein Verbraucher nach dem Recht des Vertragsstaats, in dessen Hoheitsgebiet er seinen Wohnsitz hat, von einem Versandhandelsunternehmen mit Sitz in einem anderen Vertragsstaat die Auszahlung eines scheinbar von ihm gewonnenen Preises verlangt, ist eine Klage aus Vertrag i.S. von Nr. 1, wenn zum einen dieses Unternehmen an den Verbraucher, um ihn zum

Vertragsschluss zu motivieren, eine ihn namentlich bezeichnende Sendung gerichtet hat, die den Eindruck erwecken konnte, er werde einen Preis erhalten, sofern der dieser Sendung beigefügte „Auszahlungs-Bescheid" zurückgesandt wird, und wenn zum anderen der Verbraucher die vom Verkäufer festgelegten Bedingungen akzeptiert sowie die Auszahlung des versprochenen Gewinns tatsächlich verlangt.

– Dagegen hat, auch wenn diese Zusendung darüber hinaus einen Werbekatalog über die Waren dieses Unternehmens mit einem Formular für eine „unverbindliche Test-Anforderung" enthält, der zweifache Umstand, dass die Zuteilung des Preises nicht von einer Warenbestellung abhängig ist und der Verbraucher tatsächlich keine solche Bestellung aufgegeben hat, keine Auswirkung auf die vorstehende Auslegung.

Exkurs: Gewinnzusage und Verbrauchergeschäft i.S. von Art. 17 Abs. 1 Brüssel Ia-VO (nachstehende Rn. 171 ff.) **128**

Der EuGH differenziert zwischen

- Gewinnzusagen, die von einer Warenbestellung abhängen, und
- (isolierten) Gewinnzusagen, die von keiner Warenbestellung abhängig sind.

Erstere sind stets „Verbrauchersachen" i.S. von Art. 17 Abs. 1 Brüssel Ia-VO, letztere nur dann, wenn der Adressat der Gewinnzusage nach Maßgabe des objektiven Empfängerhorizonts auf eine „bedingungslose Auszahlungsbereitschaft" des Werbenden schließen darf (*Junker*, IZPR, § 13 Rn. 19).

(2) Gerichtsstand für Kauf- und Dienstleistungsverträge

Art. 7 Nr. 1 Buchst. b Brüssel Ia-VO regelt den besonderen Gerichtsstand für Kauf- und Dienstleistungsverträge. Die Regelung gibt – vorbehaltlich einer anderweitigen Vereinbarung durch die Vertragsparteien – eine **Legaldefinition** für den „**Erfüllungsort der Verpflichtung**". Dieser ist **129**

- für den **Verkauf beweglicher Sachen** (hingegen nicht für den Verkauf von Immobilien oder Rechten) der Ort in einem Mitgliedstaat, an dem sie nach dem Vertrag geliefert worden sind oder hätten geliefert werden müssen (**Ort der Lieferung** – wobei jedoch nach Art. 17 Abs. 1 Buchst. a und c Brüssel Ia-VO ein **Vorrang für Verbraucherkaufverträge** gilt, dazu nachstehende Rn. 171 ff.);
- für die **Erbringung von Dienstleistungen** (i.S. der Durchführung einer Tätigkeit gegen Entgelt – weswegen als „Dienstleistung" auch Beförderungsverträge [EuGH Slg. 2009, I – 6073], Darlehensverträge [BGH NJW 2012, 1817] oder Lizenzverträge [EuGH Slg. 2009, I –

3327] gelten) der Ort in einem Mitgliedstaat, an dem sie nach dem Vertrag erbracht worden sind oder hätten erbracht werden müssen (**Ort der Dienstleistung**). Der EuGH (NJW 2009, 1865 – *Falco Privatstiftung u. Rabitsch/Weller-Lindhorst*) misst einem urheberrechtlichen Lizenzvertrag keinen Dienstleistungscharakter zu.

130 Damit erfolgt für diese beiden Vertragstypen eine einheitliche unionsautonome Bestimmung des Erfüllungsorts (i.S. eines **einheitlichen Erfüllungsorts**): Maßgeblich ist die vertragscharakteristische Leistung, die das Vertragsverhältnis trägt.

131 Der EuGH hat in seinem Urteil *Electrosteel Europe SA/Edil Centro Spa* vom 9.6.2011 (NJW 2011, 3018, dazu *Leible*, EuZW 2011, 604) entschieden, dass Nr. 1 Buchst. b dahin auszulegen ist, dass bei **Versendungskäufen** der Ort, an dem die beweglichen Sachen nach dem Vertrag geliefert worden sind oder hätten geliefert werden müssen, auf der Grundlage der Bestimmungen dieses Vertrags zu bestimmen ist. Bei der Prüfung, ob der Lieferort „nach dem Vertrag" bestimmt ist, muss das angerufene Gericht alle einschlägigen Bestimmungen und Klauseln dieses Vertrags (einschließlich der allgemein anerkannten und im internationalen Handelsverkehr üblichen Bestimmungen und Klauseln – wie bspw. die von der Internationalen Handelskammer formulierten Incoterms [*international commercial terms*]) berücksichtigen, die eine eindeutige Bestimmung dieses Ortes ermöglichen. Lässt sich der Lieferort auf dieser Grundlage ohne Bezugnahme auf das auf den Vertrag anwendbare materielle Recht nicht bestimmen, ist dieser Ort derjenige der körperlichen Übergabe der Waren, durch die der Käufer am endgültigen Bestimmungsort des Verkaufsvorgangs die tatsächliche Verfügungsgewalt über diese Waren erlangt hat oder hätte erlangen müssen. Vgl. auch EuGH NJW 2010, 1059 (*Car Trim GmbH/KeySafety Systems Srl*) zur internationalen Zuständigkeit bei Verträgen über die Fertigung und Lieferung von Waren (Erfüllungsort beim Versendungskauf).

132 Im Fall der Auslieferung von Waren durch ein vom Verkäufer beauftragtes **Transportunternehmen** ist der Ort der körperlichen Übergabe der Ware (und nicht der Absendeort) maßgeblich (EuGH Slg. 2000, I – 1255). Kann eine Ware nach dem Vertrag an verschiedenen Orten geliefert werden, ist der Ort der Hauptlieferung maßgeblich und, sofern dieser nicht feststellbar ist, ein Lieferort nach Wahl des Klägers (EuGH Slg. 2007, I – 3699).

133 In seinem Urteil *Wood Floor Solutions Andreas Domberger/Silva Trade SA* hat der EuGH am 11.3.2010 (NJW 2010, 1189) entschieden, dass Nr. 1 Buchst. b dann anwendbar ist, wenn **Dienstleistungen in mehreren Mitgliedstaaten erbracht** werden. Im Fall der Erbringung von Dienstleistungen in mehreren Mitgliedstaaten ist (wegen möglicher Gefahren eines *forum-shopping*) für die Entscheidung über alle Klagen aus dem Vertrag das Gericht zuständig, in dessen Sprengel sich der „**Ort der hauptsächlichen Leistungserbringung**“ befindet. Bei einem **Handelsvertretervertrag** ist dies der Ort der hauptsächlichen Leistungserbringung durch den Handelsvertreter, wie er sich aus den Bestimmungen des Vertrags oder, mangels solcher Bestimmungen, aus dessen tatsächlicher Erfüllung ergibt. Kann der fragliche Ort nicht auf dieser Grundlage ermittelt werden, so ist auf den **Wohnsitz des Handelsvertreters** abzustellen (EuGH NJW 2010, 1189) – oder im Fall grenzüberschreitender Personenbeförderung im Luftverkehr auf den Geschäftssitz (vgl. EuGH Slg. 2009 I, 6072).

Fall: Der EuGH hat in einem Urteil vom 29.6.1994 (NJW 1995, 183) bspw. In Bezug auf die Bestimmung des **Erfüllungsort für** die **Zahlungsklage aus einem Werklieferungsvertrag** festgestellt, dass im Falle einer von einem Lieferanten gegen seinen Abnehmer erfolgten Zahlungsklage aus einem entsprechenden Vertrag der Erfüllungsort für die Zahlungsverpflichtung auch dann nach dem materiellen Recht zu bestimmen ist, das nach den Kollisionsnormen des mit dem Rechtsstreit befassten Gerichts für die streitige Verpflichtung maßgebend ist, wenn nach diesen Normen Vorschriften wie diejenigen des dem Haager Übereinkommen vom 1.7.1964 beigefügten Einheitlichen Gesetzes über den internationalen Kauf beweglicher Sachen anwendbar sind.

(3) Bestimmung des Erfüllungsorts nach der Auffangregel

Ist Buchst. b nicht anwendbar, so gilt Buchst. a (so Art. 7 Nr. 1 **134**
Buchst. c Brüssel Ia-VO). D.h., kann kein Lieferort bzw. kein Ort der Leistungserbringung (Buchst. b) festgestellt werden (weil kein entsprechender Kauf- oder Dienstleistungsvertrag vorliegt oder weil der Erfüllungsort nicht in einem Mitgliedstaat [sondern in einem Drittstaat] liegt), so ist der Gerichtstand des **allgemeinen Erfüllungsorts** maßgeblich (Buchst. a, „zweite Chance“, so *Junker*, IZPR, § 9 Rn. 32). Nach Art. 7 Nr. 1 Buchst. c Brüssel Ia-VO ist somit vorrangig der besondere Gerichtsstand des Erfüllungsorts nach Art. 7 Nr. 1 Buchst. b Brüssel Ia-VO zu prüfen. Voraussetzung dafür ist, dass die Erfüllung in einem Mitgliedstaat erfolgt und Vertragsgegenstand ein Warenkauf oder die Erbringung einer Dienstleistung ist. Erst wenn die Voraussetzungen des Art. 7 Nr. 1 Buchst. b Brüssel Ia-VO nicht erfüllt sind, gelangt der **Auffangtatbestand** des Art. 7 Nr. 1 Buchst. a Brüssel Ia-VO zur Anwendung – nämlich für alle anderen Verkaufsgegenstände und in Bezug auf Verträge, deren Erfüllungsort in keinem Mitgliedstaat liegt. Maßgeblich ist dann der Gerichtsstand der „jeweils streitigen Verpflichtung“, der sich nach dem materiellen Recht bestimmt, das durch das IPR des Gerichtsstands berufen wird (in Bezug auf das Internationale Vertragsrecht also durch die Rom I-VO).

Judikatur: Der EuGH (NJW 1977, 490) hat hierzu entschieden, dass darunter nicht jede beliebige, sich aus dem betreffenden Vertrag ergebende Verpflichtung zu verstehen ist. Vielmehr ist „Verpflichtung" diejenige vertragliche Verpflichtung, die den Gegenstand der Klage bildet. Für die Bestimmung des Erfüllungsorts ist folglich die Verpflichtung heranzuziehen, die dem vertraglichen Anspruch entspricht, auf den der Kläger seine Klage stützt. Macht der Kläger Ansprüche auf Schadensersatz geltend oder beantragt er die Auflösung eines Vertrags aus Verschulden des Gegners, so ist die Verpflichtung weiterhin diejenige vertragliche Verpflichtung, deren Nichterfüllung zur Begründung dieser Anträge behauptet wird.

135 Maßgeblich ist (so *Junker*, IZPR, § 9 Rn. 33)
- bei einem **Primäranspruch** der Erfüllungsort der Primärpflicht,
- bei einem **Sekundäranspruch** der Erfüllungsort der verletzten Primärpflicht (und nicht der Erfüllungsort der Schadensersatzpflicht).

Beachte: Im Kontext von Buchst. c i.V.m. Buchst. a sind auch ohne ausdrückliche Normierung anders als in Buchst. b – „sofern nichts anderes vereinbart worden ist" – **Vereinbarungen über den Erfüllungsort** statthaft (so *Junker*, IZPR, § 9 Rn. 35 ff. auch zur Differenzierung zwischen „realen Erfüllungsvereinbarungen" und „irrealen Erfüllungsvereinbarungen", die keinen realitätsbezogenen Leistungsort bestimmen). Diese sind insoweit problematisch, als dadurch mittelbar auch der Gerichtsstand bestimmt werden kann (ohne dass den ansonsten strengen Formvorschriften des Art. 25 Abs. 1 S. 3 und Abs. 2 Brüssel Ia-VO Rechnung getragen wird).

bb) Streitigkeiten aus unerlaubter Handlung

136 Eine Person, die ihren Wohnsitz im Hoheitsgebiet eines Mitgliedstaats hat, kann nach Art. 7 Nr. 2 Brüssel Ia-VO in einem anderen Mitgliedstaat verklagt werden, wenn eine unerlaubte Handlung oder eine Handlung, die einer unerlaubten Handlung gleichgestellt ist, oder wenn Ansprüche aus einer solchen Handlung den Gegenstand des Verfahrens bilden (**Gerichtsstand des Tatorts** – **Deliktsgerichtsstand**, *forum delicti commissi*), vor dem Gericht des „Ortes, an dem das schädigende Ereignis eingetreten ist oder einzutreten droht" (näher EuGH NJW 2009, 3501 – *Zuid-Chemie BV/Philippo's Mineralenfabrik NV/SA*), was verordnungsautonom auszulegen ist und sowohl der Erfolgsort als auch der Handlungsort sein kann) – **besonderer Gerichtsstand der unerlaubten Handlung**. Der Deliktsgerichtsstand – Tatort – ist in praktischer Hinsicht einfach zu bestimmen und vorhersehbar. Das dabei berufene Gericht kann auch sach- und beweisnah entscheiden.

Nr. 2 regelt außer der **internationalen Zuständigkeit** der mitgliedstaatlichen Gerichte auch die **örtliche Zuständigkeit** innerhalb des berufenen Mitgliedstaats (*Junker*, IZPR, § 10 Rn. 1). 137

> **Beachte:** Besondere Gerichtsstände der unerlaubten Handlung können sich i.Ü. auch aus internationalen Übereinkommen auf den Gebieten des Atom-, See- und Transportrechts ergeben.

Vgl. zum Gerichtsstand der unerlaubten Handlung nach autonomem Recht § 32 ZPO.

Das Tatbestandsmerkmal „oder einzutreten droht" unterstellt auch **vorbeugende Unterlassungsklagen** und **Anträge im einstweiligen Rechtsschutz** dem Deliktsgerichtsstand. 138

Der Begriff „unerlaubte Handlung oder eine Handlung, die einer unerlaubten Handlung gleichgestellt ist oder Ansprüche aus einer solchen Handlung" erfasst nach Ansicht des EuGH (Urteil vom 18.7.2013, EuZW 2013, 617) bspw. Klagen, die vom Gläubiger einer Aktiengesellschaft schwedischen Rechts erhoben werden, um zum einen ein Mitglied des Verwaltungsrats dieser Gesellschaft und zum anderen einen Anteilseigner der Gesellschaft für deren Verbindlichkeiten haftbar zu machen, weil sie es zugelassen haben, dass die Gesellschaft ihren Geschäftsbetrieb weiterführt, obwohl sie unterkapitalisiert war und einem Liquidationsverfahren unterworfen werden musste. Der Begriff „Ort, an dem das schädigende Ereignis eingetreten ist oder einzutreten droht" ist dahin auszulegen, dass dieser Ort bei Klagen, mit denen ein Mitglied des Verwaltungsrats und ein Anteilseigner einer Aktiengesellschaft für deren Verbindlichkeiten haftbar gemacht werden sollen, an dem Ort belegen ist, an dem der **Geschäftsbetrieb der Gesellschaft** und die damit verbundene finanzielle Lage anknüpfen. 139

Vgl. zum **Deliktsgerichtsstand bei Teilnahme an einer Urheberrechtsverletzung in einem anderen Mitgliedstaat** EuGH NJW 2014, 1793.

Nr. 2 erfasst Ansprüche aus Delikt (einschließlich **gleichgestellter Handlungen**, bspw. die **Durchgriffs- oder Gefährdungshaftung**) bzw. Streitigkeiten über das Vorliegen eines Delikts (**negative Feststellungsklage**, dass keine Ansprüche aus unerlaubter Handlung bestehen, EuGH NJW 2013, 287) oder (auch) **verschuldensunabhängige Beseitigungs- und Unterlassungsansprüche** (so *Junker*, IZPR, § 10 Rn. 6). 140

Der Begriff „unerlaubte Handlung" ist unionsrechtlich autonom zu bestimmen und erfasst alle Klagen, die auf eine Schadenshaftung des Beklagten gerichtet sind, ohne dass an einen „Vertrag" i.S. der Nr. 1 angeknüpft wird (**außervertragliche Schadenshaftung**, EuGH NJW 141

1988, 3088). Deshalb gebührt dem Vertragsgerichtsstand auch ein Vorrang vor dem Deliktsgerichtsstand.

142 Der EuGH (NJW 1977, 493) hat in Bezug auf das einheitlich europäisch zu bestimmende Merkmal „Ort der schädigenden Handlung" – d.h. den **Tatort** – festgestellt, dass der Ort, an dem das für die Begründung einer Schadensersatzpflicht wegen unerlaubter Handlung in Betracht kommende Ereignis stattgefunden hat, nicht nur der Ort ist, an dem aus diesem Ereignis ein Schaden entstanden ist (Handlungsort und Schadens- oder Erfolgsort sind identisch, sog. **Platzdelikt**, versus **Distanzdelikt**: Handlungsort und Erfolgsort fallen auseinander). Dann ist der Begriff „Ort, an dem das schädigende Ereignis eingetreten ist" so zu verstehen, dass er sowohl den Ort, an dem der Schaden eingetreten ist, als auch den Ort des ursächlichen Geschehens meint. Der Beklagte kann daher nach Wahl des Klägers (**Wahlrecht**) vor dem Gericht des Ortes, an dem der Schaden eingetreten ist, oder vor dem Gericht des Ortes des dem Schaden zugrunde liegenden ursächlichen Geschehens (Handlungsort) verklagt werden.

143 Beim **Distanzdelikt** sind Handlungs- und Erfüllungsort „Tatorte", es handelt sich also in Bezug auf die internationale Gerichtszuständigkeit um ein ubiquitäres (d.h. überall zutage tretendes) Delikt (**Ubiquitätsregel**). Das dem Kläger nach dem Günstigkeitsprinzip grundsätzlich eingeräumte Wahlrecht (**Optionsrecht**) zwischen dem Handlungsort (Ort des ursächlichen Geschehens, nicht jedoch einer bloßen Vorbereitungshandlung) und dem Erfolgsort (Ort der Verwirklichung des Schadenserfolgs) erfährt nach h.A. (*Junker*, IZPR, § 10 Rn. 10) jedoch Restriktionen:

– Im Falle von **Streudelikten** (mit Erfolgsorten in verschiedenen Staaten) darf das (gewählte) Gericht des Erfüllungsorts nur über Schäden entscheiden, die im Forumstaat eingetreten sind (**Mosaikentheorie**).
– Wenn bei einem Streu- oder Distanzdelikt die Tatorte in der EU und in einem Drittland zu verorten sind, beschränkt sich die Nr. 2 auf „Tatorte in der EU".

144 „Handlungsort" bei **Unterlassungsdelikten** ist der Ort, an dem hätte gehandelt werden müssen, bei **Gefährdungsdelikten** der Ort, wo die gefährliche Sache außer Kontrolle gerät (*Junker*, IZPR, § 10 Rn. 11), bei der **Produkthaftung** der Sitz des Herstellers (so EuGH EuZW 2009, 608; vgl. auch EuGH NJW 014, 1166).

145 Zur internationalen Zuständigkeit bei einer **Markenverletzung durch AdWord-Werbung** EuGH NJW 2012, 2175 (*Wintersteiger-AG/Products 4U Sondermaschinen-GmbH*).

Exkurs: Zur Zuständigkeit in Bezug auf **Entschädigungsansprüche von Flugpassagieren** EuGH NJW 2009, 2801 (*Peter Rehder/Air*

Baltic Corporation): Im Fall der Beförderung von Personen im Luftverkehr von einem Mitgliedstaat in einen anderen Mitgliedstaat auf der Grundlage eines mit einer einzigen Luftfahrtgesellschaft, dem ausführenden Luftfahrtunternehmen, geschlossenen Vertrags für eine auf den Beförderungsvertrag und die VO (EG) Nr. 261/2004 (Fluggastrechteverordnung) gestützte Klage auf Ausgleichszahlungen ist nach Wahl des Klägers das Gericht des Ortes des Abflugs oder das des Ortes der Ankunft des Flugzeugs entsprechend der Vereinbarung dieser Orte in dem Vertrag zuständig.

„Erfolgsort" bei Rechtsgutsverletzungen ist (im Interesse der Rechtssicherheit und der Vorhersehbarkeit) der **erste** Verletzungsort (Schadenserfolg), bei reinen Vermögensschädigungen der Ort des **ersten** Schadenseintritts (*Junker*, IZPR, § 10 Rn. 14 – und zwar am Lageort der geschädigten Vermögensbestandteile, so EuGH NJW 2004, 2441, und nicht am Wohnsitz des Geschädigten als Mittelpunkt des Vermögens), bei Produkthaftungsschäden der Ort, an dem der ursprüngliche Schaden beim gewöhnlichen Gebrauch des Erzeugnisses für seinen bestimmungsgemäßen Gebrauch eingetreten ist (EuGH EuZW 2009, 608). **146**

Bei **Pressedelikten** als Streudelikten ist **Handlungsort** (d.h. Ort des ursächlichen Geschehens) die Niederlassung des Herausgebers (i.d.R. identisch mit dem allgemeinen Gerichtsstand des Beklagten nach Art. 4 Abs. 1 Brüssel Ia-VO), **Erfolgsort** an den (d.h. allen) Orten der Verletzung durch das Medium, sofern der Betroffene dort bekannt ist (so EuGH Slg. 1995, I-415). Gleichwohl kann nach Ansicht des EuGH das zuständige Gericht des Mitgliedstaats am Erfolgsort nur über den Teil des Gesamtschadens entscheiden, der im Gerichtsstaat entstanden ist (**Mosaikenlösung** – d.h. der Kläger kann am jeweiligen Erfolgsort nur den Teilschaden geltend machen, der ihm dort entstanden ist). **147**

In Bezug auf die **Verletzung von Persönlichkeitsrechten im Internet** hat der EuGH (NJW 2012, 137 – *eDate Advertising GmbH/X und Martinez/MGN Limited*, zur Entscheidung näher auch *Brand*, NJW 2012, 127) folgende Gerichtsstände eröffnet: **148**

– **Handlungsort** (Ort der Niederlassung des für die Internetverletzung Verantwortlichen),
– **Erfolgsorte** (Verbreitungsorte) und als „Novum"
– **Ort des Mittelpunkts des Interesses** der Person, die eine Rechtsverletzung geltend macht (mit dem Recht, dort für sich Gesamtschadensersatz zu reklamieren).

Fall: So hat der EuGH (NJW 2012,137) in Bezug auf die internationale Zuständigkeit für Klagen wegen **Verletzung von Persönlichkeitsrechten durch Inhalte einer Website** festgestellt, dass die besondere Zuständigkeitsregel, mit der in Nr. 2 vom Grundsatz der Zuständigkeit der Gerichte am Beklagtenwohnsitz abgewichen wird, darauf beruht, dass zwischen der Streitigkeit und den Gerichten des Ortes, an dem das schädigende Ereignis eingetreten ist, eine „besonders enge Beziehung" besteht, die aus Gründen einer geordneten Rechtspflege und einer sachgerechten Gestaltung des Prozesses eine Zuständigkeit dieser Gerichte rechtfertigt: Die Wendung „Ort, an dem das schädigende Ereignis eingetreten ist" meine sowohl den Ort des ursächlichen Geschehens als auch den Ort der Verwirklichung des Schadenserfolgs.

Mache jedoch ein Opfer eine Verletzung eines Persönlichkeitsrechts durch im Internet veröffentlichte Inhalte geltend, verlangten die Schwierigkeiten bei der Übertragung des Kriteriums der „Verwirklichung des Schadenserfolgs" im Zusammenhang mit der Verbreitung von Informationen, da die Reichweite der Verbreitung im Internet veröffentlichter Inhalte grundsätzlich weltumspannend ist, eine Anpassung der Anknüpfungskriterien dahingehend, dass das Opfer einer solchen Verletzung nach Maßgabe des Ortes, an dem sich der Erfolg des in der EU durch die Verletzung entstandenen Schadens verwirklicht hat, einen Gerichtsstand für den gesamten Schaden in Anspruch nehmen kann.

Nr. 2 sei deswegen dahin auszulegen, dass im Fall der Geltendmachung einer Verletzung von Persönlichkeitsrechten durch Inhalte, die auf einer Website veröffentlicht worden sind, die Person, die sich in ihren Rechten verletzt fühlt, die Möglichkeit hat, entweder

- bei den Gerichten des Mitgliedstaats, in dem der Urheber dieser Inhalte niedergelassen ist, oder
- bei den Gerichten des Mitgliedstaats, in dem sich der Mittelpunkt ihrer Interessen befindet, eine Haftungsklage auf Ersatz des gesamten entstandenen Schadens zu erheben.
- Anstelle einer Haftungsklage auf Ersatz des gesamten entstandenen Schadens könne diese Person ihre Klage aber auch vor den Gerichten jedes Mitgliedstaats erheben, in dessen Hoheitsgebiet ein im Internet veröffentlichter Inhalt zugänglich ist oder war. Diese sind allerdings nur für die Entscheidung über den Schaden zuständig, der im Hoheitsgebiet des Mitgliedstaats des angerufenen Gerichts verursacht worden ist.

In Bezug auf die **internationale Zuständigkeit bei der Verletzung von Urhebervermögensrechten im Internet** hat der EuGH (NJW 2013, 3627 – *Peter Pinckney/KDG Mediatech AG*) festgestellt, dass im Fall der Geltendmachung einer Verletzung von Urhebervermögensrechten, die vom Mitgliedstaat des angerufenen Gerichts gewährleistet werden, dieses Gericht für eine Haftungsklage des Urhebers eines Werks gegen eine Gesellschaft zuständig ist, die in einem anderen Mitgliedsaat niedergelassen ist und das Werk dort auf einem physischen Trägermedium vervielfältigt hat, das anschließend von Gesellschaften mit Sitz in einem dritten Mitgliedstaat über eine auch im Bezirk des angerufenen Gerichts zugängliche Website veräußert wird. Dieses Gericht ist nur für die Entscheidung über den Schaden zuständig, der im Hoheitsgebiet des Mitgliedstaats verursacht worden ist, zu dem es gehört.

Nach dem durch den Ort des schädigenden Ereignisses begründeten **Ubiquitätsprinzip** kann der Geschädigte also wählen, ob er bei dem Gericht klagt, in dessen Bezirk die Schädigungshandlung erfolgt ist oder dort, wo der Schaden sich realisiert hat (was für den Kläger im Hinblick auf die Problemfälle „Streu-“ und „Distanzdelikte“ vorteilhaft ist. So hat der EuGH bspw. auch in der Rechtssache 21/76 *Bier/Mines de Potasse d'Alsace S.A.* am 30.11.1976 (NJW 1977, 493) entschieden, dass, wenn der Ort, an dem das für die Begründung einer Schadensersatzpflicht wegen unerlaubter Handlung in Betracht kommende Ereignis stattgefunden hat, nicht auch der Ort ist, an dem aus diesem Ereignis ein Schaden entstanden ist, der „Ort, an dem das schädigende Ereignis eingetreten ist“ so zu verstehen ist, dass er sowohl den Ort, an dem der Schaden eingetreten ist, als auch den Ort des ursächlichen Geschehens meint: Der Beklagte könne daher nach Wahl des Klägers vor dem Gericht des Ortes, an dem der Schaden eingetreten ist, oder vor dem Gericht des Ortes des dem Schaden zugrunde liegenden ursächlichen Geschehens verklagt werden. 149

Beachte: In Bezug auf eine notwendig werdende **Abgrenzung zwischen Nr. 1 (Vertragsgerichtsstand) und Nr. 2 (Deliktsgerichtsstand)** hat der EuGH in seiner Entscheidung *Brogsitter* am 13.3.2014 (NJW 2014, 1648) festgestellt, dass sich der Begriff „unerlaubte Handlung oder Handlung, die einer unerlaubten Handlung gleichgestellt ist, oder Ansprüche aus einer solchen Handlung“ i.S. der Nr. 2 auf jede Klage bezieht, mit der eine Schadenshaftung des Beklagten geltend gemacht wird und die nicht an einen „Vertrag oder Ansprüche aus einem Vertrag“ i.S. von Nr. 1 Buchst. a anknüpft (vgl. auch EuGH, Urteil vom 27.9.1988 – *Kalfelis*, Slg. 1988, 5565, Rn. 17: **Der deliktische Gerichtsstand beinhaltet i.Ü. auch keine Annexzuständigkeit für konkurrierende vertragliche Ansprüche**, EuGH, a.a.O. Rn. 19). Um die Natur der beim vorlegenden Gericht geltend gemachten Ansprüche aus zivilrechtlicher Haftung festzustellen, ist zunächst zu prüfen, ob sie unabhängig von ihrer Qualifizierung nach nationalem Recht vertraglicher Natur sind (so auch EuGH, Urteil vom 1.10.2002 – *Henkel*, Slg. 2002, I-8111, Rn. 37). Insoweit hat der EuGH im *Brogsitter*-Urteil entschieden, dass Klagen wegen zivilrechtlicher Haftung (im konkreten Fall: Geltendmachung deliktischer Ansprüche aufgrund wettbewerbswidriger Handlungen eines Vertragspartners mit Sitz in einem anderen Vertragsstaat) – die nach nationalem Recht deliktsrechtlicher Natur sind – gleichwohl an einen „Vertrag oder Ansprüche aus einem Vertrag“ i.S. von Nr. 1 Buchst. a anknüpfen, wenn das vorgeworfene Verhalten als Verstoß gegen die vertraglichen Verpflichtungen angesehen werden kann, wie sie sich anhand des Vertragsgegenstands ermitteln lassen.

cc) Klage auf Schadensersatz oder auf Wiederherstellung des früheren Zustands, die auf eine mit Strafe bedrohte Handlung gestützt wird

150 Eine Person, die ihren Wohnsitz im Hoheitsgebiet eines Mitgliedstaats hat, kann nach Art. 7 Nr. 3 Brüssel Ia-VO in einem anderen Mitgliedstaat verklagt werden, wenn es sich um eine Klage auf Schadensersatz (auf deliktischer, nicht vertraglicher Anspruchsgrundlage) oder auf Wiederherstellung des früheren Zustands handelt, die auf eine mit Strafe bedrohte Handlung gestützt wird (**Adhäsionsverfahren**, vgl. §§ 403 ff. StPO), vor dem Strafgericht, bei dem die öffentliche Klage erhoben ist, soweit dieses Gericht nach seinem Recht über zivilrechtliche Ansprüche erkennen kann. *Junker* (IZPR, § 11 Rn. 1) weist darauf hin, dass der Verweis auf die *lex fori* in Nr. 3 „Einbruchstelle für exorbitante Zuständigkeiten" sei.

151 Nr. 3 regelt sowohl die internationale als auch die örtliche Zuständigkeit. Die Norm begründet – neben Art. 4 Abs. 1 und Art. 7 Nr. 2 Brüssel Ia-VO – einen zusätzlichen Gerichtsstand für Adhäsionsverfahren. Praktische Bedeutung hat die Regelung aber nur, wenn das Strafverfahren weder im Wohnsitzstaat des Straftäters (Art. 4 Abs. 1 Brüssel Ia-VO) noch am Ort des schädigenden Ereignisses (Deliktsort, Art. 7 Nr. 2 Brüssel Ia-VO) stattfindet, auch wenn nach Art. 4 Abs. 1 und Art. 7 Nr. 2 Brüssel Ia-VO eine internationale Zuständigkeit von Strafgerichten begründet wird (so *Junker*, IZPR, § 11 Rn. 2 – arg.: Art. 1 Abs. 1 S. 1 Brüssel Ia-VO).

dd) Herausgabeanspruch für Kulturgüter

152 Nach Art. 7 Nr. 4 Brüssel Ia-VO kann der Eigentümer eines Kulturguts (d.h. eines Gegenstands, der in einem Mitgliedstaat auf der Grundlage der Richtlinie 2014/60/EU des Europäischen Parlaments und des Rates vom 15.5.2014 über die Rückgabe von unrechtmäßig aus dem Hoheitsgebiet eines Mitgliedstaats verbrachter Kulturgüter als „nationales Kulturgut von künstlerischem, geschichtlichem oder archäologischem Wert" erklärt worden ist, vgl. dazu das deutsche Kulturgüterrückgabegesetz) seinen auf Eigentum gestützten Herausgabeanspruch vor dem Gericht des Ortes geltend machen, an dem sich das Kulturgut zum Zeitpunkt der Klageerhebung befindet (Belegenheitsgerichtstand).

ee) Streitigkeiten aus dem Betrieb einer Zweigniederlassung, Agentur oder sonstigen Niederlassung

153 Eine Person, die ihren Wohnsitz (Hauptsitz) im Hoheitsgebiet eines Mitgliedstaats hat (räumlicher Anwendungsbereich), kann nach Art. 7

Nr. 5 Brüssel Ia-VO – der einen Schutz des inländischen Geschäftsverkehrs bezweckt (*Junker*, IZPR, § 11 Rn. 4) – in einem anderen Mitgliedstaat verklagt werden (Nr. 5 erfasst nach dem Schutzzweck der Norm nur Passivprozesse – persönlicher Anwendungsbereich, *Junker*, IZPR, § 11 Rn. 7, kein Klägergerichtsstand für den Inhaber der Niederlassung), wenn es sich um „Streitigkeiten aus dem Betrieb einer Zweigniederlassung, einer Agentur oder einer sonstigen Niederlassung" handelt (i.S. jeder Art von Ansprüchen, vertraglichen wie nichtvertraglichen – sachlicher Anwendungsbereich, vgl. Art. 1 Abs. 1 und 2 Brüssel Ia-VO, so *Junker*, IZPR, § 11 Rn. 6), vor dem Gericht des Ortes, an dem sich die Niederlassung befindet. Nr. 5 bestimmt damit sowohl die internationale als auch die örtliche Zuständigkeit. Daneben kann der Inhaber einer Niederlassung aus niederlassungsbezogenen Geschäften aber auch an seinem allgemeinen Gerichtsstand (Art. 4 Abs. 1 Brüssel Ia-VO) verklagt werden.

Der Begriff der **„Niederlassung"** ist einheitlich europäisch als „Mittelpunkt der geschäftlichen Tätigkeit" zu verstehen (EuGH Slg. 1978, 2183): Unter dem Begriff der Zweigniederlassung der Agentur oder der sonstigen Niederlassung wird der Mittelpunkt geschäftlicher Tätigkeit verstanden, der auf Dauer als Außenstelle eines Stammhauses hervortritt, eine Geschäftsführung hat und sachlich so ausgestattet ist, dass er in der Weise Geschäfte mit Dritten betreiben kann, sodass die Dritten, obgleich sie wissen, dass möglicherweise ein Rechtsverhältnis mit einem im Ausland ansässigen Stammhaus begründet wird, diese sich nicht unmittelbar an das Stammhaus wenden müssen, sondern die Geschäfte auch am Mittelpunkt der geschäftlichen Tätigkeit abschließen können, der die Außenstelle des Stammhauses ist. Vom Begriff werden hingegen nicht (arg.: „Außenstelle eines Stammhauses") selbstständige Handelsvertreter (EuGH NJW 1982, 507) oder Alleinvertragshändler (EuGH NJW 1977, 490) erfasst. 154

f) Gerichtsstand des Sachzusammenhangs

Eine Person, die ihren Wohnsitz im Hoheitsgebiet eines Mitgliedstaats hat (für den Fall, dass der Beklagtenwohnsitz in einem anderen Mitgliedstaat als dem Gerichtsstaat liegt, *Junker*, IZPR, § 12 Rn. 4 – arg.: Die Gerichtsstände des Art. 8 Brüssel Ia-VO sollen ebenso wenig wie jener des Art. 7 Brüssel Ia-VO „ein Forum im Wohnsitzstaat des Beklagten eröffnen"), kann nach Art. 8 Brüssel Ia-VO (der besondere Gerichtsstände i.S. mit dem allgemeinen Beklagtengerichtsstand nach Art. 4 Abs. 1 Brüssel Ia-VO konkurrierender Gerichtsstände statuiert [die als Ausnahmetatbestände aber eng auszulegen sind – mit korrespondierendem Wahlrecht des Klägers wie nach Art. 7 Brüssel Ia-VO, vorstehende Rn. 117 ff.]) auch verklagt werden (als **Gerichtsstände des** 155

Sachzusammenhangs zwecks Vermeidung widersprechender Entscheidungen im Falle von **Klagen, die miteinander im Zusammenhang stehen**, *forum connexitatis*):

– Wenn (1) mehrere Personen zusammen verklagt werden und (2) zwischen den Klagen eine so enge Beziehung gegeben ist (Konnexität, z.B. im Falle einer gesamtschuldnerischen Haftung), dass eine gemeinsame Verhandlung und Entscheidung geboten erscheint, um zu vermeiden, dass in getrennten Verfahren widersprechende Entscheidungen ergehen könnten, am Gericht des Ortes, an dem einer der Beklagten (gegen den die sog. Haupt- oder „Ankerklage" erhoben wird) seinen allgemeinen Wohnsitz hat (allgemeiner Gerichtsstand eines Beklagten im Forumstaat, Nr. 1 – **Mehrparteiengerichtsstand**, Gerichtsstand der passiven Streitgenossenschaft bei Parteienmehrheit auf Beklagtenseite, *Junker*, IZPR, § 12 Rn. 5). Nr. 1 regelt sowohl die internationale als auch die örtliche Zuständigkeit.

Problem: Der Kläger kann mehrere Personen (mit Wohnsitz in unterschiedlichen Staaten) am Wohnsitz einer der Parteien verklagen und damit die anderen Parteien ihres Wohnsitzzuständigkeitsschutzes berauben.

Beachte: Den Art. 10 bis 19 Brüssel Ia-VO gebührt in Versicherungs- und Verbrauchersachen allerdings ein Vorrang – anders aber bei Arbeitsvertragssachen (vgl. Art. 20 Abs. 1 Brüssel Ia-VO a.E.).

Rechtsprechung: Der EuGH (NJW 2007, 3702) hat entschieden, dass (anders als nach Art. 7 Nr. 1 Brüssel Ia-VO) im Kontext mit Art. 8 Nr. 1 Brüssel Ia-VO der notwendige Sachzusammenhang auch zwischen Vertrags- und Deliktsansprüchen bestehen kann.

Im Urteil *Painer/Standard* vom 1.12.2011 (EuZW 2012, 182) hat der EuGH ausgeführt, dass Nr. 1 dahingehend auszulegen ist, dass es einer Anwendung der Norm für sich genommen nicht entgegensteht, dass gegen mehrere Beklagte wegen inhaltlich identischer Urheberrechtsverletzungen erhobene Klagen auf je nach Mitgliedstaat unterschiedlichen nationalen Rechtsgrundlagen beruhen: Es sei Sache des nationalen Gerichts, anhand des gesamten Akteninhalts zu prüfen, ob die Gefahr besteht, dass in getrennten Verfahren unterschiedliche Entscheidungen ergehen.

– Wenn es sich (1) um eine Klage auf Gewährleistung (Garantieklage) oder um eine Interventionsklage (zum Konstrukt dieser dem deutschen Recht unbekannten Klage *Junker*, IZPR, § 12 Rn. 15) handelt, (2) es sei denn, dass die Klage nur (d.h. mit dem alleinigen Ziel) erhoben worden ist, um diese Person dem für sie zuständigen Gericht zu entziehen (Missbrauchsvorbehalt) am Gericht des Hauptprozesses (Nr. 2 – **Gewährleistungsklage**).

> **Beachte:** Deutschland hat nach Art. 65 Abs. 1 Brüssel Ia-VO die Anwendung der Nr. 2 für sich ausgeschlossen. Für diesen Fall kann eine Person, die ihren Wohnsitz in einem anderen Mitgliedstaat hat, aufgefordert werden, nach den Vorschriften über die Streitverkündung (§§ 68, 72 bis 74 ZPO) einem Verfahren vor einem Gericht dieses Mitgliedstaats beizutreten.

– Wenn es sich (1) um eine Widerklage (mithin um eine gesonderte Klage des Beklagten in demselben Verfahren gegen den Kläger) handelt, die (2) auf denselben Vertrag oder Sachverhalt wie die Klage selbst gestützt (Konnexität) wird (nach der Brüssel Ia-VO zuständiges Gericht [arg.: da ansonsten die ausschließlichen Gerichtsstände des Art. 24 Brüssel Ia-VO durch den Gerichtsstand der Widerklage unterlaufen würden, *Junker*, IZPR, § 12 Rn. 20]) am Gericht, bei dem die Klage selbst anhängig ist (Nr. 3 – **Widerklage**), bzw.
– wenn (1) ein Vertrag oder Ansprüche aus einem Vertrag den Gegenstand des Verfahrens bilden (persönliche Klage) und (2) die Klage mit einer Klage wegen dinglicher Rechte an unbeweglichen Sachen (dingliche Klage) gegen denselben Beklagten verbunden werden kann, am Gericht des Mitgliedstaats, in dessen Hoheitsgebiet die unbewegliche Sache belegen ist (Nr. 4 – **dinglicher Gerichtsstand**, Gerichtsstand der Grundstücksbelegenheit, *forum rei sitae* – als Ergänzung des Art. 24 Nr. 1 Brüssel Ia-VO [vorstehende Rn. 91], *Junker*, IZPR, § 12 Rn. 21).

g) Weitere besondere Gerichtsstände

Des Weiteren finden sich für bestimmte Rechtsmaterien mit dem **sozialpolitischen Ziel eines Schutzes schwächerer Vertragsparteien** (Versicherungsnehmer, Verbraucher bzw. Arbeitnehmer) besondere Gerichtsstände (mit einem Wahlrecht zwischen mehreren Gerichtsständen zugunsten von Klagen eines Versicherungsnehmers, Verbrauchers oder Arbeitnehmers) in den **156**
– Art. 10 bis 16 Brüssel Ia-VO für **Versicherungssachen**,
– Art. 17 bis 19 Brüssel Ia-VO für **Verbrauchersachen** und in den
– Art. 20 bis 23 Brüssel Ia-VO für **individuelle Arbeitsverträge**.

Die beklagte schwächere Vertragspartei selbst kann hingegen in diesen Fällen nur an ihrem Wohnsitz verklagt werden. Gerichtsstandsvereinbarungen sind jeweils zugunsten der schwächeren Partei eingeschränkt. **157**

Bei Versicherungs-, Verbraucher- und Arbeitsverträgen soll die schwächere Partei durch Zuständigkeitsvorschriften geschützt werden, die für sie günstiger sind als die allgemeine Zuständigkeitsregelung des Art. 4 Abs. 1 Brüssel Ia-VO (so Erwägungsgrund 18 der Brüssel Ia-VO). **158**

Vorbehaltlich der in der Verordnung festgelegten ausschließlichen Zuständigkeiten soll die Vertragsfreiheit der Parteien jedoch hinsichtlich der Wahl des Gerichtsstands – außer bei Versicherungs-, Verbraucher- und Arbeitsverträgen (wo nur eine begrenzte Vertragsfreiheit zulässig ist) – gewahrt werden (so Erwägungsgrund 19 der Brüssel Ia-VO).

Beachte: Die besonderen Gerichtsstände der Art. 10 bis 23 Brüssel Ia-VO regeln in ihrem Anwendungsbereich die internationale Zuständigkeit abschließend (**abschließende Regelung**) mit der Folge, dass insoweit (mit Ausnahme der Vorbehalte – „unbeschadet des Art. 7 Nr. 5" – in Art. 10, Art. 17 Abs. 1 und Art. 20 Abs. 1 Brüssel Ia-VO für den Gerichtsstand der Niederlassung) die Gerichtsstände nach Art. 4 Abs. 1, 7 oder 8 Brüssel Ia-VO verdrängt werden. **159**

Beachte auch das **Anerkennungshindernis** nach Art. 45 Abs. 1 Buchst. e Alt. 1 Brüssel Ia-VO. **160**

aa) Versicherungssachen (Art. 10 bis 16 Brüssel Ia-VO)

(1) Anwendungsbereich

161 Für Klagen in Versicherungssachen – wobei der Begriff verordnungsautonom auszulegen ist – bestimmt sich die Zuständigkeit unbeschadet des Art. 6 und des Art. 7 Nr. 5 Brüssel Ia-VO nach den Sonderregelungen der Art. 10 bis 15 Brüssel Ia-VO (so Art. 10 Brüssel Ia-VO).

162 Nach der Intention der Vorschriften (Schutz des schwächeren Vertragspartners, Rn. 157) erfassen diese nur die Erst-, nicht die Rückversicherung (so *Junker*, IZPR, § 13 Rn. 9: „Prozessgegner eines Versicherers (kann) folglich kein anderer Versicherer, sondern nur ein Nichtversicherer" sein). I.Ü. wird auch das Versicherungsverhältnis Großversicherung – Großunternehmen erfasst, ohne dass dabei sozialpolitische Gründe zum Tragen kommen (*Junker*, IZPR, § 13 Rn. 10).

(2) (Passiv-) Klagen gegen einen Versicherer (Art. 11 bis 13 Brüssel Ia-VO)

163 Ein Versicherer, der seinen Wohnsitz im Hoheitsgebiet eines Mitgliedstaats hat, kann nach Art. 11 Abs. 1 Brüssel Ia-VO verklagt werden:
- vor den Gerichten des Mitgliedstaats, in dem er seinen Wohnsitz hat (Buchst. a – **Gerichte des Sitzstaats des Versicherers**),
- in einem anderen Mitgliedstaat bei Klagen des Versicherungsnehmers, des Versicherten oder des Begünstigten vor dem Gericht des

Ortes, an dem der Kläger seinen Wohnsitz hat (Buchst. b – **Wohnsitzgericht des klagenden Versicherungsnehmers, Versicherten oder Begünstigten**), oder

– falls es sich um einen **Mitversicherer** handelt, vor dem Gericht eines Mitgliedstaats, bei dem der federführende Versicherer verklagt wird (Buchst. c).

Hat der Versicherer im Hoheitsgebiet eines Mitgliedstaats keinen Wohnsitz, besitzt er aber in einem Mitgliedstaat eine Zweigniederlassung, Agentur oder sonstige Niederlassung, so wird er für Streitigkeiten aus ihrem Betrieb gemäß Art. 11 Abs. 2 Brüssel Ia-VO so behandelt, wie wenn er seinen Wohnsitz im Hoheitsgebiet dieses Mitgliedstaats hätte. Hat der in einem Drittstaat ansässige Versicherer keine Niederlassung in einem Mitgliedstaat, ist er in der EU nach den Art. 10 bis 16 Brüssel Ia-VO nicht gerichtspflichtig (*Junker*, IZPR, § 13 Rn. 3). **164**

Bei der **Haftpflichtversicherung** oder bei der **Versicherung von unbeweglichen Sachen** kann der Versicherer nach Art. 12 Brüssel Ia-VO außerdem vor dem Gericht des Ortes, an dem das schädigende Ereignis eingetreten ist, verklagt werden. Das Gleiche gilt, wenn sowohl bewegliche als auch unbewegliche Sachen in ein und demselben Versicherungsvertrag versichert und von demselben Schadensfall betroffen sind. **165**

Bei der **Haftpflichtversicherung** kann der Versicherer gemäß Art. 13 Abs. 1 Brüssel Ia-VO auch vor das Gericht, bei dem die Klage des Geschädigten gegen den Versicherten anhängig ist, geladen werden, sofern dies nach dem Recht des angerufenen Gerichts zulässig ist. Auf eine Klage, die der Geschädigte (der nicht der Versicherungsnehmer bzw. der Begünstigte sein muss) unmittelbar gegen den Versicherer erhebt, sind nach Art. 13 Abs. 2 Brüssel Ia-VO die Art. 10, 11 und 12 Brüssel Ia-VO anzuwenden, sofern eine solche unmittelbare Klage (Direktklage) zulässig ist. Der EuGH (Slg. 2007, I-11321) gestattet auch eine Klage vor dem Wohnsitzgericht des Geschädigten (Art. 11 Abs. 1 Buchst. b Brüssel 1a- VO). Sieht das für die unmittelbare Klage maßgebliche Recht die Streitverkündung gegen den Versicherungsnehmer oder den Versicherten vor, so ist dasselbe Gericht gemäß Art. 13 Abs. 3 Brüssel Ia-VO auch für diese Personen zuständig. **166**

(3) Klagen des Versicherers gegen einen Versicherten

Vorbehaltlich der Bestimmungen des Art. 13 Abs. 3 Brüssel Ia-VO (vorstehende Rn. 166) kann der Versicherer gegen den Versicherten (**Aktivprozess**) gemäß Art. 14 Abs. 1 Brüssel Ia-VO nur vor den Gerichten des Mitgliedstaats klagen, in dessen Hoheitsgebiet der Beklagte seinen Wohnsitz hat (Art. 6 Abs. 1 Brüssel Ia-VO), und zwar ohne Rücksicht darauf, ob dieser Versicherungsnehmer, Versicherter oder Begünstigter ist (**Zuständigkeit der Gerichte des Wohnsitzstaats des** **167**

beklagten Versicherten). Allerdings lassen die Art. 10 ff. Brüssel Ia-VO das Recht (des Versicherers) unberührt, eine Widerklage auch vor dem Gericht zu erheben, bei dem die Klage selbst gemäß den Bestimmungen dieses Abschnitts anhängig ist (so Art. 14 Abs. 2 Brüssel Ia-VO – **Widerklagezuständigkeit**).

168 Die örtliche Zuständigkeit folgt dann aus dem im Wohnsitzstaat des Beklagten geltenden Recht (*Junker*, IZPR, § 3 Rn. 14 – mithin in Deutschland aus den §§ 12 und 13 GVG).

(4) Restriktionen in Bezug auf Gerichtsstandsvereinbarungen

169 Von den Vorschriften der Art. 10 bis 14 Brüssel Ia-VO kann nach Art. 15 Brüssel Ia-VO im Wege der Vereinbarung (mit dem Ziel eines Schutzes der schwächeren Vertragspartei) nur abgewichen werden,

– wenn die Vereinbarung nach der Entstehung der Streitigkeit getroffen wird (Nr. 1, derogierende Wirkung der Gerichtsstandsvereinbarung),
– wenn sie dem Versicherungsnehmer, Versicherten oder Begünstigten die Befugnis einräumt, andere als die in diesem Abschnitt angeführten Gerichte anzurufen (Nr. 2, prorogierende Wirkung der Gerichtsstandsvereinbarung),
– wenn sie zwischen einem Versicherungsnehmer und einem Versicherer, die zum Zeitpunkt des Vertragsabschlusses ihren Wohnsitz oder gewöhnlichen Aufenthalt in demselben Mitgliedstaat haben, getroffen ist, um die Zuständigkeit der Gerichte dieses Mitgliedstaats auch für den Fall zu begründen, dass das schädigende Ereignis im Ausland eintritt, es sei denn, dass eine solche Vereinbarung nach dem Recht dieses Mitgliedstaats nicht zulässig ist (Nr. 3, prorogierende Wirkung der Gerichtsstandsvereinbarung),
– wenn sie von einem Versicherungsnehmer geschlossen ist, der seinen Wohnsitz nicht in einem Mitgliedstaat hat, ausgenommen soweit sie eine Versicherung, zu deren Abschluss eine gesetzliche Verpflichtung besteht, oder die Versicherung von unbeweglichen Sachen in einem Mitgliedstaat betrifft (Nr. 4), oder
– wenn sie einen Versicherungsvertrag betrifft, soweit dieser eines oder mehrere der in Art. 16 Brüssel Ia-VO aufgeführten (speziellen) Risiken deckt (Nr. 5 – arg.: In diesem Kontext spielt der „Schutz des Schwächeren" keine Rolle, so *Junker*, IZPR, § 13 Rn. 4).

Judikatur: Der EuGH (NJW 2017, 2813 – *AssensHavn/Navigators Management [UK] Limited*) hat entschieden, dass ein Geschädigter, der unmittelbar gegen den Versicherer des Schädigers klagen kann, nicht an eine Gerichtsstandsvereinbarung, die zwischen dem Versicherer und dem Schädiger getroffen wurde, gebunden ist.

Vgl. für den **Gerichtsstand für Direktklagen bei Verkehrsunfällen innerhalb der EU** auch EuGH NJW 2008, 819.

bb) Verbrauchersachen

Die Zuständigkeiten für Versicherungsnehmer und Verbraucher laufen parallel (so *Junker*, IZPR, § 13 Rn. 15: „systematische Symmetrie"). **170**

(1) Anwendungsbereich

Bilden ein Vertrag oder Ansprüche aus einem Vertrag (zu diesen Begriffsmerkmalen bereits vorstehende Rn. 124 ff. zu Art. 7 Nr. 1 Brüssel Ia-VO), den eine Person (der Verbraucher) zu diesem Zweck geschlossen hat – der nicht der beruflichen oder gewerblichen Tätigkeit dieser Person zugerechnet werden kann – den Gegenstand des Verfahrens (**Verbrauchersache** – persönlicher Anwendungsbereich), so bestimmt sich die Zuständigkeit (unbeschadet des Art. 6 und des Art. 7 Nr. 5 Brüssel Ia-VO) gemäß Art. 17 Abs. 1 Brüssel Ia-VO nach Maßgabe des Kapitels 2 Abschnitt 4 (Art. 17 bis 19 Brüssel Ia-VO – **Zuständigkeit in Verbrauchersachen**), **171**

- wenn es sich um den Kauf beweglicher Sachen auf Teilzahlung handelt (Buchst. a – **Teilzahlungskauf**),
- wenn es sich um ein in Raten zurückzuzahlendes Darlehen oder ein anderes Kreditgeschäft handelt, das zur Finanzierung eines Kaufs solcher Sachen (d.h. eines Teilzahlungskaufs) bestimmt ist (Buchst. b), bzw.
- in allen anderen Fällen, wenn der andere Vertragspartner in dem Mitgliedstaat, in dessen Hoheitsgebiet der Verbraucher seinen Wohnsitz hat, eine berufliche oder gewerbliche Tätigkeit ausübt oder eine solche auf irgendeinem Wege auf diesen Mitgliedstaat oder auf mehrere Staaten, einschließlich dieses Mitgliedstaats, ausrichtet (Ausrichtung der geschäftlichen Aktivität) und der Vertrag in den Bereich dieser Tätigkeit fällt (Buchst. c). Eine Ausnahme gilt in diesem Zusammenhang nur für **Beförderungsverträge** (bei denen die internationale Zuständigkeit i.d.R. in Staatsverträgen geregelt ist) und für **Pauschalreiseverträge** (vgl. Art. 17 Abs. 3 Brüssel Ia-VO, nachstehende Rn. 175).

Judikatur:

- Art. 15 Abs. 1 Buchst. c Brüssel Ia-VO ist nach Ansicht des EuGH (NJW 2013, 3504 – *Lokman Emrek/Vlado Sabranovic*) dahin auszulegen, dass das zum Ausrichten der beruflichen oder gewerblichen Tätigkeit auf den Wohnsitzmitgliedstat des Verbrauchers eingesetzte Mittel (d.h. eine Internetseite) nicht kausal sein muss für den Vertragsschluss mit diesem Verbraucher. Liegt eine solche Kausalität vor, ist dies allerdings ein Indiz dafür, dass der Vertrag an eine solche Tätigkeit anschließt.

– Vgl. zur Brüssel Ia-Zuständigkeit bei unbekanntem Beklagtenwohnsitz im Falle eines Verbraucherdarlehens auch EuGH NJW 2012, 1199 – *Hypotecni banka a.s./Udo Mike Lindner*.

Zur internationalen Zuständigkeit bei per Internet-Angebot zustande gekommenen Verträgen EuGH NJW 2011, 505 (*Peter Pammer/Reederei Karl Schlüter GmbH & Co. KG* und *Hotel Alpenhof GesmbH/Oliver Heller*).

172 Buchst. c ist dahingehend auszulegen, dass er auf einen zwischen einem Verbraucher und einem beruflich oder gewerblich Handelnden (zum Begriff des anderen Vertragspartners beim Verbrauchergerichtsstand näher EuGH NJW 2014, 530 – *Armin Maletic u.a./lastminute.com GmbH*) geschlossenen Vertrag Anwendung finden kann, der als solcher nicht in den Bereich der von dem beruflich oder gewerblich Handelnden „auf" den Wohnsitzmitgliedstaat des Verbrauchers „ausgerichteten" beruflichen oder gewerblichen Tätigkeit fällt (**Ausrichtung der Tätigkeit**), aber eine **enge Verbindung** zu einem anderen Vertrag aufweist, der zuvor zwischen denselben Parteien im Bereich einer solchen Tätigkeit geschlossen wurde. Es ist Sache des nationalen Gerichts, zu prüfen, ob die eine solche Verbindung begründenden Umstände, insbesondere die rechtliche oder tatsächliche Identität der Parteien der beiden Verträge, die Identität des wirtschaftlichen Erfolgs, der mit den Verträgen angestrebt wird, die denselben konkreten Gegenstand betreffen (Berücksichtigung der Gesamtheit der Umstände), und der ergänzende Charakter des zweiten Vertrags im Verhältnis zu dem ersten Vertrag, da er der Verwirklichung des mit dem ersten Vertrag angestrebten wirtschaftlichen Erfolgs dienen soll, gegeben ist (EuGH NJW 2016, 697 – Leitsatz).

173 I.Ü. ist der Tatbestand dahin auszulegen, dass er nicht verlangt, dass der Vertrag zwischen Verbraucher und Unternehmer im Fernabsatz geschlossen wurde (EuGH NJW 2012, 3225 – Leitsatz) bzw. dass zwischen einem Internetauftritt und dem Vertragsabschluss Kausalität besteht (so EuGH NJW 2013, 3504: bloßes Indiz).

174 Der Begriff des „**Verbrauchers**" ist – wie andere in der Brüssel Ia-VO verwendete Begriffe, die nach dem innerstaatlichen Recht der Vertragsstaaten eine unterschiedliche Bedeutung haben können – **autonom** auszulegen, um die einheitliche Anwendung der Verordnung in allen Vertragsstaaten zu gewährleisten (so EuGH WM 1997, 1549): Die Frage, ob eine Person Verbrauchereigenschaft besitzt, wobei dieser Begriff **eng auszulegen** ist, sei nach der Stellung dieser Person innerhalb des konkreten Vertrags in Verbindung mit dessen Natur und Zielsetzung (d.h. situationsbezogen und nicht abstrakt) und nicht nach der subjektiven Stellung dieser Person zu beantworten. Ein und dieselbe Person können im Rahmen bestimmter Vorgänge als Verbraucher und im Rahmen anderer Vorgänge als Unternehmer angesehen werden (z.B. ist ein Unternehmer im Zusammenhang mit Privatgeschäften „Verbraucher"). Folglich fallen nur die Verträge, die eine **Einzelperson zur Deckung ihres Eigenbedarfs beim privaten Verbrauch** schließt, unter die Vorschriften zum Schutz des Verbrauchers als des Beteiligten, der als der wirtschaftlich schwächere Vertragspartner angesehen wird. Der mit diesen Vorschriften angestrebte besondere Schutz ist nicht gerechtfertigt bei Verträgen, deren Zweck in einer beruflichen oder gewerblichen Tätigkeit besteht, auch wenn diese erst für die Zukunft vorgesehen ist, da die Tatsache, dass es sich um eine erst künftig aufzunehmende Tätigkeit handelt, nichts an ihrer beruflichen oder gewerblichen Natur ändert. Ein Kläger, der einen Vertrag zum Zwecke der Ausübung einer nicht gegenwärtigen, sondern zukünftigen beruflichen oder gewerblichen Tätigkeit (**Existenzgründer**) geschlossen hat, könne nicht als Verbraucher angesehen werden.

Beachte in Bezug auf **gemischte Geschäfte** die Entscheidung des EuGH (NJW 2005, 653), der festgestellt hat, dass eine Person, die einen Vertrag abgeschlossen hat, der sich auf einen Gegenstand bezieht, der für einen teils beruflich-gewerblichen, teils nicht ihrer beruflichen oder gewerblichen Tätigkeit zuzurechnenden Zweck bestimmt ist, sich nicht auf die speziellen Zuständigkeitsvorschriften der Art. 17 ff. Brüssel Ia-VO berufen kann – es sei denn, der beruflich-gewerbliche Zweck sei derart **nebensächlich**, dass er im Gesamtzusammenhang des betreffenden Geschäfts nur eine ganz untergeordnete Rolle spielt, wobei die Tatsache, dass der nicht beruflich-gewerbliche Zweck überwiegt, ohne Bedeutung ist. Es wird im Kontext mit Art. 17 Brüssel Ia-VO damit also – anders als nach § 13 BGB („überwiegend") – nicht auf den überwiegenden Zweck abgestellt.

Die Art. 17 bis 19 Brüssel Ia-VO gelangen nach Art. 17 Abs. 3 Brüssel Ib-VO nicht zur Anwendung auf **Beförderungsverträge** mit Ausnahme von Reiseverträgen, die für einen Pauschalpreis kombinierte Beförderungs- und Unterbringungsleistungen vorsehen. **175**

(2) Klagen gegen einen Verbraucher (Art. 18 Abs. 2 und 3 Brüssel Ia-VO)

Die Klage des anderen Vertragspartners gegen einen Verbraucher (**Passivprozesse des Verbrauchers**) kann gemäß Art. 18 Abs. 2 Brüssel **176**

Ia-VO nur vor den Gerichten des Mitgliedstaats erhoben werden, in dessen Hoheitsgebiet der Verbraucher seinen Wohnsitz hat. Die örtliche Zuständigkeit bestimmt sich dann nach Maßgabe des Prozessrechts des Wohnsitzstaates des Verbrauchers, mithin in Deutschland nach den §§ 12 und 13 ZPO (*Junker*, IZPR, § 13 Rn. 28).

177 Allerdings lassen die Vorschriften des Art. 18 Brüssel Ia-VO das Recht unberührt, eine Widerklage vor dem Gericht zu erheben, bei dem die Klage selbst gemäß den Bestimmungen der Art. 17 bis 19 Brüssel Ia-VO anhängig ist (so Art. 18 Abs. 3 Brüssel Ia-VO – **Widerklagezuständigkeit**).

(3) Klagen des Verbrauchers (Art. 18 Abs. 1 und 3 Brüssel Ia-VO)

178 Nach Art. 18 Abs. 1 Brüssel Ia-VO kann die Klage eines Verbrauchers gegen den anderen Vertragspartner (**Aktivprozess des Verbrauchers**) entweder (**Wahlrecht** des Verbrauchers) vor

– den Gerichten des Mitgliedstaats erhoben werden, in dessen Hoheitsgebiet dieser Vertragspartner seinen Wohnsitz hat (**Wohnsitzgericht des Vertragspartners**), oder
– vor dem Gericht des Ortes, an dem der Verbraucher seinen Wohnsitz hat (**Wohnsitzgericht des Verbrauchers**).

179 Hat der Vertragspartner des Verbrauchers im Hoheitsgebiet eines Mitgliedstaats keinen Wohnsitz, besitzt er aber in einem Mitgliedstaat eine Zweigniederlassung, Agentur oder sonstige Niederlassung, so wird er gemäß Art. 17 Abs. 2 Brüssel Ia-VO für Streitigkeiten aus ihrem Betrieb so behandelt, wie wenn er seinen Wohnsitz im Hoheitsgebiet dieses Mitgliedstaats hätte.

> **Beachte:** Art. 18 Abs. 1 Brüssel Ia-VO ist allerdings auf Klagen eines **Verbraucherschutzverbandes** gegen den Vertragspartner nicht anwendbar (arg.: fehlende Endverbrauchereigenschaft des Verbandes, so *Junker*, IZPR, § 13 Rn. 27 – es sei denn, der Verbraucherschutzverband ist Vertreter des Verbrauchers).

(4) Restriktionen in Bezug auf Gerichtsstandsvereinbarungen

180 Art. 19 Brüssel Ia-VO gestattet mit dem Ziel eines Schutzes der schwächeren Vertragspartei nur unter strengen Voraussetzungen eine abweichende Gerichtsstandsvereinbarung zwischen den Parteien: Von den Art. 17 und 18 Brüssel Ia-VO kann nach Art. 19 Abs. 1 Brüssel Ia-VO im Wege einer Vereinbarung nur abgewichen werden, wenn

– die Vereinbarung nach der Entstehung der Streitigkeit getroffen wird (Nr. 1 – derogierende Wirkung der Gerichtsstandsvereinbarung),

– sie dem Verbraucher die Befugnis einräumt, andere als die in den Art. 17 und 18 Brüssel Ia-VO angeführten Gerichte anzurufen (Nr. 2 – prorogierende Wirkung der Gerichtsstandsvereinbarung) oder
– sie zwischen einem Verbraucher und seinem Vertragspartner, die zum Zeitpunkt des Vertragsschlusses ihren Wohnsitz oder gewöhnlichen Aufenthalt in demselben Mitgliedstaat haben, getroffen ist und die Zuständigkeit der Gerichte dieses Mitgliedstaats begründet, es sei denn, dass eine solche Vereinbarung nach dem Recht dieses Mitgliedstaats nicht zulässig ist (Nr. 3 – prorogierende Wirkung der Gerichtsstandsvereinbarung).

cc) Zuständigkeit für individuelle Arbeitsverträge

(1) Anwendungsbereich

Bilden ein **individueller Arbeitsvertrag** (in Abgrenzung zu einem Kollektivarbeitsvertrag) oder **Ansprüche aus einem individuellen Arbeitsvertrag** den Gegenstand des Verfahrens, so bestimmt sich nach Art. 20 Abs. 1 Brüssel-Ia-VO – unbeschadet des **181**
– Art. 6 Brüssel Ia-VO (Fall, dass der Beklagte keinen Wohnsitz in einem Mitgliedstaat hat), des
– Art. 7 Nr. 5 Brüssel Ia-VO (Streitigkeit aus dem Betrieb einer Zweigniederlassung, einer Agentur oder sonstigen Niederlassung) bzw., wenn die Klage gegen den Arbeitgeber erhoben wurde (d.h. der Arbeitnehmer klagt),
– des Art. 8 Nr. 1 Brüssel Ia-VO –

die Zuständigkeit nach Kapitel II Abschnitt 5 (mithin den Art. 21 bis 23) Brüssel Ia-VO.

Der Begriff des „**Arbeitsvertrags**" ist autonom i.S. einer Erbringung **182** von Dienstleistungen in sozialer Abhängigkeit (**Weisungsgebundenheit**) auszulegen (*Junker*, IZPR, § 13 Rn. 31).

Beachte: Die Art. 20 bis 23 Brüssel Ia-VO treten in Deutschland gemäß Art. 67 Brüssel Ia-VO (Verhältnis zu anderen Rechtsinstituten) hinter § 15 des Arbeitnehmer-Entsendegesetzes (in Umsetzung der EG-Arbeitnehmerentsenderichtlinie 96/71/EG) zurück.

Hat der **Arbeitgeber**, mit dem der Arbeitnehmer einen individuellen **183** Arbeitsvertrag geschlossen hat, **keinen Wohnsitz im Hoheitsgebiet** eines Mitgliedstaats, besitzt er aber in einem Mitgliedstaat eine Zweigniederlassung, Agentur oder sonstige Niederlassung, so wird er gemäß Art. 20 Abs. 2 Brüssel Ia-VO für Streitigkeiten aus ihrem Betrieb so behandelt, wie wenn er seinen Wohnsitz im Hoheitsgebet dieses Mitgliedstaates hätte.

184 Von den Vorschriften der Art. 20 bis 22 Brüssel Ia-VO über die gerichtliche Zuständigkeit für individuelle Arbeitsverträge kann nach Art. 23 Brüssel Ia-VO im Wege einer **Gerichtsstandsvereinbarung** nur abgewichen werden,

– wenn die Vereinbarung nach der Entstehung der Streitigkeit getroffen wird (Nr. 1) oder
– wenn sie dem Arbeitnehmer die Befugnis einräumt, andere als die in den Art. 20 bis 22 Brüssel Ia-VO angeführten Gerichte anzurufen (Nr. 2).

(2) Klagen des Arbeitnehmers gegen den Arbeitgeber (Art. 21 Brüssel Ia-VO)

185 Ein Arbeitgeber, der seinen Wohnsitz im Hoheitsgebiet eines Mitgliedstaats hat, kann nach Art. 21 Brüssel Ia-VO vom Arbeitnehmer (**Aktivprozesse des Arbeitnehmers**) verklagt werden (**Wahlrecht**):

– vor den Gerichten des Mitgliedstaats, in dem er seinen Wohnsitz hat (**Wohnsitzgericht des Arbeitgebers**, Buchst. a), oder
– in einem anderen Mitgliedstaat (Buchst. b)
  – vor dem Gericht des Ortes, an dem oder von dem aus der Arbeitnehmer gewöhnlich seine Arbeit verrichtet oder zuletzt gewöhnlich verrichtet hat (i – **Gericht am gewöhnlichen Arbeitsort** als grundsätzlicher „Zuständigkeitsanker“, so *Junker*, IZPR, § 13 Rn. 36), oder
  – wenn der Arbeitnehmer seine Arbeit gewöhnlich nicht in ein und demselben Staat verrichtet oder verrichtet hat, vor dem Gericht des Ortes, an dem sich die Niederlassung, die den Arbeitnehmer eingestellt hat, befindet oder befand (ii – **Gerichtsort der einzelnen Niederlassung**).

186 Ein Arbeitgeber, der seinen Wohnsitz nicht im Hoheitsgebiet eines Mitgliedstaats hat, kann nach Art. 21 Abs. 2 Brüssel Ia-VO vor dem Gericht eines Mitgliedstaats gemäß Art. 21 Abs. 1 Buchst. b Brüssel Ia-VO verklagt werden, d.h.

– vor dem Gericht des Ortes, an dem oder von dem aus der Arbeitnehmer gewöhnlich seine Arbeit verrichtet oder zuletzt gewöhnlich verrichtet hat (i), oder
– wenn der Arbeitnehmer seine Arbeit gewöhnlich nicht in ein und demselben Staat verrichtet oder verrichtet hat, vor dem Gericht des Ortes, an dem sich die Niederlassung, die den Arbeitnehmer eingestellt hat, befindet oder befand (ii).

Vgl. zur **Widerklagezuständigkeit** nach Art. 22 Abs. 2 Brüssel Ia-VO nachstehende Rn. 188.

(3) Klagen des Arbeitgebers (Art. 22 Brüssel Ia-VO)

Die Klage eines Arbeitgebers gegen den Arbeitnehmer (**Passivprozesse des Arbeitnehmers**) kann nach Art. 22 Abs. 1 Brüssel Ia-VO **nur** vor den Gerichten des Mitgliedstaats erhoben werden, in dessen Hoheitsgebiet der Arbeitnehmer seinen Wohnsitz hat (**Wohnsitzgericht des Arbeitnehmers**). 187

Allerdings lassen die Art. 20 bis 23 Brüssel Ia-VO das Recht unberührt, eine Widerklage vor dem Gericht zu erheben, bei dem die Klage selbst nach den Art. 20 bis 23 Brüssel Ia-VO anhängig ist (so Art. 22 Abs. 2 Brüssel Ia-VO – **Widerklagezuständigkeit**). 188

h) Problemstellungen aufgrund der Brüssel Ia-VO

Folgende Probleme können bspw. auftreten: 189

aa) Forum-shopping bei internationalen Verkehrsunfällen

Im Falle von internationalen Verkehrsunfällen sind dem Kläger diverse Möglichkeiten eröffnet, wo er seinen Schadensersatzanspruch gegen den Geschädigten geltend machen kann, was die Gefahr eines *forum shopping* in sich birgt. Klagt er gegen die Haftpflichtversicherung des Schädigers, kann er nach Art. 11 Brüssel Ia-VO (**Zuständigkeit für Versicherungssachen**) klagen vor den Gerichten des Mitgliedstaats, 190

- in dem der Versicherer seinen Wohnsitz hat (Art. 11 Abs. 1 Buchst. a Brüssel Ia-VO) oder
- in dem er (d.h. der Versicherte) selbst seinen Wohnsitz hat, bzw. er kann
- den Gerichtsstand des Ortes wählen, an dem das schädigende Ereignis eingetreten ist (Art. 12 Brüssel Ia-VO – Ort des schädigenden Ereignisses).

bb) Konkurrenzverhältnis von deliktischen und vertraglichen Ansprüchen

Im Rahmen dieses Konkurrenzverhältnisses stellt sich das Problem, ob das für die Entscheidung über vertragliche Ansprüche nach Art. 7 Nr. 1 Brüssel Ia-VO zuständige Gericht zugleich auch über deliktische Ansprüche mit entscheiden kann (sog. **Annexkompetenz**, die von der Judikatur wegen des Vorrangs des allgemeinen Gerichtstandes aber abgelehnt, in der Literatur jedoch unter prozessökonomischen Gesichtspunkten sowie mit dem Argument der Notwendigkeit einer Gewährung effektiven Rechtsschutzes bejaht wird) – oder auf deliktische Ansprüche Art. 7 Nr. 2 Brüssel Ia-VO zur Anwendung gelangt (dazu bereits vorstehende Rn. 150). 191

3. Rechtshängigkeit (Art. 29 ff. Brüssel Ia-VO)

192 Werden bei Gerichten verschiedener Mitgliedstaaten Klagen wegen
– desselben Anspruchs (was nach der **Kernpunkttheorie** zu bestimmen ist: „zwei Verfahren betreffen denselben Anspruch, wenn der rechtliche Kern beider Rechtsstreitigkeiten identisch ist", so *Junker*, IZPR, § 23 Rn. 15) bzw.
– zwischen denselben Parteien

anhängig gemacht (vgl. Art. 32 Abs. 1 S. 1 Brüssel Ia-VO, nachstehende Rn. 195 – **doppelte Rechtshängigkeit desselben Streitgegenstands**), so setzt (zwecks Vermeidung von Parallelverfahren und damit ggf. auch gegensätzlicher Entscheidungen) das später angerufene Gericht nach Art. 29 Abs. 1 Brüssel Ia-VO unbeschadet des Art. 31 Abs. 2 Brüssel Ia-VO das Verfahren von Amts wegen aus (Aussetzung), bis die Zuständigkeit des zuerst angerufenen Gerichts feststeht (**Rechtshängigkeitssperre**). Sobald die Zuständigkeit des zuerst angerufenen Gerichts feststeht, erklärt sich das später angerufene Gericht gemäß Art. 29 Abs. 2 Brüssel Ia-VO zugunsten dieses Gerichts für unzuständig.

193 Vgl. auch die **Parallelvorschriften** in Art. 19 EheVO (Ehesachen und Verfahren betreffend die elterliche Verantwortung), Art. 12 und 13 UnterhaltsVO (Unterhaltssachen) bzw. Art. 17 und 18 EuErbVO (Erbsachen).

194 Sind bei Gerichten verschiedener Mitgliedstaaten Verfahren, die im Zusammenhang stehen, anhängig, so kann jedes später angerufene Gericht gemäß Art. 30 Abs. 1 Brüssel Ia-VO nach seinem Ermessen das Verfahren aussetzen (**Koordination konnexer Verfahren**).

195 Art. 32 Abs. 1 S. 1 Brüssel Ia-VO gibt eine juristische Fiktion vor, wann ein Gericht als angerufen „gilt" (**Rechtshängigkeitseintritt** – „wenn das erste mitwirkungsbedürftige Rechtspflegeorgan … das verfahrenseinleitende Schriftstück erhält", so *Junker*, IZPR, § 23 Rn. 20): Gericht (Buchst. a) bzw. Zustellungsbehörde (Buchst. b).

196 Ist für eine Klage die ausschließliche Zuständigkeit mehrerer Gerichte nach Art. 24 Brüssel Ia-VO eröffnet, „gilt" nach Art. 31 Abs. 1 Brüssel Ia-VO das **Prioritätsprinzip**: Das zuletzt angerufene Gericht hat sich zugunsten des zuerst angerufenen Gerichts für unzuständig zu erklären. Wird ein Gericht eines Mitgliedstaats angerufen, das gemäß einer Vereinbarung nach Art. 25 Brüssel Ia-VO ausschließlich zuständig ist, so setzt das Gericht des anderen Mitgliedstaats (unbeschadet des Art. 26 Brüssel Ia-VO) das Verfahren so lange aus, bis das auf der Grundlage der Vereinbarung angerufene Gericht erklärt hat, dass es gemäß der Vereinbarung nicht zuständig ist (so Art. 31 Abs. 2 Brüssel Ia-VO).

Soll eine ausschließliche Gerichtsstandsvereinbarung nach Art. 25 Brüssel Ia-VO durch sog. „**Torpedoklagen**“ (d.h. durch eine missbräuchliche Anrufung notorisch langsamer Jurisdiktionen bei gleichem Streitgegenstand, wie bspw. durch Einreichung einer negativen Feststellungsklage [dazu näher *Junker*, IZPR, § 23 Rn. 5]) „sabotiert“ werden, entscheidet gemäß Art. 31 Abs. 2 bis 4 Brüssel Ia-VO das ausschließlich gewählte Gericht über seine Zuständigkeit, selbst wenn es nur als zweites Gericht angerufen worden ist (Verdrängung/Umkehr des Prioritätsgrundsatzes des Art. 29 Brüssel Ia-VO). Zum Deliktsgerichtsstand für negative Feststellungsklagen („Torpedoklagen“) auch EuGH NJW 2013, 287 – *Folien Fischer AG, Fofitec AG/Ritrama SpA*. 197

Beachte auch zur Unzulässigkeit einer Zulassung prozessualer Verbotsverfügungen (*antisuit injunctions*) des Common Law im Anwendungsbereich der Brüssel Ia-VO *Junker*, IZPR, § 23 Rn. 27 ff.

Im Falle einer **konkurrierenden Anrufung des Gerichts eines Drittstaats und eines Mitgliedstaats** (bei Verfahren wegen desselben Anspruchs zwischen denselben Parteien, vorstehende Rn. 192 – vgl. auch die entsprechende Regelung des Art. 34 Brüssel Ia-VO für den **Fall konnexer Verfahren** in einem Mitglied- und in einem Drittstaat) kann das Gericht des Mitgliedstaats gemäß Art. 33 Abs. 1 Brüssel Ia-VO (als Parallelvorschrift zu Art. 29 Brüssel Ia-VO) nach seinem Ermessen das bei ihm angestrengte Verfahren aussetzen, wenn 198

- zu erwarten ist, dass das Gericht des Drittstaats eine Entscheidung erlassen wird, die in dem betreffenden Mitgliedstaat anerkannt und ggf. vollstreckt werden kann (Anerkennungsprognose – Buchst. a), **und**
- das Gericht des Mitgliedstaats davon überzeugt ist, dass eine Aussetzung des Verfahrens im Interesse einer geordneten Rechtspflege erforderlich ist (Buchst. b).

Das Gericht des Mitgliedstaats kann das Verfahren nach Art. 33 Abs. 2 Brüssel Ia-VO jederzeit fortsetzen, wenn 199

- das Verfahren vor dem Gericht des Drittstaats ebenfalls ausgesetzt oder eingestellt wurde (Buchst. a),
- das Gericht des Mitgliedstaats es für unwahrscheinlich hält, dass das vor dem Gericht des Drittstaats anhängige Verfahren innerhalb einer angemessenen Frist abgeschlossen wird (Buchst. b), oder
- die Fortsetzung des Verfahrens im Interesse einer geordneten Rechtspflege erforderlich ist (Buchst. c).

Das Gericht des Mitgliedstaats stellt das Verfahren nach Art. 33 Abs. 3 Brüssel Ia-VO ein, wenn das vor dem Gericht des Drittstaats anhängige Verfahren abgeschlossen ist und eine Entscheidung ergangen ist, die in diesem Mitgliedstaat anerkannt und ggf. vollstreckt werden kann.

200 **Exkurs: Einstweilige Maßnahmen einschließlich Sicherungsmaßnahmen** (Art. 35 Brüssel Ia-VO)

Das für die Entscheidung in der Hauptsache nach Maßgabe der Art. 4, 7 bis 27 Brüssel Ia-VO zuständige Gericht ist – so der EuGH (EuZW 1999, 413: Zuständigkeit des Hauptsachegerichts für einstweilige Maßnahmen) – auch für die Anordnung einstweiliger Maßnahmen zuständig. Alternativ dazu eröffnet Art. 35 Brüssel Ia-VO neben dem Hauptsachegericht auch eine Zuständigkeit zum Erlass einstweiliger Maßnahmen nach dem nationalen Recht, um dem Gläubiger seine außerhalb der Brüssel Ia-VO bestehenden Zuständigkeiten zu belassen (so *Junker*, IZPR, § 18 Rn. 4): Die im Recht eines Mitgliedstaats vorgesehenen einstweiligen Maßnahmen einschließlich Sicherungsmaßnahmen können nach Art. 35 Brüssel Ia-VO bei den Gerichten dieses Mitgliedstaats (in Deutschland bspw. der Arrest [§§ 916 ff. ZPO] oder einstweilige Verfügungen [§§ 935 ff. ZPO], wenn das angerufene deutsche Gericht nach der *lex fori* dafür zuständig ist) auch dann beantragt werden, wenn für die Entscheidung in der Hauptsache das Gericht eines anderen Mitgliedstaats (auch ausschließlich nach Art. 24 Brüssel Ia-VO, so EuGH EuZW 2012, 837) zuständig ist.

Der Begriff „**einstweilige Maßnahmen**" ist nicht europäisch autonom auszulegen: Nach dem Gebot der engen Auslegung sind darunter Maßnahmen zu verstehen, die auf einen Erhalt der Sach- und Rechtslage zielen, „um Rechte zu sichern, deren Anerkennung im Übrigen bei dem in der Hauptsache zuständigen Gericht beantragt wird" (EuGH Slg. 1992, I-2180).

Diese eigentlich unbegrenzte Zuständigkeit eines in der Hauptsache unzuständigen Gerichts erfährt allerdings eine im Wortlaut nicht verankerte **Einschränkung**: Der EuGH (EuZW 2012, 837) verlangt eine „**reale Verknüpfung**": „Zwischen dem Gegenstand der beantragten Maßnahme und der gebietsbezogenen Zuständigkeit des Mitgliedstaats des angerufenen Gerichts (muss) eine reale Verknüpfung bestehen" (so *Junker*, IZPR, § 18 Rn. 8: „Das ist der Fall, wenn die beantragte Maßnahme bestimmte Vermögensgegenstände des Antragsgegners betrifft, die sich im örtlichen Zuständigkeitsbereich des angerufenen Gerichts befinden").

In Bezug auf eine **Anerkennung und Vollstreckung einstweiliger Maßnahmen** gilt folgende Unterscheidung:

- Einstweilige Maßnahmen des Hauptsachegerichts sind nach Art. 2 Buchst. a Unterabs. 2 Brüssel Ia-VO anerkennungs- und vollstreckungsfähige Entscheidungen i.S. der Art. 36 ff. Brüssel Ia-VO.
- Einstweilige Maßnahmen i.S. des Art. 35 Brüssel Ia-VO sind dies nicht (*arg. e contrario* Wortlaut Art. 2 Buchst. a Unterabs. 2 Brüssel Ia-VO).

II. EheVO (Brüssel IIa-Verordnung)

Literatur: *Andrae*, Zur Abgrenzung des räumlichen Anwendungsbereichs von EheVO, MSA, KSÜ und autonomem IZPR/IPR, IPRax 2006, 82; *Andrae*, Zum Verhältnis der Haager Unterhaltskonvention 2007 und des Haager Protokolls zur geplanten EU-UnterhaltsVO, FPR 2008, 196; *Ganz*, Internationales Scheidungsrecht, FuR 2011, 69 und 369; *Gröschl*, Internationale Zuständigkeit im europäischen Eheverfahrensrecht, 2007; *Gruber*, Die neue EheVO und die deutschen Ausführungsgesetze, IPRax 2005, 293; *Gruber*, Das HKÜ, die Brüssel IIa-Verordnung und das Internationale Familienrechtsverfahrensgesetz, FPR 2008, 214; *Gruber*, Die Brüssel IIa-VO und öffentlichrechtliche Schutzmaßnahmen, IPRax 2008, 490; *Gruber*, Internationale Zuständigkeit und Vollstreckung bei Kindesentführungen, GPR 2011, 153; *Hausmann*, Internationales und Europäisches Ehescheidungsrecht, 2013; *Helms*, Internationales Verfahrensrecht für Familiensachen in der Europäischen Union, FamRZ 2002, 1593; *Holzmann*, Brüssel IIa-VO: Elterliche Verantwortung und internationale Kindesentführungen, 2008; *Janzen*, Die neuen Haager Übereinkünfte zum Unterhaltsrecht und die Arbeiten an einer EG-UnterhaltsVO, FPR 2008, 218; *Kohler*, Internationales Verfahrensrecht für Ehesachen in der Europäischen Union, NJW 2001, 10; *Looschelders*, Die Europäisierung des internationalen Verfahrensrechts für Entscheidungen über die elterliche Verantwortung, JR 2006, 45 *Meyer-Götz/Noltemeier*, Internationale Scheidungszuständigkeit im europäischen Eheverfahrensrecht, FPR 2004, 282; *Meyer-Götz/Noltemeier*, Internationales Verfahrensrecht in der Europäischen Union, FPR 2004, 296; *Motzer*, Die Restzuständigkeiten deutscher Familiengerichte nach inländischen Verfahrensrecht, FamRBint 2007, 20; *Niethammer-Jürgens*, Ehescheidung und Folgesachen mit Auslandsbezug, FPR 2011, 440; *Ring/Olsen-Ring*, Quellen des Europäischen und Internationalen Familienrecht, in: Süß/Ring, Eherecht in Euopa, 3. Aufl. 2017, Rn. 3 ff.; *Schack*, Das neue internationale Eheverfahrensrecht in Europa, RabelsZ 65 (2001), 615; *Schulz*, Die Verordnung (EG) Nr. 2201/2003 (Brüssel IIa) – eine Enführung, NJW 2004, Beilage zu Heft 18, S. 2 und FPR 2004, Beilage zu Heft 6, S. 2; *Solomon*, „Brüssel IIa“ – Die neuen europäischen Regeln zum internationalen Verfahrensrecht in Fragen der elterlichen Verantwortung, FamRZ 2004, 1409.

Mit Wirkung vom 1.3.2005 gilt die VO (EG) Nr. 2201/2003 des Rates vom 27.11.2003 über die Zuständigkeit und die Anerkennung und Vollstreckung von Entscheidungen in Ehesachen und in Verfahren betreffend die elterliche Verantwortung (**Europäische Gerichtsstands- und Vollstreckungsverordnung in Ehesachen**, kurz: EuEheGVVO oder Brüssel IIa-VO bzw. fortan **EheVO**) – da Art. 1 Abs. 2 Brüssel Ia-VO das Familienrecht weitgehend vom Anwendungsbereich der Brüssel Ia-VO ausgenommen hat – für die **Ehescheidung** und das **Verfahren betreffend die elterliche Verantwortung** (vgl. Art. 1 Abs. 1 EheVO). **201**

Die EheVO regelt in ihren **202**

– Art. 3 ff. die **internationale Zuständigkeit der Gerichte**, (z.B. zur Zuständigkeit für eine Scheidungsklage eines schwedischen Staatsangehörigen gegen einen kubanischen Staatsangehörigen nach deren

Ehezeit in Frankreich EuGH NJW 2008, 207 – *Sundelind Lopez/Lopez Lizazo*), in den
- Art. 21 ff. die **Anerkennung** und in den
- Art. 28 ff. die **Vollstreckung von** in anderen Mitgliedstaaten in diesem Bereich ergangener **Entscheidungen**. (vgl. bspw. zur Vollstreckbarkeit einer deutschen Sorgerechtsentscheidung in Litauen EuGH NJW 2008, 2973 – *Inga Rinau* – bzw. zur sofortigen Inobhutnahme eines Kindes EuGH NJW 2009, 1868).

203 Die in einem Mitgliedstaat ergangenen Entscheidungen werden nach Art. 21 Abs. 1 EheVO in den anderen Mitgliedstaaten anerkannt, ohne dass es hierfür eines besonderen Verfahrens bedarf.

204 **Unterhaltspflichten** werden hingegen von der UnterhaltsVO erfasst (vgl. den Ausschluss in Art. 1 Abs. 3 Buchst. e EheVO).

Die **deutschen Ausführungsbestimmungen** finden sich im Internationalen Familienrechtsverfahrensgesetz (IntFamRVG).

1. Anwendungsbereich der EheVO

a) Räumlicher Anwendungsbereich

205 Die EheVO ist in all ihren Teilen verbindlich und gilt unmittelbar in allen EU-Mitgliedstaaten mit **Ausnahme Dänemarks**, so Art. 2 Nr. 3 EheVO, wonach unter „Mitgliedstaat" jeder Mitgliedstaat zu verstehen ist (vgl. auch Erwägungsgrund Nr. 31 der EheVO, nach dem Dänemark sich nicht an der Annahme dieser VO beteiligt, die dementsprechend für Dänemark nicht bindend oder anwendbar ist).

b) Sachlicher Anwendungsbereich

206 Die EheVO gilt nach ihrem Art. 1 Abs. 1 (ungeachtet der Art der Gerichtsbarkeit – erfasst werden neben Gerichten auch Behörden, die im Anwendungsbereich der VO für Rechtssachen zuständig sind) für Zivilsachen mit folgenden Gegenstandsbereichen:
- die Ehescheidung, die Trennung ohne Auflösung des Ehebandes und die Ungültigerklärung einer Ehe (**Ehesachen** – Buchst. a – d.h. in Deutschland für die Ehescheidung nach den §§ 1564 ff. BGB und für die Aufhebung der Ehe gemäß §§ 1313 ff. BGB) und
- die Zuweisung, die Ausübung, die Übertragung sowie die vollständige oder teilweise Entziehung der elterlichen Verantwortung (**Verfahren über die elterliche Verantwortung** – Buchst. b).

Judikatur: Art. 1 Abs. 1 Buchst. a EheVO ist – so der EuGH (NJW 2017, 375) – dahin auszulegen, dass ein von einem Dritten nach dem Tod eines der Ehegatten in Gang gesetztes Verfahren über die Ungültigerklärung einer Ehe in den Anwendungsbereich der EheVO fällt.

Verfahren über die „elterliche Verantwortung" i.S. von Art. 1 Abs. 1 Buchst. b EheVO betreffen nach dem **Positivkatalog** des Art. 1 Abs. 2 EheVO „insbesondere" 207

- das **Sorgerecht** und das **Umgangsrecht** (Buchst. a),
- die **Vormundschaft**, die **Pflegschaft** und entsprechende Rechtsinstitute (Buchst. b),
- die Bestimmung und den Aufgabenbereich jeder Person oder Stelle, die für die Person oder das Vermögen des Kindes verantwortlich ist, es vertritt oder ihm beisteht (Buchst. c),
- die Unterbringung des Kindes in einer Pflegefamilie oder in einem Heim (Buchst. d) sowie
- die Maßnahmen zum Schutz des Kindes im Zusammenhang mit der Verwaltung und Erhaltung seines Vermögens oder der Verfügung darüber (Buchst. e).

Die EheVO erfasst nach dem **Ausschlusskatalog** in Art. 1 Abs. 3 hingegen nicht **Folgesachen** betreffend 208

- die Feststellung und die Anfechtung des Eltern-Kind-Verhältnisses (Buchst. a),
- Adoptionsentscheidungen und Maßnahmen zur Vorbereitung einer Adoption sowie die Ungültigerklärung und den Widerruf der Adoption (Buchst. b),
- Namen und Vornamen des Kindes (Buchst. c),
- die Volljährigkeitserklärung (Buchst. d),
- Unterhaltspflichten (Buchst. e – diese sind in der UnterhaltsVO geregelt),
- Trusts und Erbschaften (Buchst. f) sowie
- Maßnahmen infolge von Straftaten, die von Kindern begangen wurden (Buchst. g).

Judikatur: Die EheVO ist nach Ansicht des EuGH (NJW 2016, 387) dahin auszulegen, dass die Genehmigung einer Vereinbarung zur Erbauseinandersetzung, die ein für minderjährige Kinder bestellter Verfahrenspfleger für diese abgeschlossen hat, eine die Ausübung der elterlichen Verantwortung i.S. von Art. 1 Abs. 1 Buchst. b der VO betreffende Maßnahme darstellt, die somit in den Anwendungsbereich der VO fällt, und nicht eine Erbschaften i.S. von Art. 1 Abs. 3 Buchst. f der VO betreffende Maßnahme, die vom Anwendungsbereich der EheVO ausgeschlossen ist.

c) Zeitlicher Anwendungsbereich

Nach Art. 72 gilt die EheVO seit dem 1.3.2005 – die Gerichtsstände der Art. 3 ff. gelten nach der Übergangsvorschrift des Art. 64 Abs. 1 EheVO für Verfahren, die ab dem 1.3.2005 eingeleitet worden sind. 209

2. Verhältnis zu multilateralen Übereinkommen

210 Für **Unterhaltsfragen** ist die UnterhaltsVO (dazu *Ring/Olsen-Ring*, Quellen, § 1 Rn. 132 ff.) oder das HUntProt (*Ring/Olsen-Ring*, IPR, Rn. 439 ff. und *dies.*, Quellen, § 1 Rn. 210 ff.) vorrangig.

211 Im Rahmen ihres sachlichen Anwendungsbereichs verdrängt die EheVO die in ihrem Art. 60 genannten Abkommen (näher *Ring/Olsen-Ring*, Quellen, § 1 Rn. 13), mithin

- das Haager Übereinkommen vom 5.10.1961 über die Zuständigkeit der Behörden und das anzuwendende Recht auf dem Gebiet des Schutzes von Minderjährigen (**Minderjährigenschutzabkommen**, MSA; dazu *Ring/Olsen-Ring*, Quellen, § 1 Rn. 291 ff.) im Verhältnis zwischen den Mitgliedstaaten – nach Art. 61 EheVO hingegen die Regelungen des KSÜ (dazu noch nachstehende Rn. 302 ff.), nur soweit sich das Kind in einem EU-Mitgliedstaat aufhält;
- das Luxemburger Übereinkommen vom 8.9.1967 über die Anerkennung von Entscheidungen in Ehesachen;
- das Haager Übereinkommen vom 1.6.1970 über die Anerkennung von Scheidungen und der Trennung von Tisch und Bett (dazu *Ring/Olsen-Ring*, Quellen, § 1 Rn. 84 ff.);
- das Europäische Übereinkommen vom 20.5.1980 über die Anerkennung und Vollstreckung von Entscheidungen über das Sorgerecht für Kinder und die Wiederherstellung des Sorgerechtsverhältnisses (**Haager Sorgerechtsübereinkommen**); sowie
- das Haager Übereinkommen vom 25.10.1980 über die zivilrechtlichen Aspekte internationaler Kindesentführung (**Haager Kindesentführungsübereinkommen**, HKEntfÜ, dazu *Ring/Olsen-Ring*, Quellen, § 1 Rn.353 ff.; *Dies.*, IPR, Rn. 498 ff.).

212 Nach Art. 61 EheVO wird grundsätzlich auch das Haager Übereinkommen vom 19.10.1996 über die Zuständigkeit, das anzuwendende Recht, die Anerkennung, Vollstreckung und Zusammenarbeit auf dem Gebiet der elterlichen Verantwortung sowie der Maßnahmen zum Schutz von Kindern (**Haager Kinderschutzübereinkommen**, KSÜ, dazu *Ring/Olsen-Ring*, IPR, Rn. 473 ff. und *dies.*, Quellen, § 1 Rn. 322 ff.) verdrängt. Die EheVO ist im Verhältnis zum KSÜ anwendbar,

- wenn das betreffende Kind seinen gewöhnlichen Aufenthalt im Hoheitsgebiet eines Mitgliedstaats hat (Buchst. a) oder
- in Fragen der Anerkennung und Vollstreckung einer von dem zuständigen Gericht eines Mitgliedstaats ergangenen Entscheidung im Hoheitsgebiet eines anderen Mitgliedstaats, auch wenn das betreffende

Kind seinen gewöhnlichen Aufenthalt im Hoheitsgebiet eines Drittstaats hat, der Vertragspartei des genannten Übereinkommens ist (Buchst. b).

Das KSÜ bleibt damit nur dann anwendbar, wenn das betreffende Kind seinen gewöhnlichen Aufenthalt in einem Drittstaat hat. Doch erfolgt eine Anerkennung und Vollstreckung von Entscheidungen von Drittstaaten nach der EheVO auch dann, wenn das Kind seinen gewöhnlichen Aufenthalt in einem Drittstaat hat (so *Ring/Olsen-Ring*, Quellen, § 1 Rn. 14). 213

Beachte: Der Vorrang nach den Art. 60 f. EheVO zugunsten der EheVO betrifft allein die in der Verordnung geregelten Fragen der **internationalen Zuständigkeit** und der **Anerkennung und Vollstreckung**, nicht hingegen Fragen der kollisionsrechtlichen Anknüpfung, weshalb bei Verfahren über die elterliche Verantwortung auch weiterhin auf das MSA und das KSÜ (*Ring/Olsen-Ring*, IPR, Rn. 473 ff.) zurückzugreifen ist (so *Ring/Olsen-Ring*, Quellen, § 1 Rn. 15).

3. Internationale Zuständigkeit

a) Zuständigkeit in Bezug auf Entscheidungen in Ehesachen

Die Art. 3 bis 5 EheVO regeln nur die internationale Zuständigkeit in Ehesachen, wohingegen die örtliche Zuständigkeit sich nach dem autonomen Recht des Staates bemisst, dessen internationale Entscheidungszuständigkeit nach den Art. 3 ff. EheVO begründet ist. 214

aa) Allgemeine Zuständigkeit

Für Entscheidungen über die **Ehescheidung**, die **Trennung ohne Auflösung des Ehebandes** oder die **Ungültigerklärung einer Ehe** sind nach Art. 3 Abs. 1 EheVO gleichrangig (mit der **Möglichkeit konkurrierender Zuständigkeiten**) die Gerichte des Mitgliedstaats zuständig, 215

- in dessen **Hoheitsgebiet** (Buchst. a – **gewöhnlicher Aufenthalt**, was unionsrechtlich autonom zu bestimmen ist i.S. einer körperlichen Anwesenheit unter Berücksichtigung aller Faktoren, die belegen, dass es sich nicht nur um eine vorübergehende bzw. gelegentliche Anwesenheit handelt – „Aufenthalt" setzt ohne Vorgabe einer Mindestdauer eine gewisse Integration in ein soziales und familiäres Umfeld voraus, so *Junker*, IZPR, § 19 Rn. 9)
  - beide Ehegatten ihren gewöhnlichen Aufenthalt haben, oder
  - die Ehegatten zuletzt beide ihren gewöhnlichen Aufenthalt hatten, sofern einer von ihnen dort noch seinen gewöhnlichen Aufenthalt hat, oder

- der Antragsgegner seinen gewöhnlichen Aufenthalt hat, oder
- im Fall eines gemeinsamen Antrags einer der Ehegatten seinen gewöhnlichen Aufenthalt hat, oder
- der Antragsteller seinen gewöhnlichen Aufenthalt hat, wenn er sich dort seit mindestens einem Jahr unmittelbar vor der Antragstellung aufgehalten hat, oder
- der Antragsteller seinen gewöhnlichen Aufenthalt hat, wenn er sich dort seit mindestens sechs Monaten unmittelbar vor der Antragstellung aufgehalten hat und entweder Staatsangehöriger des betreffenden Mitgliedstaats ist oder, im Fall des Vereinigten Königreichs und Irlands, dort sein „*domicile*" hat.

Art. 3 Abs. 1 Buchst. a 5. und 6. Spiegelstrich EheVO ist – so der EuGH (NJW 2017, 375) – dahin auszulegen, dass eine andere Person als einer der Ehegatten, die ein Verfahren über die Ungültigerklärung einer Ehe in Gang setzt, sich nicht auf die in diesen Bestimmungen vorgesehenen Zuständigkeitsgrundlagen stützen kann.

Problem: Die beiden zuletzt genannten Fälle statuieren einen Antragstellergerichtsstand (*forum actoris*).

216 **Beachte:** Die **konkurrierenden Zuständigkeiten** löst die Vorschrift über die anderweitige Rechtshängigkeit nach Art. 19 Abs. 1 und 3 EheVO auf: Werden bei Gerichten verschiedener Mitgliedstaaten Anträge zwischen denselben Parteien gestellt (**Parteiidentität**), gilt das **Prioritätsprinzip**.

- dessen Staatsangehörigkeit beide Ehegatten besitzen (**gemeinsame Staatsangehörigkeit**), oder, im Fall des Vereinigten Königreichs und Irlands, in dem sie ihr gemeinsames „*domicile*" haben (Buchst. b).

217 Der Begriff „*domicile*" i.S. der EheVO bestimmt sich gemäß ihrem Art. 3 Abs. 2 nach dem Recht des Vereinigten Königreichs und Irlands.

bb) Gegenantrag

218 Das Gericht, bei dem ein Antrag gemäß Art. 3 EheVO anhängig ist, ist auch für einen Gegenantrag zuständig, sofern dieser in den Anwendungsbereich der Verordnung fällt (so Art. 4 EheVO).

cc) Umwandlung einer Trennung ohne Auflösung des Ehebandes in eine Ehescheidung

219 Unbeschadet des Art. 3 EheVO ist das Gericht eines Mitgliedstaats, das eine Entscheidung über eine Trennung ohne Auflösung des Ehebandes erlassen hat, auch für die Umwandlung dieser Entscheidung in eine

Ehescheidung zuständig, sofern dies im Recht dieses Mitgliedstaats vorgesehen ist (so Art. 5 EheVO).

dd) Ausschließliche Zuständigkeit nach den Art. 3, 4 und 5 EheVO

Gegen einen Ehegatten, der 220
- seinen gewöhnlichen Aufenthalt im Hoheitsgebiet eines Mitgliedstaats hat, oder
- Staatsangehöriger eines Mitgliedstaats ist (oder im Falle des Vereinigten Königreichs und Irlands sein „*domicile*" im Hoheitsgebiet eines dieser Mitgliedstaaten hat),

darf gemäß Art. 6 EheVO ein **Verfahren vor den Gerichten eines anderen Mitgliedstaats** nur nach Maßgabe der Art. 3, 4 und 5 EheVO geführt werden.

ee) Restzuständigkeit

Soweit sich aus den Art. 3, 4 und 5 EheVO keine Zuständigkeit eines Gerichts eines Mitgliedstaats ergibt, bestimmt sich gemäß Art. 7 Abs. 1 EheVO die Zuständigkeit in jedem Mitgliedstaat nach dem **autonomen Recht** dieses Staates (*lex fori*). Jeder Staatsangehörige eines Mitgliedstaats, der seinen gewöhnlichen Aufenthalt im Hoheitsgebiet eines anderen Mitgliedstaats hat, kann nach Art. 7 Abs. 2 EheVO die in diesem Staat geltenden Zuständigkeitsvorschriften wie ein Inländer gegenüber einem Antragsgegner geltend machen, der seinen gewöhnlichen Aufenthalt nicht im Hoheitsgebiet eines Mitgliedstaats hat oder die Staatsangehörigkeit eines Mitgliedstaats besitzt oder im Fall des Vereinigten Königreichs und Irlands sein „*domicile*" (vgl. Art. 3 Abs. 2 EheVO) nicht im Hoheitsgebiet eines dieser Mitgliedstaaten hat. 221

b) Zuständigkeit in Verfahren betreffend die elterliche Verantwortung

Die internationale Zuständigkeit in Verfahren betreffend die elterliche Verantwortung ist in den Art. 8 bis 13 EheVO geregelt – wohingegen die örtliche Zuständigkeit sich nach dem Recht des Staates bestimmt, der international zuständig ist. 222

Judikatur: Art. 8 EheVO (und Art 3 UnterhaltsVO) sind nach Ansicht des EuGH (NJW 2017, 2013) dahin auszulegen, dass in einer Rechtssache die Gerichte eines Mitgliedstaats, die eine rechtskräftige Entscheidung betreffend die elterliche Verantwortung und die Unterhaltspflichten für ein minderjähriges Kind erlassen haben, nicht mehr dafür zuständig sind, über einen Antrag auf Änderung der in dieser Entscheidung getroffenen Verfügungen zu entscheiden, wenn das Kind seinen gewöhnlichen Aufenthalt im Hoheitsgebiet eines anderen Mitgliedstaats hat. Für die Entscheidung über den Antrag sind dann die Gerichte dieses anderen Mitgliedstaats zuständig.

aa) Allgemeine Zuständigkeit

223 Art. 8 Abs. 1 EheVO regelt die allgemeine Zuständigkeit: Für Entscheidungen, die die elterliche Verantwortung betreffen, sind – vorbehaltlich der Art. 9, 10 und 12 EheVO (so Art. 8 Abs. 2 EheVO; vgl. aber auch Art. 15 EheVO: Verweisung an das Gericht, „das den Fall besser beurteilen kann") – die Gerichte des Mitgliedstaats zuständig, in dem das Kind zum Zeitpunkt der Antragstellung seinen **gewöhnlichen Aufenthalt** hat.

224 Nach Art. 9 EheVO bleibt die Zuständigkeit eines früheren gewöhnlichen Aufenthaltsortes des Kindes im Falle eines Aufenthaltswechsels erhalten (**Aufrechterhaltung der Zuständigkeit des früheren gewöhnlichen Aufenthaltsortes des Kindes**): Beim **rechtmäßigen Umzug** eines Kindes von einem Mitgliedstaat in einen anderen, durch den es dort einen neuen gewöhnlichen Aufenthalt erlangt, verbleibt – abweichend von Art. 8 EheVO (Allgemeine Zuständigkeit) – die Zuständigkeit für eine Änderung einer vor dem Umzug des Kindes in diesem Mitgliedstaat ergangenen Entscheidung über das Umgangsrecht während einer **Dauer von drei Monaten nach dem Umzug** (im Interesse einer Kontinuität der Rechtsprechung und zum Schutz des Umgangsberechtigten, der noch im Wegzugsstaat ist, *Junker*, IZPR, § 19 Rn. 19) bei den **Gerichten des früheren gewöhnlichen Aufenthalts des Kindes** (**Gerichtsstandsnachwirkung**, *per petuatio jurisdictionis*), wenn sich der laut der Entscheidung über das Umgangsrecht umgangsberechtigte Elternteil weiterhin gewöhnlich in dem Mitgliedstaat des früheren gewöhnlichen Aufenthalts des Kindes aufhält.

225 Der **befristete Erhalt der Zuständigkeit** am früheren Aufenthaltsort des Kindes gilt nach Art. 9 Abs. 2 EheVO allerdings dann nicht, wenn der umgangsberechtigte Elternteil die Zuständigkeit der Gerichte des Mitgliedstaats des neuen gewöhnlichen Aufenthalts des Kindes dadurch anerkannt hat, dass er sich an Verfahren vor diesen Gerichten beteiligt, ohne ihre Zuständigkeit anzufechten.

bb) Zuständigkeit in Fällen von Kindesentführung

226 Für Fälle von Kindesentführung bestimmt die Spezialregel des Art. 10 EheVO (entsprechend Art. 7 KSÜ) eine besondere Zuständigkeit: Bei einem widerrechtlichen Verbringen oder Zurückhalten eines Kindes (**Kindesentführung**) bleiben die Gerichte des Mitgliedstaats, in dem das Kind unmittelbar vor dem widerrechtlichen Verbringen oder Zurückhalten seinen gewöhnlichen Aufenthalt hatte, so lange zuständig, bis das Kind einen gewöhnlichen Aufenthalt in einem anderen Mitgliedstaat erlangt hat und

- jede sorgeberechtigte Person, Behörde oder sonstige Stelle dem Verbringen oder Zurückhalten zugestimmt hat, oder
- das Kind sich in diesem anderen Mitgliedstaat mindestens ein Jahr aufgehalten hat, nachdem die sorgeberechtigte Person, Behörde oder sonstige Stelle seinen Aufenthaltsort kannte oder hätte kennen müssen und sich das Kind in seiner neuen Umgebung eingelebt hat, sofern eine der folgenden Bedingungen erfüllt ist:
  - Innerhalb eines Jahres, nachdem der Sorgeberechtigte den Aufenthaltsort des Kindes kannte oder hätte kennen müssen, wurde kein Antrag auf Rückgabe des Kindes bei den zuständigen Behörden des Mitgliedstaats gestellt, in den das Kind verbracht wurde oder in dem es zurückgehalten wird (i);
  - ein von dem Sorgeberechtigten gestellter Antrag auf Rückgabe wurde zurückgezogen, und innerhalb der genannten Frist wurde kein neuer Antrag gestellt (ii);
  - ein Verfahren vor dem Gericht des Mitgliedstaats, in dem das Kind unmittelbar vor dem widerrechtlichen Verbringen oder Zurückhalten seinen gewöhnlichen Aufenthalt hatte, wurde gemäß Art. 11 Abs. 7 EheVO abgeschlossen (iii); bzw.
  - von den Gerichten des Mitgliedstaats, in dem das Kind unmittelbar vor dem widerrechtlichen Verbringen oder Zurückhalten seinen gewöhnlichen Aufenthalt hatte, wurde eine Sorgerechtsentscheidung erlassen, in der die Rückgabe des Kindes nicht angeordnet wird (iv).

Beantragt eine sorgeberechtigte Person, Behörde oder sonstige Stelle **227** bei den zuständigen Behörden eines Mitgliedstaats eine Entscheidung auf der Grundlage des Haager Kindesentführungsübereinkommens vom 25.10.1980 (**HKEntfÜ**), um die Rückgabe eines Kindes zu erwirken, das widerrechtlich in einen anderen als den Mitgliedstaat verbracht wurde oder dort zurückgehalten wird, in dem das Kind unmittelbar vor dem widerrechtlichen Verbringen oder Zurückhalten seinen gewöhnlichen Aufenthalt hatte, so gelten gemäß Art. 11 Abs. 1 EheVO (**Rückgabe des Kindes**) dessen Absätze 2 bis 8.

Judikatur: Art. 11 Abs. 7 und 8 EheVO – so der EuGH (NJW 2015, 1809) – sind dahin auszulegen, dass sie es einem Mitgliedstaat grundsätzlich nicht untersagen, im Rahmen des durch diese Bestimmungen vorgesehenen Verfahrens einem spezialisierten Gericht die Zuständigkeit für die Prüfung von Fragen der Rückgabe des Kindes oder des Sorgerechts zu übertragen, selbst wenn i.Ü. bereits ein Gericht mit einem Hauptsacheverfahren über die elterliche Verantwortung in Bezug auf das Kind befasst wurde.

cc) Annexzuständigkeit

228 Die Gerichte des Mitgliedstaats, in dem nach Art. 3 EheVO über einen Antrag auf Ehescheidung, Trennung ohne Auflösung des Ehebandes oder Ungültigerklärung einer Ehe (Ehesachen) zu entscheiden ist (vorstehende Rn. 215 ff.), sind nach Art. 12 Abs. 1 EheVO für alle Entscheidungen zuständig, die die mit diesem Antrag verbundene elterliche Verantwortung betreffen, wenn

– zumindest einer der Ehegatten die elterliche Verantwortung für das Kind hat (Buchst. a) und
– die Zuständigkeit der betreffenden Gerichte von den Ehegatten oder von den Trägern der elterlichen Verantwortung zum Zeitpunkt der Anrufung des Gerichts ausdrücklich oder auf andere eindeutige Weise anerkannt wurde und im Einklang mit dem Wohl des Kindes steht (Buchst. b).

229 Das Ende der Annexzuständigkeit bestimmt sich nach Art. 12 Abs. 2 EheVO.

230 Die Gerichte eines Mitgliedstaats sind nach Art. 12 Abs. 3 EheVO ebenfalls zuständig in Bezug auf die **elterliche Verantwortung** in anderen als den in Art. 12 Abs. 1 EheVO genannten Verfahren, wenn

– eine wesentliche Bindung des Kindes zu diesem Mitgliedstaat besteht, insbesondere weil einer der Träger der elterlichen Verantwortung in diesem Mitgliedstaat seinen gewöhnlichen Aufenthalt hat oder das Kind die Staatsangehörigkeit dieses Mitgliedstaats besitzt (Buchst. a – **Bindungszuständigkeit**), und
– alle Parteien des Verfahrens zum Zeitpunkt der Anrufung des Gerichts die Zuständigkeit ausdrücklich oder auf andere eindeutige Weise anerkannt haben und die Zuständigkeit in Einklang mit dem Wohl des Kindes steht (Buchst. b).

231 Hat das Kind seinen gewöhnlichen Aufenthalt in einem Drittstaat, der nicht Vertragspartei des KSÜ ist, so ist nach Art. 12 Abs. 4 EheVO davon auszugehen, dass die auf diesen Artikel gestützte Zuständigkeit insbesondere dann in Einklang mit dem „Wohl des Kindes“ steht, wenn sich ein Verfahren in dem betreffenden Drittstaat als unmöglich erweist.

Judikatur: Die Klage, mit der ein Elternteil beantragt, die fehlende Zustimmung des anderen Elternteils zu einer Reise ihres Kindes außerhalb des Aufenthaltsmitgliedstaats des Kindes und zur Ausstellung eines Reisepasses auf dessen Namen zu ersetzen, fällt nach Ansicht des EuGH (NJW 2016, 1007) in den sachlichen Anwendungsbereich der EheVO, und zwar auch dann, wenn die auf diese Klage ergehende Entscheidung von den Behörden des Mitgliedstaats, dessen Staatsangehöriger das Kind ist, im Rahmen des Verwaltungsverfahrens zur Ausstellung dieses Reisepasses zu berücksichtigen sein wird.

Art. 12 Abs. 3 Buchst. b EheVO ist dahin auszulegen, dass die Zuständigkeit der für die Entscheidung über eine Klage auf dem Gebiet der elterlichen Verantwortung angerufenen Gerichte nicht als von „alle(n) Parteien des Verfahrens … ausdrücklich oder auf andere eindeutige Weise anerkannt" i.S. dieser Bestimmung angesehen werden kann, nur weil der den Beklagten vertretende Abwesenheitsvertreter, der von Amts wegen von diesen Gerichten bestellt worden ist, weil dem Beklagten die Klageschrift nicht zugestellt werden konnte, die Unzuständigkeit dieser Gerichte nicht gerügt hat.

Vgl. zur internationalen Zuständigkeit in Verfahren betreffend die elterliche Verantwortung (Art. 12 Abs. 3 EheVO) auch EuGH NJW 2015, 40.

Zum Erlöschen einer vereinbarten Zuständigkeit für Entscheidungen zur elterlichen Verantwortung auch EuGH NJW 2014, 3355.

dd) Zuständigkeit aufgrund der Anwesenheit des Kindes

Kann der gewöhnliche Aufenthalt des Kindes nicht festgestellt werden und kann die Zuständigkeit nicht gemäß Art. 12 EheVO bestimmt werden, so sind nach Art. 13 Abs. 1 EheVO (**Auffangzuständigkeit**) die Gerichte des Mitgliedstaats zuständig, in dem sich das Kind befindet (**schlichter Aufenthalt**). Dies gilt gemäß Art. 13 Abs. 2 EheVO auch für Kinder, die Flüchtlinge oder, aufgrund von Unruhen in ihrem Land, ihres Landes Vertriebene sind. **232**

ee) Restzuständigkeit

Nur soweit sich aus den Art. 8 bis 13 EheVO keine Zuständigkeit (irgend-) eines Gerichts eines Mitgliedstaats ergibt, bestimmt sich gemäß Art. 14 EheVO die Zuständigkeit in jedem Mitgliedstaat nach dessen autonomem Recht (**Restzuständigkeit**): Die Gerichtsstände der *lex fori* scheiden aus in Bezug auf Kinder mit gewöhnlichem Aufenthalt in einem Mitgliedstaat (Art. 8 Abs. 1 EheVO) – die *lex fori* kann nach Art. 8 Abs. 2 i.V.m. Art. 9, 10 oder 12 EheVO aber auch bezüglich Kindern mit gewöhnlichem Aufenthalt in einem nicht Nichtmitglied- (Dritt-) staat verdrängt werden. **233**

ff) Verweisung an ein Gericht, das den Fall besser beurteilen kann

In Ausnahmefällen und sofern dies dem Wohl des Kindes entspricht, kann nach Art. 15 Abs. 1 EheVO das Gericht eines Mitgliedstaats, das für die Entscheidung in der Hauptsache zuständig ist, in dem Fall, dass seines Erachtens ein Gericht eines anderen Mitgliedstaats, zu dem das Kind eine besondere Bindung hat, den Fall oder einen bestimmten Teil des Falls besser beurteilen kann, **234**

- die Prüfung des Falls oder des betreffenden Teils des Falls aussetzen und die Parteien einladen, beim Gericht dieses anderen Mitgliedstaats einen Antrag gemäß Art. 15 Abs. 4 EheVO zu stellen (Buchst. a), oder

– ein Gericht eines anderen Mitgliedstaats ersuchen, sich gemäß Art. 15 Abs. 5 EheVO für zuständig zu erklären (Buchst. b).

235 Art. 15 Abs. 3 EheVO bestimmt jene Fälle, in denen davon auszugehen ist, dass das Kind eine „besondere Bindung“ i.S. des Art. 15 Abs. 1 EheVO zu dem Mitgliedstaat hat.

Judikatur: Art. 15 EheVO ist – so der EuGH (NJW 2017, 541 – *Child and Family Agency/D*) – dahin auszulegen, dass es auf eine öffentlich-rechtliche Klage einer zuständigen Behörde eines Mitgliedstaats im Bereich des Kinderschutzes, die den Erlass von Maßnahmen betreffend die elterliche Verantwortung zum Gegenstand hat, anwendbar ist, wenn die Entscheidung, mit der sich das Gericht eines anderen Mitgliedstaats für zuständig erklärt hat, zuvor die Einleitung eines anderen Verfahrens als des im erstgenannten Mitgliedstaat eingeleiteten Verfahrens durch eine Behörde des anderen Mitgliedstaats nach ihrem innerstaatlichen Recht und wegen eines möglicherweise anderen Sachverhalts erfordert.

Art. 15 Abs. 1 EheVO ist dahin auszulegen, dass das zuständige Gericht eines Mitgliedstaats

– um beurteilen zu können, ob ein Gericht eines anderen Mitgliedstaats, zu dem das Kind eine besondere Bindung hat, den Fall besser beurteilen kann, sich vergewissern muss, dass die Verweisung der Sache an ein solches Gericht geeignet ist, für die Prüfung des Falls, insbesondere unter Berücksichtigung der in diesem anderen Mitgliedstat geltenden Verfahrensvorschriften, einen realen und konkreten Mehrwert zu erbringen;
– um beurteilen zu können, ob eine solche Verweisung dem Wohl des Kindes entspricht, sich insbesondere vergewissern muss, dass die Verweisung nicht die Gefahr nachteiliger Auswirkungen auf die Lage des Kindes bringt.

4. Gemeinsame Bestimmungen

236 Ein nach der EheVO unzuständiges Gericht muss sich nach Art. 17 EheVO (entsprechend Art. 27, 28 Abs. 1 Brüssel Ia-VO) von Amts wegen für unzuständig erklären, wenn das Gericht eines anderen Mitgliedstaates nach der VO zuständig ist. Sofern dies nicht der Fall ist, hat das Gericht zu prüfen, ob es nach der *lex fori* (in Deutschland nach den §§ 98, 99 FamFG) zuständig ist. Art. 18 EheVO zielt (entsprechend Art. 28 Abs. 2 bis 4 Brüssel Ia-VO) auf einen Schutz des rechtlichen Gehörs: Hat sich der Antragsgegner vor dem zuständigen Gericht nicht auf das Verfahren eingelassen, muss das Gericht das Verfahren von Amts wegen aussetzen und prüfen, ob die verfahrenseinleitenden Schriftstücke dem Antragsgegner rechtzeitig und ordnungsgemäß zugestellt worden sind.

Vgl. zum **Erlass einstweiliger Maßnahmen** auch durch ein für die Hauptsacheentscheidung unzuständiges Gericht Art. 20 Abs. 1 EheVO (entsprechend Art. 35 Brüssel Ia-VO), wenn (1) die Maßnahme dringend ist, sich (2) auf Personen oder Vermögensgegenstände im Forumstaat bezieht und (3) vorübergehender Natur ist. Allerdings tritt im Unterschied zur Brüssel Ia-VO die einstweiligen Maßnahme gemäß Art. 20 Abs. 2 EheVO außer Kraft, wenn das Hauptsachegericht angemessene Maßnahmen getroffen hat. **237**

Anderweitige Zuständigkeiten löst Art. 19 EheVO wegen der Gültigkeit vieler konkurrierender Zuständigkeiten **238**
- in **Ehesachen bei Parteiidentität** nach der Priorität (Abs. 1 und 3),
- in **Verfahren betreffend die elterliche Verantwortung** bei Anspruchsidentität nach der Priorität (Abs. 2 und 3).

Judikatur: In Bezug auf Verfahren der Trennung ohne Auflösung des Ehebandes und der Ehescheidung, die zwischen denselben Parteien bei Gerichten zweier Mitgliedstaaten angestrengt wurden – so der EuGH (NJW 2015, 3776) –, sind Art. 19 Abs. 1 und 3 EheVO dahin auszulegen, dass in einer Situation, in der sich das Verfahren vor dem zuerst im ersten Mitgliedstaat angerufenen Gericht nach Anrufung des zweiten Gerichts im zweiten Mitgliedstaat erledigt hat, die Kriterien für die Rechtshängigkeit nicht mehr erfüllt sind und folglich die Zuständigkeit des zuerst angerufenen Gerichts als nicht geklärt oder nicht feststehend anzusehen ist.

Vgl. auch EuGH NJW 2011, 363 (*Bianca Purrucker/Guillermo Vallés Pérez*) zur Zuständigkeit für einen Hauptantrag zum Sorgerecht bei vorherigem Eilbeschluss eines ausländischen Gerichts.

III. Unterhaltsverordnung und Haager Unterhaltsvollstreckungsübereinkommen

Literatur: *Andrae*, Zum Verhältnis der Haager Unterhaltskonvention 2007 und des Haager Protokolls zur geplanten EU-Unterhaltsverordnung, FPR 2008, 196; *Finger*, Verordnung EG Nr. 4/2009 des Rates (EUUnterhaltsVO) mit Haager Protokoll vom 30.11.2009, FuR 2011, 254; *Gruber*, Die neue EG-Unterhaltsverordnung, IPRax 2010, 128; *Hau*, Die Zuständigkeitsgründe der Europäischen Unterhaltsverordnung, FamRZ 2010, 516; *Heger*, Die europäische Unterhaltsverordnung, ZKJ 2010, 52; *Janzen*, Die neuen Haager Übereinkünfte zum Unterhaltsrecht und die Arbeiten an einer EG-Unterhaltsverordnung, FPR 2008, 218; *Linke*, Die Europäisierung des Unterhaltsverfahrensrechts, FPR 2006, 237; *Looschelders/Boos*, Das grenzüberschreitende Unterhaltsrecht in der internationalen und europäischen Entwicklung, FamRZ 2006, 374; *Ring/Olsen-Ring*, Quellen des Europäischen und Internationalen Familienrechts, in Süß/Ring, Eherecht in Europa, 3. Aufl. 2017, § 1 Rn. 132 ff. und Rn. 196 ff.; *Woelki/Mom*, Europäisierung des Unterhaltsrechts – Vereinheitlichung des Kollisionsrechts und Angleichung des materiellen Rechts, FPR 2006, 232; *Woelki/Mom*, Vereinheitlichung des internationalen Unterhaltsrechts in der Europäischen Union – ein historischer Schritt, FPR 2010, 485.

239 Mit dem Inkrafttreten der Verordnung (EG) Nr. 4/2009 des Rates vom 18.12.2008 über die Zuständigkeit, das anwendbare Recht, die Anerkennung und Vollstreckung von Entscheidungen und die Zusammenarbeit in Unterhaltssachen (fortan: **UnterhaltsVO** – ABl EG Nr. L 7 vom 10.1.2009, S. 1) am **18.6.2011** und dem Haager Übereinkommen über die internationale Geltendmachung der Unterhaltsansprüche von Kindern und anderen Familienangehörigen vom 23.11.2007 (Haager Unterhaltsvollstreckungsübereinkommen 2007 – ABl EG Nr. L 192 vom 22.7.2011, S. 51 – fortan: **HUntVollstrÜbk**), das Kindesunterhaltsansprüche bis zum vollendeten 21. Lebensjahr sowie Unterhaltsansprüche zwischen (auch geschiedenen) Ehegatten erfasst, findet die Brüssel Ia-VO seit dem 18.6.2011 (ebenso wie die EheVO) auf Unterhaltspflichten keine Anwendung mehr (vgl. *Ring/Olsen-Ring*, Quellen, § 1 Rn. 134).

240 Mit der UnterhaltsVO wird die Brüssel Ia-VO seit dem 18.6.2011 (vorbehaltlich Art. 75 Abs. 2 UnterhaltsVO) dahingehend geändert, dass deren für Unterhaltssachen geltenden Bestimmungen ersetzt werden (Art. 68 Abs. 1 UnterhaltsVO). Die Brüssel Ia-VO klammert nach ihrem Art. 1 Abs. 2 Buchst. e ebenso wie die EheVO nach ihrem Art. 1 Abs. 3 Buchst. c „Unterhaltsangelegenheiten" aus ihrem Anwendungsbereich aus. Unterhaltspflichten, die von Todes wegen entstehen, unterfallen der EuErbVO (vgl. deren Art. 1 Abs. 2 Buchst. c).

241 Die deutschen Ausführungsbestimmungen zur UnterhaltsVO finden sich im Auslandsunterhaltsgesetz (AUG – zu diesem *Andrae*, NJW 2011, 2545).

242 Das parallel zum HUntProt (dazu *Ring/Olsen-Ring*, IPR, Rn. 439 ff.) erlassene **HUntVollstrÜbk** vereinheitlicht – im Unterschied zur UnterhaltsVO – nicht die internationalen Zuständigkeitsregeln, sondern beschränkt sich vor allem auf die **Anerkennung und Vollstreckung von Unterhaltstiteln** (*Ring/Olsen-Ring*, Quellen, § 1 Rn. 196).

243 Art. 15 UnterhaltsVO bindet – da die UnterhaltsVO von der Schaffung eigener „europäischer" (Sonder-) Kollisionsnormen abgesehen hat – die EU-Mitgliedstaaten im Hinblick auf das auf Unterhaltspflichten anwendbare Recht an das HUntProt (dazu *Ring/Olsen-Ring*, IPR, Rn. 439 , *dies.*, Quellen, § 1 Rn. 158).

244 Die UnterhaltsVO regelt im Hinblick auf alle Formen des familienrechtlichen Unterhalts neben der Anerkennung und der Vollstreckung ausländischer Entscheidungen auch die **internationale Zuständigkeit für Entscheidungen in Unterhaltssachen** (um so die Stellung des im Verfahren meist schwächeren und damit schutzbedürftigen unterhaltsberechtigten Gläubigers zu verbessern) – und zwar in den **Art. 3 bis 7 UnterhaltsVO** (mit ergänzenden Bestimmungen in den Art. 8 bis 14 UnterhaltsVO). Die genannten Bestimmungen regeln nach dem **Grundsatz der Doppelfunktionalität** auch die **örtliche Zuständigkeit**. Dem

Unterhaltsgläubiger wird dabei ein Klägergerichtsstand (*forum actoris*) zugebilligt. Nach Art. 17 Abs. 2 UnterhaltsVO können EU-Mitgliedstaaten, die durch das HUntProt gebunden sind, auch eine Vollstreckung ohne Vollstreckbarerklärung durchführen.

1. Anwendungsbereich

a) Sachlicher Anwendungsbereich

Die universell anwendbare UnterhaltsVO findet nach ihrem Art. 1 Abs. 1 Anwendung auf **Unterhaltspflichten** (wobei der Begriff verordnungsautonom auszulegen ist, vgl. Erwägungsgrund 11 der UnterhaltsVO), die auf einem 245

- Familien-,
- Verwandtschafts- oder
- eherechtlichen Verhältnis bzw. auf
- Schwägerschaft beruhen.

Die UnterhaltsVO erfasst nach ihrem Art. 2 Abs. 2 außer gerichtlichen auch bestimmte behördliche Verfahren. 246

b) Örtlicher Anwendungsbereich

Die UnterhaltsVO gilt in allen Mitgliedstaaten (vgl. Art. 1 Abs. 2 UnterhaltsVO), einschließlich dem Vereinigten Königreich und in Teilen (nämlich insoweit Dänemark die UnterhaltsVO als eine Änderung der Brüssel I-VO begreift) auch in Dänemark. 247

Sie stellt (anders als die Brüssel Ia-VO, vgl. deren Art. 4) weder auf den „Wohnsitz" des Beklagten noch (anders als die EheVO, vgl. deren Art. 6) auf den „gewöhnlichen Aufenthalt" bzw. auf die „Staatsangehörigkeit" des Beklagten ab. 248

c) Zeitlicher Anwendungsbereich

Die UnterhaltsVO erfasst nach ihrem Art. 75 Abs. 1 und 76 alle Verfahren, die nach dem **18.6.2011** (durch Einreichung des verfahrenseinleitenden Schriftstücks) eingeleitet worden sind. 249

2. Zuständigkeit

a) Allgemeine Zuständigkeit (Art. 3 UnterhaltsVO)

Zuständig für Entscheidungen in Unterhaltssachen in den Mitgliedstaaten ist nach Art. 3 UnterhaltsVO (i.S. einer **konkurrierenden Zuständigkeit ohne Rangfestlegung**) grundsätzlich als **Wahlgerichtsstand** 250

- das Gericht des Ortes, an dem der Beklagte (d.h. der Unterhaltsverpflichtete) seinen „gewöhnlichen Aufenthalt" hat (Buchst. a – **Beklagtengerichtsstand**), oder
- das Gericht des Ortes, an dem die berechtigte Person (d.h. der Unterhaltsberechtigte) ihren „gewöhnlichen Aufenthalt" hat (Buchst. b – **Klägergerichtsstand**, *forum actoris*, wobei öffentliche Einrichtungen, z.B. Sozialbehörden, die in Vorleistung getreten sind, weswegen der Unterhaltsanspruch im Zuge einer *cessio legis* auf sie übergegangen ist, den Klägergerichtsstand nicht für sich reklamieren können, so *Junker*, IZPR, § 20 Rn. 9 – arg.: sie sind nicht die „schwächere Partei"), oder
- das Gericht, das nach seinem Recht (*lex fori*) für ein Verfahren in Bezug auf den Personenstand zuständig ist (z.B. für die Ehescheidung oder die Vaterschaftsfeststellung), wenn in der Nebensache zu diesem Verfahren über eine Unterhaltssache zu entscheiden ist (**Verbundzuständigkeit**), es sei denn, diese Zuständigkeit begründet sich einzig auf der Staatsangehörigkeit einer der Parteien (Buchst. c – **Annexgerichtsstand für personenstandsrechtliche Verfahren**), oder
- das Gericht, das nach seinem Recht (*lex fori*) für ein Verfahren in Bezug auf die elterliche Verantwortung (z.B. das Sorgerecht) zuständig ist, wenn in der Nebensache zu diesem Verfahren über eine Unterhaltssache zu entscheiden ist (**Verbundzuständigkeit**), es sei denn, diese Zuständigkeit beruht einzig auf der Staatsangehörigkeit einer der Parteien (Buchst. d – **Annexgerichtsstand für sorgerechtliche Verfahren**).

Beachte: Der „**gewöhnliche Aufenthalt**" ist verordnungsautonom zu bestimmen. 251

Beachte zudem: Obgleich Art. 3 UnterhaltsVO seinem Wortlaut nach keinen Auslandsbezug voraussetzt, erfasst er nach h.M. keine reinen Inlandsfälle (Beschränkung der Norm im Wege einer teleologischen Reduktion auf **Fälle mit Auslandsbezug**, so *Junker*, IZPR, § 20 Rn. 10). 252

Judikatur: Art. 3 Buchst. b UnterhaltsVO ist – so der EuGH (NJW 2015, 683) – dahin auszulegen, dass er einer nationalen Regelung entgegensteht, die eine gerichtliche Zuständigkeitskonzentration für grenzüberschreitende Unterhaltssachen bei dem für den Sitz des Rechtsmittelgerichts zuständigen erstinstanzlichen Gericht begründet, es sei denn, diese Regelung trägt zur Verwirklichung des Ziels einer ordnungsgemäßen Rechtspflege bei und schützt die Interessen der Unterhaltsberechtigten, indem sie zugleich eine efektive Durchsetzung von Unterhaltsansprüchen begünstigt, was zu prüfen jedoch Sache der vorlegenden Gerichte ist.

Art. 3 Buchst. c und d UnterhaltsVO ist nach Ansicht des EuGH (NJW 2015, 3021) dahin auszulegen, dass dann, wenn ein Gericht eines Mitgliedstaats mit einem Verfahren betreffend die Trennung oder die Beendigung der ehelichen Verbindung der Eltern eines minderjährigen Kindes befasst wird und ein Gericht eines anderen Mitgliedstaats mit einem Verfahren in Bezug auf die elterliche Verantwortung für dieses Kind befasst wird, ein Antrag in Bezug auf eine Unterhaltspflicht für dieses Kind nur zum Verfahren in Bezug auf die elterliche Verantwortung i.S. von Art. 3 Buchst. d der VO akzessorisch ist.

b) Gerichtsstandsvereinbarungen (Art. 4 UnterhaltsVO)

Art. 4 UnterhaltsVO ermöglicht (im Interesse eines Schutzes des Schwächeren) Gerichtsstandsvereinbarungen nur in beschränktem Maße (vgl. auch Erwägungsgrund 19 der UnterhaltsVO): Die Parteien können grundsätzlich nach Art. 4 Abs. 1 S. 1 UnterhaltsVO in Schriftform (vgl. Art. 4 Abs. 2 UnterhaltsVO – wobei elektronische Übermittlungen, die eine dauerhafte Aufzeichnung der Vereinbarung ermöglichen, die Schriftform erfüllen) vereinbaren, dass das folgende Gericht oder die folgenden Gerichte eines Mitgliedstaates zur Beilegung von zwischen ihnen bereits entstandenen oder künftig entstehenden Streitigkeiten betreffend Unterhaltspflichten zuständig ist bzw. sind (**begrenzter Kreis wählbarer Gerichtsstände**): 253

- ein Gericht oder die Gerichte eines Mitgliedstaates, in dem (mindestens) eine der Parteien ihren **gewöhnlichen Aufenthalt** hat (Buchst. a);
- ein Gericht oder die Gerichte des Mitgliedstaates, dessen **Staatsangehörigkeit** (mindestens) eine der Parteien besitzt (Buchst. b);
- hinsichtlich **Unterhaltspflichten zwischen Ehegatten oder früheren Ehegatten** (Buchst. c)
  - das Gericht, das für Streitigkeiten zwischen den Ehegatten oder früheren Ehegatten in Ehesachen zuständig ist (i), oder aber
  - ein Gericht oder die Gerichte des Mitgliedstaates, in dem die Ehegatten mindestens ein Jahr lang ihren letzten gemeinsamen gewöhnlichen Aufenthalt hatten (ii).

Die in den Buchst. a, b und c genannten Voraussetzungen müssen nach Art. 4 Abs. 1 S. 2 UnterhaltsVO zum **Zeitpunkt** 254

- des Abschlusses der Gerichtsstandsvereinbarung oder
- der Anrufung des Gerichts

erfüllt sein.

Die durch Vereinbarung festgelegte Zuständigkeit ist gemäß Art. 4 Abs. 1 S. 3 UnterhaltsVO ausschließlich, sofern die Parteien nichts anderes vereinbaren (**ausschließliche Zuständigkeit des prorogierten Gerichts im Falle einer Gerichtsstandsvereinbarung**). 255

256 Eine Gerichtsstandsvereinbarung scheidet nach Art. 4 Abs. 3 UnterhaltsVO bei einer Streitigkeit über eine Unterhaltspflicht gegenüber einem Kind aus, das noch nicht das 18. Lebensjahr vollendet hat (**Minderjährigenschutz**).

257 Haben die Parteien vereinbart, dass ein Gericht oder die Gerichte eines Staates, der dem am 30.10.2007 in Lugano unterzeichneten Übereinkommen über die gerichtliche Zuständigkeit und die Anerkennung und Vollstreckung von Entscheidungen in Zivil- und Handelssachen (**Luganer Übereinkommen**, vorstehende Rn. 22 und nachstehende Rn. 284) angehört und bei dem es sich nicht um einen Mitgliedstaat handelt, ausschließlich zuständig sein soll bzw. sollen, so ist nach Art. 4 Abs. 4 UnterhaltsVO dieses Übereinkommen anzuwenden – es sei denn, es handelt sich um eine Streitigkeit nach Art. 4 Abs. 3 UnterhaltsVO (Streitigkeit über eine Unterhaltspflicht gegenüber einem Kind, das noch nicht das 18. Lebensjahr vollendet hat).

c) Zuständigkeit aufgrund rügeloser Einlassung (Art. 5 UnterhaltsVO)

258 Durch rügelose Einlassung kann nach Art. 5 UnterhaltsVO eine Zuständigkeit begründet werden (ohne dass die schwächere Partei wie nach Art. 26 Abs. 2 Brüssel Ia-VO belehrt werden muss): Sofern das Gericht eines Mitgliedstaats nicht bereits nach anderen Vorschriften der UnterhaltsVO zuständig ist, wird es zuständig, wenn sich der Beklagte auf das Verfahren einlässt. Dies gilt nicht, wenn der Beklagte sich einlässt, um nur einen Mangel der Zuständigkeit geltend zu machen.

d) Auffangzuständigkeit (Art. 6 UnterhaltsVO)

259 Ergibt sich weder eine Zuständigkeit eines Gerichts eines Mitgliedstaates nach den Art. 3, 4 oder 5 UnterhaltsVO noch eine Zuständigkeit des Gerichts eines Staates, der dem Luganer Übereinkommen angehört und der kein Mitgliedstaat ist (gemäß der Bestimmungen dieses Übereinkommens), so sind nach dem eine **Auffangzuständigkeit** begründenden Art. 6 UnterhaltsVO (da die UnterhaltsVO in ihrem räumlichen Anwendungsbereich [Rn. 247 f.] die Zuständigkeit in Unterhaltssachen abschließend, d.h. ohne eine Restzuständigkeit des nationalen Rechts, regelt – **Totalvereinheitlichung**, [vgl. auch Erwägungsgrund 15 der UnterhaltsVO], so *Junker*, IZPR, § 20 Rn. 15) die **Gerichte des Mitgliedstaates der gemeinsamen Staatsangehörigkeit der Parteien** zuständig. Dies betrifft bspw. Fälle, in denen der Beklagte oder beide Parteien ihren gewöhnlichen Aufenthalt in einem Drittstaat haben. Die örtliche Zuständigkeit bestimmt in Deutschland dann § 27 AUG.

e) Notzuständigkeit (Art. 7 UnterhaltsVO)

Ergibt sich keine Zuständigkeit eines Gerichts eines Mitgliedstaats gemäß der Art. 3, 4, 5 und 6 UnterhaltsVO, so können die Gerichte eines Mitgliedstaates gem. Art. 7 UnterhaltsVO in **Ausnahmefällen** gleichwohl über den Rechtsstreit entscheiden, wenn es nicht zumutbar ist oder es sich als unmöglich erweist (z.B. im Falle einer Rechtsverweigerung), ein Verfahren in einem Drittstaat, zu dem der Rechtsstreit einen engen Bezug aufweist, einzuleiten oder zu führen (**Notzuständigkeit** – *forum necessitatis*). Der Rechtsstreit muss dabei jedoch einen ausreichenden Bezug zu dem Mitgliedstaat des angerufenen Gerichts (bspw. aufgrund der Staatsangehörigkeit einer Partei oder des schlichten Aufenthalts) aufweisen. **260**

3. Ergänzende Bestimmungen

a) Verfahrensbegrenzung

Art. 8 Abs. 1 UnterhaltVO gibt eine grundsätzliche **Verfahrensbegrenzung** vor: Ist eine Entscheidung in einem Mitgliedstat (oder einem Vertragsstaat des HUntProt) ergangen, in dem die berechtigte Person ihren gewöhnlichen Aufenthalt hat, so kann die verpflichtete Person grundsätzlich (vorbehaltlich Art. 8 Abs. 2 UnterhaltsVO) kein Verfahren in einem anderen Mitgliedstaat einleiten, um eine Änderung der Entscheidung oder eine neue Entscheidung herbeizuführen, solange die berechtigte Person ihren gewöhnlichen Aufenthalt weiterhin in dem Staat hat, in dem die Entscheidung ergangen ist. **261**

b) Zuständigkeitsprüfung

Das Gericht eines Mitgliedstaats, das in einer Sache angerufen wird, für die es nach der UnterhaltsVO nicht zuständig ist, erklärt sich nach Art. 10 UnterhaltsVO von Amts wegen für unzuständig (**Prüfung der Zuständigkeit**). **262**

c) Rechtshängigkeit und Aussetzung

Werden bei Gerichten verschiedener Mitgliedstaaten Verfahren wegen desselben Anspruchs zwischen denselben Parteien anhängig gemacht, so setzt nach Art. 12 Abs. 1 UnterhaltsVO das später angerufene Gericht das Verfahren von Amts wegen aus, bis die Zuständigkeit des zuerst angerufenen Gerichts feststeht (**Rechtshängigkeit**). Sobald die Zuständigkeit des zuerst angerufenen Gerichts feststeht, erklärt sich das später angerufene Gericht gemäß Art. 12 UnterhaltsVO zugunsten dieses Gerichts für unzuständig. Art. 13 UnterhaltsVO normiert i.Ü. die Möglichkeit einer **Aussetzung wegen Sachzusammenhangs**. **263**

d) Einstweilige Maßnahmen und Sicherungsmaßnahmen

264 Die im Recht eines Mitgliedstaats vorgesehenen **einstweiligen Maßnahmen** einschließlich solcher, die auf eine Sicherung gerichtet sind (**Sicherungsmaßnahmen**), können nach Art. 14 UnterhaltsVO bei den Gerichten dieses Staates auch dann beantragt werden, wenn für die Entscheidung in der Hauptsache das Gericht eines anderen Mitgliedstaats aufgrund der UnterhaltsVO zuständig ist.

IV. Europäische Erbrechtsverordnung

Literatur: *Dörner*, EuErbVO: Die Verordnung zum Internationalen Erb- und Erbverfahrensrecht ist in Kraft!, ZEV 2012, 505; *Lübcke*, Das neue europäische internationale Nachlassverfahrensrecht – Darstellung auf Grundlage des Verordnungsentwurfs vom 14. Oktober 2009 unter Berücksichtigung der Endfassung, 2013; *Magnus*, Gerichtsstandsvereinbarungen im Erbrecht?, IPRax 2013, 393; *Volmer*, Definitive Entscheidung von Vorfragen aufgrund der Gerichtszuständigkeit nach der EuErbVO, ZEV 2014, 129; *Weber*, Das internationale Zivilprozessrecht erbrechtlicher Streitigkeiten, 2012.

265 Für alle Nachlässe von Personen, die am 17.8.2015 oder danach verstorben sind, regelt die VO (EU) Nr. 650/2012 des Europäischen Parlaments und des Rates vom 4.7.2012 über die Zuständigkeit, das anzuwendende Recht, die Anerkennung und Vollstreckung von Entscheidungen und die Annahme und Vollstreckung öffentlicher Urkunden in Erbsachen sowie zur Einführung eines Europäischen Nachlasszeugnisses (**Europäische Erbrechtsverordnung – EuErbVO** bzw. **Rom IV-VO**, ABl EU Nr. L 201 vom 27.2.2012, S. 107) in ihren Art. 4 ff. auch die **internationale Zuständigkeit**.

266 Die EuErbVO zielt auf eine erleichterte und verkürzte Abwicklung grenzüberschreitender Erbfälle (Nachlassangelegenheiten mit Auslandsbezug). Sie berührt nach ihrem Art. 2 nicht die innerstaatlichen Zuständigkeiten der Behörden der Mitgliedstaaten in Erbsachen.

> **Beachte:** Nach Art. 75 Abs. 1 EuErbVO gebührt dem **Deutsch-türkischen Niederlassungsabkommen** (als Anlage zum Konsularvertrag zwischen dem Deutschen Reich und der Türkischen Republik vom 28.5.1929, RGBl. 1930 II, S. 748) ein Vorrang vor der EuErbVO. § 15 dieses Abkommens unterstellt Klagen in Bezug auf den beweglichen Nachlass den Heimatgerichten des Erblassers und bezüglich des unbeweglichen Nachlasses den Gerichten des Belegenheitsstaates.

267 Die Ausführungsbestimmungen zur EuErbVO finden sich in Deutschland im Internationalen Erbrechtsverfahrensgesetz (IntErbRVG).

1. Anwendungsbereich

a) Sachlicher Anwendungsbereich

Die EuErbVO ist nach ihrem Art. 1 Abs. 1 S. 1 auf die **Rechtsnachfolge von Todes wegen** anzuwenden. „Rechtsnachfolge von Todes wegen" ist gemäß der Begriffsbestimmung in Art. 3 Abs. 1 Buchst. a EuErbVO jede Form des Übergangs von Vermögenswerten, Rechten und Pflichten von Todes wegen, sei es im Wege der gewillkürten Erbfolge durch eine Verfügung von Todes wegen (vgl. die Begriffsbestimmung in Art. 3 Buchst. d EuErbVO) oder im Wege der gesetzlichen Erbfolge. 268

Die Verordnung gilt nach ihrem Art. 1 Abs. 1 S. 2 jedoch nicht für Steuer- und Zollsachen sowie verwaltungsrechtliche Angelegenheiten. Vom Anwendungsbereich der EuErbVO sind gemäß dem Negativkatalog des Art. 1 Abs. 2 auch eine Vielzahl von Rechtsbereichen ausgenommen (**Ausnahmen vom Anwendungsbereich**): 269

- der Personenstand sowie Familienverhältnisse und Verhältnisse, die nach dem auf diese Verhältnisse anzuwendenden Recht vergleichbare Wirkungen entfalten (Buchst. a),
- die Rechts-, Geschäfts- und Handlungsfähigkeit von natürlichen Personen, unbeschadet Art. 23 Abs. 2 Buchst. c (wonach die Erbfähigkeit dem anzuwendenden Recht unterfällt) und Art. 26 EuErbVO (bezüglich der Zulässigkeit einer Stellvertretung bei der Errichtung einer Verfügung von Todes wegen und des Wechsels des auf die Testierfähigkeit anwendbaren Rechts) (Buchst. b),
- Fragen betreffend die Verschollenheit oder die Abwesenheit einer natürlichen Person oder die Todesvermutung (Buchst. c),
- Fragen des ehelichen Güterrechts sowie des Güterrechts aufgrund von Verhältnissen, die nach dem auf diese Verhältnisse anzuwendenden Recht mit der Ehe vergleichbare Wirkungen entfalten (Buchst. d – mit Problemen im Kontext mit der rechtlichen Qualifikation von § 1371 Abs. 1 BGB, vgl. *Junker*, IZPR, § 20 Rn. 23),
- Unterhaltspflichten außer denjenigen, die mit dem Tod entstehen (Buchst. e),
- die Formgültigkeit mündlicher Verfügungen von Todes wegen (Buchst. f, vgl. dazu *Ring/Olsen-Ring*, IPR, Rn. 560),
- Rechte und Vermögenswerte, die auf andere Weise als durch Rechtsnachfolge von Todes wegen begründet oder übertragen werden, wie unentgeltliche Zuwendungen, Miteigentum mit Anwachsungsrecht des Überlebenden (*joint tenancy*), Rentenpläne, Versicherungsverträge und ähnliche Vereinbarungen, unbeschadet des Art. 23 Abs. 2 Buchst. i EuErbVO (wonach das anzuwendende Recht auch die Ausgleichung und Anrechnung unentgeltlicher Zuwendungen bei der Bestimmung der Anteile der einzelnen Berechtigten erfasst) (Buchst. g),

- Fragen des Gesellschaftsrechts, des Vereinsrechts und des Rechts der juristischen Personen, wie Klauseln im Errichtungsakt oder in der Satzung einer Gesellschaft, eines Vereins oder einer juristischen Person, die das Schicksal der Anteile verstorbener Gesellschafter bzw. Mitglieder regeln (Buchst. h),
- die Auflösung, das Erlöschen und die Verschmelzung von Gesellschaften, Vereinen oder juristischen Personen (Buchst. i),
- die Errichtung, Funktionsweise und Auflösung eines Trusts (Buchst. j),
- die Art der dinglichen Rechte (Buchst. k) und
- jede Eintragung von Rechten an beweglichen oder unbeweglichen Vermögensgegenständen in einem Register, einschließlich der gesetzlichen Voraussetzungen für eine solche Eintragung, sowie die Wirkungen der Eintragung oder der fehlenden Eintragung solcher Rechte in einem Register (Buchst. l).

b) Räumlich-persönlicher Anwendungsbereich

270 Die EuErbVO gilt nach ihrem Art. 84 unmittelbar für alle Erbfälle in den EU-Mitgliedstaaten mit Ausnahme Dänemarks (vgl. Erwägungsgrund 83) sowie Irlands und des Vereinigten Königreichs (Erwägungsgrund 82). Erfasst werden sowohl EU- als auch Drittstaatsangehörige ohne Rücksicht darauf, ob diese Personen inner- oder außerhalb der EU ihren Wohnsitz haben.

c) Zeitlicher Anwendungsbereich

271 Die EuErbVO findet nach ihrem Art. 83 Abs. 1 auf die Rechtsnachfolge von Personen Anwendung, die am **17.8.2015** oder danach verstorben sind. Für Altfälle gelten weiterhin die nationalen Vorschriften (d.h. in Deutschland die Art. 25 f. EGBGB alt).

2. Zuständigkeiten

272 Die EuErbVO regelt in ihren Art. 4 bis 19 nur (anders als die UnterhaltsVO und die die EheVO) die **internationale Zuständigkeit** für gerichtliche Entscheidungen (wobei der Begriff auch Behörden und Notare erfasst, vgl. Art. 3 Abs. 2 EuErbVO) in Erbsachen. Sie versucht dabei nach Erwägungsgrund 27 einen größtmöglichen Gleichlauf von internationaler Zuständigkeit (*forum*) und anwendbarem Recht (*jus*) herzustellen.

273 Die **örtliche Zuständigkeit** ist nach dem autonomen Recht des Mitgliedstaats zu bestimmen (so Art. 2 EuErbVO) und bestimmt sich in Deutschland nach § 2 IntErbRVG.

a) Allgemeine Zuständigkeit

Für Entscheidungen in Erbsachen sind nach Art. 4 EuErbVO für den **gesamten Nachlass** die Gerichte des Mitgliedstaats zuständig, in dessen Hoheitsgebiet der Erblasser im Zeitpunkt seines Todes seinen **gewöhnlichen Aufenthalt** hatte (einheitliche internationale Zuständigkeit für die streitige und die freiwillige Gerichtsbarkeit, so Erwägungsgrund 59 der EuErbVO). **274**

Der **gewöhnliche Aufenthalt** des Erblassers (im Zeitpunkt des Todes) ist einheitlich verordnungskonform zu bestimmen. Die EuErbVO definiert den auslegungsbedürftigen Rechtsbegriff aber nicht näher. Unter Zugrundelegung von Erwägungsgrund 23 der EuErbVO soll bei der Bestimmung des „gewöhnlichen Aufenthalts" die mit der Erbsache befasste Behörde aber eine **Gesamtbeurteilung der Lebensumstände des Erblassers** in den Jahren vor seinem Tod und im Zeitpunkt seines Todes vornehmen und dabei alle relevanten Tatsachen berücksichtigen, insbesondere die Dauer und die Regelmäßigkeit des Aufenthalts des Erblassers in dem betreffenden Staat sowie die damit zusammenhängenden Umstände und Gründe. **275**

Probleme bei der Feststellung des „gewöhnlichen Aufenthalts"

In einigen Fällen kann es sich als schwierig erweisen, den Ort zu bestimmen, an dem der Erblasser seinen „gewöhnlichen Aufenthalt" hatte. Dies kann insbesondere dann der Fall sein, wenn sich der Erblasser aus beruflichen oder wirtschaftlichen Gründen (unter Umständen auch für längere Zeit) in einen anderen Staat begeben hat, um dort zu arbeiten, aber eine enge und feste Bindung zu seinem Herkunftsstaat aufrecht erhalten hat. In diesem Fall kann (entsprechend den jeweiligen Umständen) nach Ansicht des Verordnungsgebers (vgl. Erwägungsgrund 24) davon ausgegangen werden, dass der Erblasser seinen „gewöhnlichen Aufenthalt" weiterhin in seinem Herkunftsstaat hatte, in dem sich in familiärer und sozialer Hinsicht sein Lebensmittelpunkt befand. Weitere komplexe Fälle können sich ergeben, wenn der Erblasser abwechselnd in mehreren Staaten gelebt hat oder auch von Staat zu Staat gereist ist, ohne sich in einem Staat für längere Zeit niederzulassen. War der Erblasser Staatsangehöriger eines dieser Staaten oder hatte er alle seine wesentlichen Vermögensgegenstände in einem dieser Staaten, so könnte auch seine Staatsangehörigkeit oder der Ort, an dem diese Vermögensgegenstände sich befinden, ein besonderer Faktor bei der Gesamtbeurteilung aller tatsächlichen Umstände sein.

b) Gerichtsstandsvereinbarung

276 Nach Art. 22 Abs. 1 EuErbVO kann eine Person für die Rechtsnachfolge von Todes wegen das Recht eines Staates wählen, dem sie zum Zeitpunkt der Rechtswahl oder im Zeitpunkt ihres Todes angehört. Ist das vom Erblasser nach Art. 22 EuErbVO zur Anwendung auf die Rechtsnachfolge von Todes wegen gewählte Recht das Recht eines Mitgliedstaats, so können die betroffenen Parteien nach Art. 5 Abs. 1 EuErbVO vereinbaren, dass für Entscheidungen in Erbsachen ausschließlich ein Gericht oder die Gerichte dieses Mitgliedstaats zuständig sein sollen. Eine solche Gerichtsstandsvereinbarung bedarf gemäß Art. 5 Abs. 2 EuErbVO der Schriftform und ist zu datieren und von den betroffenen Parteien zu unterzeichnen. Elektronische Übermittlungen, die eine dauerhafte Aufzeichnung der Vereinbarung ermöglichen, sind der Schriftform gleichgestellt.

aa) Unzuständigerklärung bei Rechtswahl

277 Ist das Recht, das der Erblasser nach Art. 22 EuErbVO zur Anwendung auf die Rechtsnachfolge von Todes wegen gewählt hat, das Recht eines Mitgliedstaats, so verfährt das nach Art. 4 (oder Art. 10) EuErbVO angerufene Gericht gemäß Art. 6 EuErbVO wie folgt:

– Es kann sich auf Antrag einer der Verfahrensparteien für unzuständig erklären, wenn seines Erachtens die Gerichte des Mitgliedstaats des gewählten Rechts in der Erbsache „besser entscheiden können", wobei es die konkreten Umstände der Erbsache berücksichtigt, wie etwa den „gewöhnlichen Aufenthalt" der Parteien und den Ort, an dem die Vermögenswerte belegen sind (Buchst. a – *forum non conveniens*, dazu kritisch *Junker*, IZPR, § 20 Rn. 31), oder
– es erklärt sich für unzuständig, wenn die Verfahrensparteien nach Art. 5 EuErbVO die Zuständigkeit eines Gerichts oder der Gerichte des Mitgliedstaats des gewählten Rechts vereinbart haben (Buchst. b).

bb) Zuständigkeit bei Rechtswahl

278 Die Gerichte eines Mitgliedstaats, dessen Recht der Erblasser nach Art. 22 EuErbVO gewählt hat, sind für die Entscheidungen in einer Erbsache nach Art. 7 EuErbVO zuständig, wenn

– sich ein zuvor angerufenes Gericht nach Art. 6 EuErbVO (wegen fehlender Sachnähe) in derselben Sache für unzuständig erklärt hat (Buchst. a),
– die Verfahrensparteien nach Art. 5 EuErbVO (Gerichtsstandsvereinbarung, vorstehende Rn. 276) die Zuständigkeit eines Gerichts oder der Gerichte dieses Mitgliedstaats vereinbart haben (Buchst. b), oder

– die Verfahrensparteien die Zuständigkeit des angerufenen Gerichts ausdrücklich anerkannt haben (Buchst. c).

cc) Beendigung des Verfahrens von Amts wegen bei Rechtswahl

Ein Gericht, das ein Verfahren in einer Erbsache von Amts wegen nach Art. 4 (oder nach Art. 10) EuErbVO eingeleitet hat, beendet gemäß Art. 8 EuErbVO das Verfahren, wenn die Verfahrensparteien vereinbart haben, die Erbsache außergerichtlich in dem Mitgliedstaat, dessen Recht der Erblasser nach Art. 22 EuErbVO gewählt hat, einvernehmlich zu regeln. **279**

c) Zuständigkeit aufgrund rügeloser Einlassung

Stellt sich in einem Verfahren vor dem Gericht eines Mitgliedstaats, das seine Zuständigkeit nach Art. 7 EuErbVO ausübt, heraus, dass nicht alle Parteien dieses Verfahrens der Gerichtsstandsvereinbarung angehören, so ist das Gericht nach Art. 9 Abs. 1 EuErbVO weiterhin zuständig, wenn sich die Verfahrensparteien, die der Vereinbarung nicht angehören, **auf das Verfahren einlassen, ohne den Mangel der Zuständigkeit des Gerichts zu rügen**. Wird der Mangel der Zuständigkeit des in Art. 9 Abs. 1 EuErbVO genannten Gerichts von den Verfahrensparteien gerügt, die der Vereinbarung nicht angehören, so erklärt sich das Gericht gemäß Art. 9 Abs. 2 EuErbVO für unzuständig. In diesem Fall sind die nach Art. 4 oder Art. 10 EuErbVO zuständigen Gerichte für die Entscheidung in der Erbsache zuständig. **280**

d) Subsidiäre Zuständigkeit

Hatte der Erblasser seinen „gewöhnlichen Aufenthalt" im Zeitpunkt seines Todes nicht in einem Mitgliedstaat (sondern in einem **Drittstaat**), so sind die Gerichte eines Mitgliedstaats, in dem sich Nachlassvermögen befindet, für Entscheidungen in Erbsachen nach Art. 10 Abs. 1 EuErbVO für den **gesamten Nachlass** (**Belegenheitsstaat von Nachlassvermögen**) zuständig, wenn **281**

– der Erblasser die **Staatsangehörigkeit** dieses Mitgliedstaats im Zeitpunkt seines Todes besaß (Buchst. a), **oder**, wenn dies nicht der Fall ist (Vorrang von Buchst. a mit der Folge, dass ein nach Buchst. b angerufenes Gericht sich beim Vorliegen der Voraussetzungen von Buchst. a für unzuständig erklären muss)
– der Erblasser seinen **vorhergehenden gewöhnlichen Aufenthalt** in dem betreffenden Mitgliedstaat hatte, sofern die Änderung dieses gewöhnlichen Aufenthalts zum Zeitpunkt der Anrufung des Gerichts nicht länger als fünf Jahre zurückliegt (Buchst. b).

Ist kein Gericht in einem Mitgliedstaat nach Art. 10 Abs. 1 EuErbVO zuständig, so sind dennoch die Gerichte des Mitgliedstaats, in dem sich

Nachlassvermögen befindet, für Entscheidungen (aber nur) über dieses Nachlassvermögen zuständig (so Art. 10 Abs. 2 EuErbVO).

e) Notzuständigkeit (*forum necessitatis*)

282 Ist kein Gericht eines Mitgliedstaats aufgrund anderer Vorschriften der EuErbVO zuständig, so können nach deren Art. 11 (dem Vorbild von Art. 7 UnterhaltsVO folgend) die Gerichte eines Mitgliedstaats in Ausnahmefällen in einer Erbsache entscheiden, wenn es nicht zumutbar ist oder es sich als unmöglich erweist, ein Verfahren in einem Drittstaat, zu dem die Sache einen engen Bezug aufweist, einzuleiten oder zu führen. Die Sache muss (aber) einen „ausreichenden Bezug“ zu dem Mitgliedstaat des angerufenen Gerichts aufweisen.

3. Ergänzende Bestimmungen (Art. 15 bis 19 EuErbVO)

283 Die Art. 15 und 16 EuErbVO regeln die Prüfung der Zuständigkeit: Art. 17 EuErbVO die Rechtshängigkeit, Art. 18 EuErbVO die Koordination von Verfahren und Art. 19 EuErbVO einstweilige Maßnahmen. Die Regelungen stimmen weitgehend mit den Art. 10 bis 14 UnterhaltsVO überein.

C. Internationale Abkommen

I. Luganer Übereinkommen

284 Das **Luganer Übereinkommen** über die gerichtliche Zuständigkeit und die Vollstreckung gerichtlicher Entscheidungen in Zivil- und Handelssachen vom 16.9.1988 (LugÜ) hat mit seinen drei Protokollen und drei Erklärungen die Regelungen des Brüssel I-VO (dazu vorstehende Rn. 22) übernommen. Es gilt in seiner revidierten Fassung seit 2011 zwischen den EU-Mitgliedstaaten und der Schweiz, Norwegen und Island. Das LugÜ räumt der Brüssel I-VO einen Vorrang ein und weicht von dieser nur geringfügig ab. Abweichungen bestehen vor allem in Bezug auf die Regelungen zur internationalen Zuständigkeit. Im Unterschied zur Brüssel Ia-VO ist der gesetzliche Wohnsitz nicht erheblich.

II. Das Übereinkommen über den Beförderungsvertrag im internationalen Straßengüterverkehr

285 Das Übereinkommen über den Beförderungsvertrag im internationalen Straßengüterverkehr (CMR) gilt nach seinem Art. 1 Abs. 1 für jeden Vertrag über die entgeltliche Beförderung von Gütern auf der Straße mittels Fahrzeugen, wenn der Ort der Übernahme des Gutes und der für die Ablieferung vorgesehene Ort, wie sie im Vertrag angegeben sind, in zwei verschiedenen Staaten liegen, von denen mindestens einer CMR-Vertragsstaat ist. Dies gilt ohne Rücksicht auf den Wohnsitz und die Staatsangehörigkeit der Parteien.

Art. 31 CMR trifft eine Regelung in Bezug auf die **internationale Zuständigkeit**: Wegen aller Streitigkeiten aus einer dem CMR unterliegenden Beförderung kann der Kläger nach dessen Art. 31 Abs. 1 – außer durch Vereinbarung der Parteien bestimmte Gerichte von Vertragsstaaten – auch die Gerichte eines Staates anrufen, auf dessen Gebiet 286

- der Beklagte seinen gewöhnlichen Aufenthalt, seine Hauptniederlassung oder die Zweigniederlassung oder Geschäftsstelle hat, durch deren Vermittlung der Beförderungsvertrag geschlossen worden ist (Buchst. a), oder
- der Ort der Übernahme des Gutes oder der für die Ablieferung vorgesehene Ort liegt (Buchst. b).

Andere Gerichte können nicht angerufen werden.

Ist ein Verfahren bei einem nach Art. 31 Abs. 1 CMR zuständigen Gericht wegen einer solchen Streitigkeit anhängig oder ist durch ein solches Gericht in einer solchen Streitsache ein Urteil erlassen worden, so kann gemäß Art. 31 Abs. 2 CMR eine neue Klage wegen derselben Sache zwischen denselben Parteien nicht erhoben werden, es sei denn, dass die Entscheidung des Gerichtes, bei dem die erste Klage erhoben worden ist, in dem Staat nicht vollstreckt werden kann, in dem die neue Klage erhoben wird. 287

Angehörige der Vertragsstaaten, die ihren Wohnsitz oder eine Niederlassung in einem dieser Staaten haben, sind nach Art. 31 Abs. 5 CMR nicht verpflichtet, Sicherheit für die Kosten eines gerichtlichen Verfahrens zu leisten, das wegen einer diesem Übereinkommen unterliegenden Beförderung eingeleitet wird. 288

Beachte: Art. 71 Brüssel Ia-VO (Rangkollisionsnorm) ist nach Ansicht des EuGH (NJW 2010, 1736 – *TNT Express Nederland BV/AXA Versicherungs-AG*) dahin auszulegen, dass die in einem Übereinkommen über ein besonderes Rechtsgebiet vorgesehenen Regeln über die gerichtliche Zuständigkeit, Anerkennung und Vollstreckung (wie z.B. die Rechtshängigkeitsregel in Art. 31 Abs. 2 bzw. die Vollstreckungsregel in Art. 31 Abs. 3 CMR) zur Anwendung kommen, sofern sie in hohem Maße vorhersehbar sind, eine geordnete Rechtspflege zu fördern, es erlauben, die Gefahr von Parallelverfahren so weit wie möglich zu vermeiden, und den freien Verkehr der Entscheidungen in Zivil- und Handelssachen sowie das gegenseitige Vertrauen in die Justiz im Rahmen der Union (*favor executionis*) unter mindestens ebenso günstigen Bedingungen gewährleisten, wie sie in der Brüssel Ia-VO vorgesehen sind. Der EuGH ist für die Auslegung von Art. 31 CMR nicht zuständig.

III. Das Haager Übereinkommen über die Zuständigkeit der Behörden und das anzuwendende Recht auf dem Gebiet des Schutzes von Minderjährigen

Literatur: *Andrae*, Zur Abgrenzung des räumlichen Anwendungsbereichs von EheVO, MSA, KSÜ und autonomem IZPR/IPR, IPRax 2006, 82; *Finger*, Zuständigkeiten nach dem MSA und anderen kindschaftsrechtlichen Übereinkommen, FPR 2002, 621; *Schulz*, Internationale Regelungen zum Sorge- und Umgangsrecht, FamRZ 2003, 336; *Siehr*, Die Rechtslage der Minderjährigen im internationalen Recht und die Entwicklung in diesem Bereich, FamRZ 1996, 1047.

1. Überblick

289 Das Haager Übereinkommen über die Zuständigkeit der Behörden und das anzuwendende Recht auf dem Gebiet des Schutzes von Minderjährigen (**MSA**) vom 5.10.1961 verdrängt in seinem Anwendungsbereich die Vorschriften des autonomen deutschen internationalen Verfahrensrechts. Damit richtet sich die internationale Zuständigkeit der deutschen Gerichte zur Regelung der elterlichen Sorge nach den Vorgaben des MSA, sofern sie von dessen sachlichem, persönlichem und räumlichem Geltungsbereich erfasst werden. Kritisch wird die Einführung des Aufenthaltsrechts neben dem Heimatrecht des Minderjährigen gesehen.

2. Anwendungsbereich

290 Die Behörden (Gerichte oder Verwaltungsbehörden) des Staates, in dem ein Minderjähriger (**persönlicher Anwendungsbereich**) seinen gewöhnlichen Aufenthalt (in einem Vertragsstaat zum Zeitpunkt des Erlasses der Schutzmaßnahme – **territorialer Anwendungsbereich**) hat, sind nach Art. 1 MSA (**internationale Zuständigkeit**) grundsätzlich (vorbehaltlich der Bestimmungen der Art. 3, 4 und 5 Abs. 3 MSA) zuständig, Maßnahmen zum Schutz der Person und des Vermögens (**sachlicher Anwendungsbereich**) des Minderjährigen zu treffen.

291 Unter „**Schutzmaßnahmen**“ als autonom zu qualifizierende Begrifflichkeit fallen in weiter Auslegung behördliche wie gerichtliche Einzelakte zum Schutz eines bestimmten Minderjährigen, unabhängig davon, ob es sich um privatrechtliche oder öffentlich-rechtliche Maßnahmen handelt (insbesondere Fragen des Rechtsverhältnisses zwischen Eltern

und Kindern). Erfasst wird der gesamte Schutz des Minderjährigen, neben der Vormundschaft auch die elterliche Sorge und der öffentlichrechtliche Minderjährigenschutz.

Minderjähriger ist gem. Art. 12 MSA, wer sowohl nach seinem Heimatrecht als auch nach dem Recht seines gewöhnlichen Aufenthalts „minderjährig" ist mit der Folge, dass wer nach einem der beiden Rechte volljährig ist, dem MSA nicht mehr unterfällt. Seinem Anwendungsbereich nach erfasst das MSA nach Art. 13 Abs. 1 alle Minderjährigen, „die ihren gewöhnlichen Aufenthalt in den Vertragsstaaten haben" – „gewöhnlicher Aufenthalt" verstanden (wie im deutschen Recht) als Daseinsmittelpunkt. 292

3. Internationale Zuständigkeit

a) Grundsatz: Zuständigkeit der Behörden am gewöhnlichen Aufenthaltsort

Nach Art. 1 MSA sind für Maßregeln grundsätzlich die Behörden des Staates international zuständig, in dem der Minderjährige seinen „gewöhnlichen Aufenthalt" hat. Die dergestalt international zuständigen Behörden wenden nach Art. 2 Abs. 1 MSA ihr eigenes materielles Recht (*lex fori*) an. Die Durchführung der von den Behörden des Aufenthaltsstaates angeordneten Maßregeln kann nach Art. 6 Abs. 2 MSA aber einvernehmlich den Behörden eines Staates übertragen werden, in dem der Minderjährige Vermögen hat. 293

b) Zuständigkeit der Behörden des Heimatstaates des Minderjährigen

Auch die Behörden des (MSA-) Heimatstaates eines Minderjährigen sind nach Art. 4 Abs. 1 MSA international zuständig, Maßregeln zu ergreifen – sofern sie die Behörden des Aufenthaltsstaates darüber vorher verständigt haben. Die Behörden des Heimatstaates wenden dann ihr eigenes materielles Recht (*lex fori*) an. Die getroffenen Maßnahmen des Heimatstaates gehen nach Art. 4 Abs. 4 MSA früheren und späteren Maßregeln der Behörden des Aufenthaltsstaates vor. Praktisch gerät der Heimatstaat gegenüber dem Aufenthaltsstaat jedoch meist ins Hintertreffen. 294

Bei einer **Verlegung des gewöhnlichen Aufenthalts** des Minderjährigen von einem Vertragsstaat in einen anderen verlieren die Behörden des alten Staates ihre Zuständigkeit. Allerdings bleiben die von den Behörden des alten Staates ergriffenen Maßnahmen nach Art. 5 Abs. 1 MSA so lange in Kraft, bis sie von den Behörden des neuen Staates geändert oder aufgehoben werden. Art. 5 Abs. 2 MSA fordert zudem, dass 295 sich die Behörden des neuen Staates vor dem Ergreifen eigener Maßnahmen mit den Behörden des alten Staates verständigen. Nach Art. 5 Abs. 3 MSA bleiben allerdings die Maßnahmen des Heimatstaates – die gem. Art. 4 Abs. 4 MSA in jedem Fall den Maßnahmen der Behörden des Aufenthaltsstaates vorgehen – uneingeschränkt in Kraft.

c) Zuständigkeit bei einer Gefährdung des Minderjährigen

296 Die Behörden des Aufenthaltsstaates können nach Art. 8 Abs. 1 MSA ungeachtet

- eines gesetzlichen Gewaltverhältnisses nach Heimatrecht (Art. 3 MSA) bzw.
- vorrangiger Maßnahmen der Behörden des Heimatstaates (Art. 4, 5 Abs. 3 MSA)

Maßnahmen unter Anwendung ihres eigenen materiellen Rechts ergreifen, wenn die Person oder das Vermögen des Minderjährigen „ernstlich gefährdet" ist.

Hinweis: Die Behörden der anderen Vertragsstaaten sind jedoch nach Art. 8 Abs. 2 MSA nicht verpflichtet, diese Maßnahmen anzuerkennen.

d) Eilzuständigkeit

297 In allen (anderen) dringenden Fällen können nach Art. 9 Abs. 1 MSA die Behörden jedes Vertragsstaates, in dessen Hoheitsgebiet sich der Minderjährige oder ihm gehörendes Vermögen befindet, die „**notwendigen Schutzmaßnahmen**" treffen. Die Regelung schweigt hinsichtlich der Frage des anzuwendenden Rechts, weshalb das jeweilige IPR des Vertragsstaates dafür maßgeblich ist. Die aufgrund einer Eilzuständigkeit getroffenen Maßnahmen treten jedoch gem. Art. 9 Abs. 2 MSA, soweit sie keine endgültigen Wirkungen hervorgebracht haben, außer Kraft, sobald die nach dem MSA international zuständigen Behörden (eines anderen Vertragsstaates) die durch die Umstände gebotenen Maßnahmen getroffen haben (**ex-nunc Unwirksamkeit**).

e) Allgemeine Grundsätze der Zuständigkeit

298 Nach Art. 10 MSA haben die Behörden eines Vertragsstaates, um die Fortdauer der dem Minderjährigen zuteil gewordenen Betreuung zu sichern, nach Möglichkeit Maßnahmen erst dann zu treffen, nachdem sie einen Meinungsaustausch mit den Behörden der anderen Vertragsstaaten gepflogen haben (**Abstimmung**), deren Entscheidungen noch wirksam sind. Weiterhin haben gem. Art. 11 Abs. 1 MSA die Behörden, die aufgrund des MSA Maßnahmen getroffen haben, dies unverzüglich den

Behörden des Staates, dem der Minderjährige angehört, und ggf. den Behörden des Staates seines gewöhnlichen Aufenthalts mitzuteilen.

f) Exkurs: Internationale Zuständigkeit deutscher Gerichte

Eine internationale Zuständigkeit deutscher Gerichte besteht in folgenden Fällen: **299**

- gewöhnlicher Aufenthalt des Minderjährigen im Inland (Art. 1 MSA);
- der Minderjährige hat die deutsche Staatsangehörigkeit (konkurrierende Zuständigkeit zu Art. 1 MSA) nach Maßgabe der Ausnahmeregelung des Art. 4 MSA;
- Gefährdungszuständigkeit nach Art. 8 Abs. 1 MSA (ernstliche Gefährdung der Person oder des Vermögens des Minderjährigen); bzw.
- Eilzuständigkeit nach Art. 9 MSA in dringenden Fällen, sofern der Minderjährige seinen schlichten Aufenthalt im Inland hat oder sich hier Vermögen befindet.

> **Hinweis:** Das MSA geht der internationalen Verbundzuständigkeit für die Sorgerechtsentscheidung im Scheidungsverfahren (§ 98 Abs. 2 FamFG) vor (da die Bundesrepublik Deutschland von der Möglichkeit eines Vorbehalts in Eheverfahren nach Art. 15 Abs. 1 EGBGB keinen Gebrauch gemacht hat).

Besteht dergestalt eine internationale Zuständigkeit deutscher Gerichte, sind die Entscheidungen nach deutschem Sachrecht zu treffen (sog. **Gleichlaufprinzip**). **300**

4. Konkurrenzen

Das MSA wird im Rahmen des sachlichen Anwendungsbereichs des HKEntfÜ (nachstehende Rn. 316) nach dessen Art. 34 im Verhältnis der Vertragsstaaten zueinander durch Letzteres ersetzt. Das MSA wird im Verhältnis der Vertragsstaaten, die dem KSÜ beitreten, gem. Art. 51 KSÜ ersetzt. Das MSA wird im Verhältnis der EU-Mitgliedstaaten (mit Ausnahme von Dänemark) durch die EheVO in deren sachlichem Anwendungsbereich verdrängt (Art. 60 EheVO). In seiner Abgrenzung zum Anwendungsbereich der EheVO gelangt Art. 1 MSA allerdings dann zur Anwendung, wenn der Minderjährige seinen „gewöhnlichen Aufenthalt“ in einem Vertragsstaat hat, der nicht EU-Mitgliedstaat ist (z.B. der Türkei). **301**

IV. Das Haager Kinderschutzübereinkommen

Literatur: *Benicke*, Haager Kinderschutzübereinkommen, IPRax 2013, 44; *Heindler*, Vorrang des Haager KSÜ vor der EuEheVO, bei Wegzug, IPRax 2014, 201; *Henrich*, Kindschaftsrechtsreformgesetz und IPR, FamRZ 1998, 1401; *Rieck*, Kindesentführung und die Konkurrenzen zwischen dem HKÜ und der EheEuGVVO (Brüssel IIa), NJW 2008, 182; *Ring/Olsen-Ring*, Quellen, § 1 Rn. 322 ff.; *Schulz*, Inkrafttreten des Haager Kinderschutzübereinkommens v. 19.10.1996 für Deutschland am 1.1.2011, FamRZ 2011, 156.

302 Seit dem 1.1.2011 hat in Deutschland das Haager Übereinkommen über die Zuständigkeit, das anzuwendende Recht, die Anerkennung, Vollstreckung und Zusammenarbeit auf dem Gebiet der elterlichen Verantwortung und der Maßnahmen zum Schutz von Kindern (**Haager Kinderschutzübereinkommen** – fortan: **KSÜ**) das **MSA** vom 5.10.1961 abgelöst.

303 Nach Art. 51 KSÜ gilt das MSA aber weiter im Verhältnis zu Vertragsstaaten, die das KSÜ noch nicht ratifiziert haben. Das KSÜ ist nach seinem Art. 53 in Deutschland auf alle Schutzmaßnahmen anwendbar, die seit dem 1.1.2011 getroffen wurden.

> **Beachte:** Das KSÜ wird im Verhältnis der EU-Mitgliedstaaten (mit Ausnahme Dänemarks) hinsichtlich **verfahrensrechtlicher Fragen** durch die EheVO im ihrem sachlichen Anwendungsbereich verdrängt (vgl. Art. 61 EheVO).

1. Anwendungsbereich

a) Persönlicher Anwendungsbereich

304 Das KSÜ ist auf Kinder von ihrer Geburt bis zur Vollendung des 18. Lebensjahres anzuwenden (Art. 2 KSÜ).

b) Sachlicher Anwendungsbereich

305 Maßregeln des Kinderschutzes können nach dem Positivkatalog des Art. 3 KSÜ (der allerdings keine kraft Gesetzes eintretenden Rechtsfolgen umfasst) insbesondere Folgendes umfassen (**Maßnahmen zum Schutz der Person und des Vermögens des Kindes**):

– die Zuweisung, die Ausübung und die vollständige oder teilweise Entziehung der elterlichen Verantwortung sowie deren Übertragung (Buchst. a);
– das (elterliche) Sorgerecht einschließlich der Sorge für die Person des Kindes und insbesondere des Rechts, den Aufenthalt des Kindes zu

bestimmen, sowie das Recht zum persönlichen Umgang einschließlich des Rechts, das Kind für eine begrenzte Zeit an einen anderen Ort als den seines gewöhnlichen Aufenthalts zu bringen (Buchst. b);
- die Vormundschaft, die Pflegschaft und entsprechende Einrichtungen (Buchst. c);
- die Bestimmung und den Aufgabenbereich jeder Person oder Stelle, die für die Person oder das Vermögen des Kindes verantwortlich ist, das Kind vertritt oder ihm beisteht (Buchst. d);
- die Unterbringung des Kindes in einer Pflegefamilie oder einem Heim oder seine Betreuung durch *Kafala* (nach islamischem Recht) oder eine entsprechende Einrichtung (Buchst. e);
- die behördliche Aufsicht über die Betreuung eines Kindes durch jede Person, die für das Kind verantwortlich ist (Buchst. f); bzw.
- die Verwaltung und Erhaltung des Vermögens des Kindes oder die Verfügung darüber (Buchst. g).

c) Räumlicher Anwendungsbereich

Im Hinblick auf den räumlichen Anwendungsbereich gilt in Bezug **306**
auf Schutzmaßnahmen (wobei ein „gewöhnlicher Aufenthalt" in einem Vertragsstaat nicht erforderlich ist, vgl. Art. 11 Abs. 1 KSÜ – **Schutzmaßnahmen hinsichtlich des Kindesvermögens**) Folgendes:
- Hat das Kind seinen gewöhnlichen Aufenthalt in einem EheVO-Mitgliedstaat, geht die EheVO vor.
- Hat das Kind seinen gewöhnlichen Aufenthalt in einem MSA-Mitgliedstaat, der nicht das KSÜ gezeichnet hat und auch nicht EheVO-Mitgliedstaat ist, geht das MSA vor (vgl. Art. 13 MSA und Art. 51 KSÜ).

2. Internationale Zuständigkeit

Die internationale Zuständigkeit für Schutzmaßnahmen ist in den **307**
Art. 5 bis 14 KSÜ geregelt.

a) Aufenthaltszuständigkeit

International zuständig sind nach der Grundregel des Art. 5 Abs. 1 **308**
KSÜ (unabhängig von der Staatsangehörigkeit) grundsätzlich und an erster Stelle die „Behörden" (Gerichte oder Verwaltungsbehörden) des Vertragsstaates, in dem das Kind seinen „gewöhnlichen Aufenthalt" hat (oder in dem sich das Flüchtlingskind „aufhält", so Art. 6 KSÜ): sog. **Aufenthaltszuständigkeit**. Die Behörden sind zuständig, Maßnahmen zum Schutz der Person oder des Vermögens des Kindes zu treffen (so

Ring/Olsen-Ring, Quellen, § 1 Rn. 328). Durch einen Wechsel des gewöhnlichen Aufenthalts kommt es gemäß Art. 5 Abs. 2 KSÜ zu einem Zuständigkeitswechsel.

b) Kindesentführung

309 Art.7 Abs.1 KSÜ regelt eingehend die Zuständigkeit im Falle eines widerrechtlichen Verbringens oder Zurückhaltens des Kindes i.S. von Art. 7 Abs. 2 KSÜ, der gesetzlichen Fiktion der Widerrechtlichkeit des Verbringens oder Zurückhaltens eines Kindes (**Kindesentführung** – so *Ring/Olsen-Ring*, Quellen, § 1 Rn. 329). Danach bleiben die Behörden des Vertragsstaates, in dem das Kind unmittelbar vor dem Verbringen oder Zurückhalten seinen „gewöhnlichen Aufenthalt" hatte, so lange international zuständig (und die Behörden des neuen Vertragsstaates auf dringliche Maßnahmen beschränkt, vgl. Art. 7 Abs. 3 KSÜ), bis das Kind einen „gewöhnlichen Aufenthalt" in einem anderen Staat erlangt hat und

– jede sorgeberechtigte Person, Behörde oder sonstige Stelle das Verbringen oder Zurückhalten genehmigt hat, oder
– das Kind sich in diesem anderen Staat mindestens ein Jahr aufgehalten hat, nachdem die sorgeberechtigte Person, Behörde oder sonstige Stelle seinen Aufenthaltsort kannte oder hätte kennen müssen, kein während dieses Zeitraums gestellter Antrag auf Rückgabe mehr anhängig ist und das Kind sich in seinem neuen Umfeld eingelebt hat.

c) Lockerung der Aufenthaltszuständigkeit

310 Eine Lockerung der Aufenthaltszuständigkeit (nach den Art. 5, 6 bzw. 7 KSÜ – so *Ring/Olsen-Ring*, Quellen, § 1 Rn. 330) erfolgt gem. Art. 8 Abs. 2 KSÜ in vier Fällen zugunsten einer eingeschränkten Zuständigkeit der Behörden jenes Staates,

– dem das Kind angehört (**Staatsangehörigkeitszuständigkeit**, Buchst. a);
– in dem sich Vermögen des Kindes befindet (**Belegenheitszuständigkeit**, Buchst. b);
– in dem ein Scheidungs- oder Eheverfahren der Eltern anhängig ist (**Verbundzuständigkeit**, Buchst. c); bzw.
– zu dem das Kind eine „**enge Verbindung**" hat (Buchst. d).

311 In den genannten Fällen können die kraft Aufenthalts zuständigen Behörden im Einzelfall im Interesse des Kindeswohls entweder selbst oder über die Parteien die Behörden des anderen Vertragsstaates bitten, die Zuständigkeit zu übernehmen (Art. 8 Abs. 1 KSÜ – **Übernahme des Verfahrens durch ein sachnäheres Gericht** – einverständliche Abgabe an ein „besser geeignetes Forum" – so *Ring/Olsen-Ring*, Quellen, § 1 Rn. 331). Die Behörden des anderen Vertragsstaates können aber auch selbst oder über die Parteien um Überlassung der Zuständigkeit bitten (Art. 9 Abs. 1 KSÜ).

d) Verbundzuständigkeit

Eine Verbundzuständigkeit regelt Art. 10 KSÜ (**Annexzuständigkeit im Scheidungsverfahren**). Danach können (unbeschadet der Art. 5 bis 9 KSÜ) die Behörden eines Vertragsstaates, in dem eine Ehesache der Eltern anhängig ist oder ein Elternteil sich aufhält, sofern die Eltern (und wer sonst die elterliche Verantwortung trägt) einverstanden und das Kindeswohl gewahrt ist, Maßnahmen zum Schutz der Person oder des Vermögens des Kindes treffen, auch wenn dieses sich in einem anderen Vertragsstaat gewöhnlich aufhält (so *Ring/Olsen-Ring*, Quellen, § 1 Rn. 332). **312**

e) Eilzuständigkeit

Art. 11 Abs. 1 KSÜ trifft eine Regelung für „dringende Fälle" (Eilzuständigkeit) – Art 12 Abs. 1 KSÜ gestattet vorläufige Maßnahmen zum Schutz der Person oder des Vermögens eines Kindes durch Behörden eines Vertragsstaates, in dem sich das Kind aufhält oder Vermögen hat. **313**

f) Zuständigkeitskonkurrenz

Das Konkurrenzverhältnis zwischen den normalerweise (d.h. den nach den Art. 5 bis 10 KSÜ) zuständigen Behörden löst Art. 13 KSÜ dahingehend, dass ein Vorrang der Behörde jenes Vertragsstaates gebührt, die **zuerst** angerufen wird (i.S. der Einleitung des Verfahrens) – „eine Art Rechtshängigkeit" (so *Ring/Olsen-Ring*, Quellen, § 1 Rn. 335). **314**

3. Verfahrensvorschriften

Selbst wenn durch eine Änderung der Umstände die Grundlage der Zuständigkeit wegfällt (Wegfall der zuständigkeitsbegründenden Umstände), bleiben gem. Art. 14 KSÜ die nach den Art. 5 bis 10 KSÜ getroffenen Maßnahmen innerhalb ihrer Reichweite so lange in Kraft, bis die nach dem KSÜ zuständigen Behörden sie ändern, ersetzen oder aufheben – eine Art *perpetuatio fori* (so *Ring/Olsen-Ring*, Quellen, § 1 Rn. 336). **315**

4. Exkurs: Rückführung bei Kindesentführung

Das **Haager Übereinkommen über die zivilrechtlichen Aspekte internationaler Kindesentführung** vom 25.10.1980 (**HKEntfÜ**) ist **316** nach Art. 50 KSÜ neben diesem anwendbar. Das HKEntfÜ regelt allerdings nicht die internationale Zuständigkeit und das anwendbare Recht (so *Rauscher*, IPR, Rn. 965). Das KSÜ bestimmt auch im Falle einer Kindesentführung die internationale Zuständigkeit für die Sorgerechtsentscheidung.

D. Autonomes deutsches Recht

317 Autonomes deutsches Recht gelangt nur dann zur Anwendung, wenn das vorrangige EU-Recht bzw. jenes völkerrechtlicher Vereinbarungen (Staatsverträge) nicht einschlägig ist. Dann bestimmt sich die internationale Zuständigkeit in Deutschland nach der ZPO oder dem FamFG.

318 Wegen des grundsätzlichen Vorrangs des europäischen (EU-Recht) bzw. internationalen Rechts (Völkerrecht) kann autonomes deutsches Zivilprozessrecht i.S. einer **Restzuständigkeit** also nur dann in Betracht kommen, wenn der sachliche und persönliche Anwendungsbereich des europäischen oder internationalen Rechts im konkreten Fall nicht besteht. Dies bedeutet:

- in **Zivil und Handelssachen** (i.S. von Art. 1 Brüssel Ia-VO) gelangt allein (unter Verdrängung der Gerichtsstände des nationalen Rechts) die **Brüssel Ia-VO** zur Anwendung. Voraussetzungen:
  - Der Beklagte hat seinen „Wohnsitz" im Hoheitsgebiet eines Mitgliedstaats (Art. 4 Abs. 1 Brüssel Ia-VO).
  - Ausschließliche Zuständigkeiten und Gerichtsstandsvereinbarungen gelangen auch ohne Wohnsitzerfordernis zur Anwendung (Art. 23 und 24 Brüssel Ia-VO).

319 Eine Restzuständigkeit des autonomen deutschen Rechts besteht nur noch, soweit der sachliche Anwendungsbereich der Brüssel Ia-VO nicht eröffnet ist (Art. 6 Abs. 1 Brüssel Ia-VO).

- In **Ehesachen** und **Verfahren betreffend die elterliche Verantwortung** (i.S. von Art. 1 EheVO) gelangt allein (unter Verdrängung der Gerichtsstände des nationalen Rechts) die **EheVO** zur Anwendung: Voraussetzung: Der Antragsgegner hat seinen „gewöhnlichen Aufenthalt" in einem Mitgliedstaat oder er ist Staatsangehöriger eines anderen Mitgliedstaates (Art. 6 EheVO). Eine Restzuständigkeit des autonomen deutschen Rechts besteht nur noch, soweit der sachliche Anwendungsbereich der EheVO nicht eröffnet ist (Art. 7 Abs. 1 EheVO).
- In **Unterhaltssachen** (i.S. von Art. 1 Abs. 1 UnterhaltsVO) gelangt allein (unter vollständiger Verdrängung der Gerichtsstände des nationalen Rechts) die UnterhaltsVO zur Anwendung – und zwar ohne Rücksicht auf den Wohnsitz, den gewöhnlichen Aufenthalt oder die

Staatsangehörigkeit (**Totalvereinheitlichung** ohne Rechtszuständigkeit des autonomen deutschen Rechts).

– In **Erbrechtssachen** (i.S. von Art. 1 EuErbVO) gelangt allein (unter vollständiger Verdrängung der Gerichtsstände des nationalen Rechts) für Erbsachen, die Personen betreffen, die am 17.8.2015 oder danach verstorben sind (vgl. Art. 83 Abs. 1 und Art. 84 EuErbVO) die EuErbVO zur Anwendung.

Beachte: Auch das **Luganer Übereinkommen** verdrängt als Staatsvertrag das autonome deutsche Recht der internationalen Zuständigkeit (im Verhältnis zur Schweiz, zu Norwegen und zu Island).

I. ZPO und internationale Zuständigkeit

Die ZPO regelt die internationale Zuständigkeit – d.h. die Grenzziehung zwischen der Zuständigkeit deutscher Gerichte und der Zuständigkeit ausländischer Gerichte – nicht ausdrücklich und unmittelbar. Auch nach deutschem Recht ist die internationale Zuständigkeit **von Amts wegen als Prozessvoraussetzung** zu prüfen (so *Junker*, IZPR, § 21 Rn. 7: fehlt die internationale Zuständigkeit, ist die Klage durch Prozessurteil abzuweisen). **320**

1. Prinzip der Doppelfunktionalität

In Bezug auf die internationale Zuständigkeit deutscher Gerichte im autonomen deutschen Recht erfolgt nur eine mittelbare Regelung durch **stillschweigende Verweisung** auf die Vorschriften der §§ 12 ff. ZPO über den Gerichtsstand (BGHZ 44, 46 unter 2.): Soweit nach diesen Vorschriften ein deutsches Gericht örtlich zuständig ist, ist es nach deutschem Recht wegen der vergleichbaren Interessenlage auch international – mithin im Verhältnis zu ausländischen Gerichten – zuständig. Die Vorschriften der ZPO über die örtliche Zuständigkeit der Gerichtsgewalt der deutschen Gerichte regeln nämlich nicht nur das Verhältnis der Gerichte zueinander, sondern ziehen zugleich mittelbar dem Ausland gegenüber auch die Grenze für die Ausübung der deutschen Gerichtsbarkeit (so schon RGZ 126, 196; 150, 265, 268). Die h.M. (*Hoffmann/Thorn*, IPR, § 3 Rn. 38; *Junker*, IZPR, § 21 Rn. 7) wendet die **§§ 12 ff. ZPO** über die örtliche Zuständigkeit – vorbehaltlich einer ausdrücklichen Bestimmung der internationalen Zuständigkeit in der ZPO – **analog** auf die internationale Zuständigkeit an (**Verknüpfung**). Der örtlichen Zuständigkeit kommt eine **indizielle Bedeutung** in Bezug auf **321** die internationale Zuständigkeit zu (sog. **Prinzip der Doppelfunktionalität**: Die örtliche Zuständigkeit indiziert die internationale Zuständigkeit).

> **Beachte:** Obgleich auch für § 15 ZPO (exterritoriale Deutsche), § 16 ZPO (wohnsitzlose Personen), § 23 ZPO (besondere Gerichtsstände des Vermögens), § 27 Abs. 2 ZPO (Erbschaft am letzten inländischen Erblasserwohnsitz) bzw. § 30a ZPO (Gerichtsstand seerechtlicher Bergungsansprüche) das Prinzip der Doppelfunktionalität gilt, normieren die genannten Vorschriften aber im Kern eine „Abgrenzung von deutscher und ausländischer Zuständigkeit" (so *Junker*, IZPR, § 6 Rn. 24).

322 Dabei darf jedoch nicht verkannt werden, dass das Prinzip der Doppelfunktionalität – im Unterschied zu anderen Rechtsordnungen, die für die internationale Zuständigkeit selbständige Voraussetzungen aufstellen – die örtliche und die internationale Zuständigkeit nur in ihren Voraussetzungen (§§ 12 ff. ZPO) miteinander verknüpft. Trotz der Verknüpfung im Sinne einer Schnittmenge sind örtliche und internationale Zuständigkeit nämlich nicht deckungsgleich und bilden etwas Verschiedenes: Die **örtliche Zuständigkeit** verteilt die Streitigkeiten unter den deutschen erstinstanzlichen Gerichten, wohingegen die **internationale Zuständigkeit** regelt, ob eine Streitsache mit Auslandsbezug von deutschen oder von ausländischen Gerichten entschieden werden soll (BGHZ 44, 46 unter 2.).

323 Mit Rücksicht auf diese funktionelle Verschiedenheit wird im IZPR überwiegend angenommen, dass die internationale Zuständigkeit eine **selbständige Prozessvoraussetzung** neben der örtlichen Zuständigkeit bildet (so bereits *Pagenstecher*, RabelsZ 1937, 346).

324 In jedem Fall stellt sich aber die Frage, ob Bestimmungen der ZPO, die sich außerhalb des Titels „Gerichtsstand" (d.h. der §§ 12 ff. ZPO) mit der örtlichen Zuständigkeit befassen, also nicht deren Voraussetzungen regeln, auch für die internationale Zuständigkeit gelten. Die Antwort auf diese Frage ist nicht schon aus der positivrechtlichen Verknüpfung der Voraussetzungen der beiden Zuständigkeiten logisch zu erschließen. Sie ist vielmehr nur durch eine Auslegung dieser Bestimmungen zu gewinnen (so BGHZ 44, 46 unter 2.).

2. Entscheidungs- und Anerkennungszuständigkeit

325 Begrifflich ist zwischen der **Entscheidungszuständigkeit** – d.h. der Frage: Ist ein deutsches Gericht zur Entscheidung eines Falls mit Auslandsbezug international zuständig? – und der **Anerkennungszuständigkeit** – War aus deutschem Blickwinkel ein ausländisches Gericht bei der Entscheidung eines internationalen Sachverhalts international zuständig und kommt dieser Entscheidung in Deutschland überhaupt eine Relevanz zu? – zu unterscheiden.

3. Die internationale Zuständigkeit als allgemeine Prozessvoraussetzung

Das deutsche erstinstanzliche Gericht hat die internationale Zuständigkeit im Rahmen der Zulässigkeitsprüfung als **allgemeine Prozessvoraussetzung** von Amts wegen zu prüfen. Verneint es die internationale Zuständigkeit, so ist die Klage durch Prozessurteil als unzulässig abzuweisen. Da eine Verweisung nach dem Wortlaut des § 281 ZPO nur in Bezug auf die örtliche und die sachliche Zuständigkeit in Betracht kommt, kommt eine Verweisung wegen fehlender internationaler Zuständigkeit nicht in Betracht. 326

Da im Rechtsmittelverfahren Zulässigkeitsfragen der ersten Instanz in der Begründetheit zu prüfen sind, ist die internationale Zuständigkeit in der Berufungs- bzw. Revisionsinstanz ein Problem der Begründetheit. 327

> **Beachte:** Unabhängig von der Frage der internationalen Zuständigkeit bestimmt sich die Zulässigkeit des Rechtswegs (§ 13 GVG) sowie die sachliche, örtliche und funktionelle Zuständigkeit grundsätzlich nach nationalem Recht (d.h. nach GVG und ZPO).

Eine **Doppelfunktionalität** kommt dann in Betracht, wenn eine Norm des nationalen oder des EU- bzw. Völkerrechts (vgl. bspw. Art. 4 Abs. 1 bzw. Art. 7 Brüssel Ia-VO) nicht nur die internationale, sondern zugleich auch die örtliche Zuständigkeit festlegt. 328

II. Allgemeine und besondere Gerichtsstände des autonomen deutschen Rechts

1. Der Beklagtengerichtsstand

Nach dem Grundsatz *actor sequitur forum rei* folgt der Kläger im Interesse eines hinreichenden Beklagtenschutzes dem Gericht des Beklagten. 329

Aufgrund des **Grundsatzes der Doppelfunktionalität** örtlicher und internationaler Zuständigkeit (vorstehende Rn. 321 ff.) können **natürliche Personen** nach den §§ 12 und 13 ZPO an ihrem **Wohnsitz** verklagt werden (vgl. auch Art. 4 Abs. 1 Brüssel Ia-VO). 330

331 Nach § 12 ZPO ist das Gericht, bei dem eine Person ihren **allgemeinen Gerichtsstand** hat, für alle gegen sie zu erhebenden Klagen zuständig, sofern nicht für eine Klage ein ausschließlicher Gerichtsstand begründet ist. Der allgemeine Gerichtsstand einer natürlichen Person wird gemäß § 13 ZPO durch den Wohnsitz bestimmt (**allgemeiner Gerichtsstand des Wohnsitzes**).

332 Da Tatbestandsmerkmale des Prozessrechts – konkret der „Wohnsitz" – grundsätzlich nach der *lex fori* zu bestimmen sind (vgl. *Hoffmann/Thorn*, IPR, § 3 Rn. 40 ff.), ist nicht auf das Personalstatut (Art. 5 EGBGB, *lex causae*), sondern auf die §§ 7 bis 11 BGB abzustellen.

– Der allgemeine Gerichtsstand „**exterritorialer**" bzw. **wohnsitzloser Personen** bestimmt sich nach § 15 respektive § 16 ZPO.
– Der allgemeine Gerichtsstand **juristischer Personen** wird nach § 17 Abs. 1 S. 1 ZPO durch ihren **satzungsmäßigen** (statuarischen) **Sitz** bestimmt (anders als nach Art. 63 Abs. 1 Brüssel Ia-VO: unionsrechtliche autonome Bestimmung). Als Sitz gilt nach der gesetzlichen Fiktion des § 17 Abs. 1 S. 2 ZPO, wenn sich nichts anderes ergibt (d.h. nur für den Fall, dass die Gesellschaft weder im In- noch im Ausland einen satzungsmäßigen Sitz hat), der Ort, wo die Verwaltung geführt wird. Neben dem dergestalt bestimmten Gerichtsstand ist gemäß § 17 Abs. 3 ZPO auch ein durch Statut oder in anderer Weise besonders geregelter Gerichtsstand zulässig.

2. Besondere Gerichtsstände

333 Anstelle des allgemeinen Gerichtsstands kann auch ein **besonderer Gerichtsstand** (vgl. §§ 20 ff. ZPO) in Betracht kommen.

a) Besonderer Gerichtsstand der Niederlassung (§ 21 ZPO)

334 Hat jemand zum Betrieb einer Fabrik, einer Handlung oder eines anderen Gewerbes eine Niederlassung, von der aus unmittelbar Geschäfte geschlossen werden, so können gegen ihn nach § 21 Abs. 1 ZPO alle Klagen, die auf den Geschäftsbetrieb der Niederlassung Bezug haben, bei dem Gericht des Ortes erhoben werden, wo die Niederlassung (als Mittelpunkt der geschäftlichen Tätigkeit) sich befindet (vgl. auch Art. 7 Nr. 5 Brüssel Ia-VO). „Niederlassung" kann auch die Hauptniederlassung sein – anders als nach der Brüssel Ia-VO (da nach deren Art. 63 Abs. 1 Buchs. c auch am Ort der Hauptniederlassung ein allgemeiner Gerichtsstand i.S. von Art. 4 Abs. 1 Brüssel Ia-VO begründet sein kann, weshalb „Niederlassung" nach Art. 7 Nr. 5 Brüssel Ia-VO nur eine „sonstige Niederlassung" sein kann: so *Junker*, IZPR, § 21 Rn. 21).

b) Besonderer Gerichtstand des Vermögens (§ 23 ZPO)

Für Klagen wegen vermögensrechtlicher Ansprüche gegen eine Person, die im Inland keinen Wohnsitz hat, ist nach § 23 S. 1 ZPO – als Ausnahme vom Wohnsitzprinzip der §§ 12 und 13 ZPO – das Gericht zuständig, in dessen Bezirk sich (beliebiges) Vermögen derselben oder der mit der Klage in Anspruch genommene Gegenstand befindet (**Vermögensgerichtsstand** am Ort der Belegenheit des Vermögensgegenstandes, kritisch dazu *Junker*, IZPR, § 21 Rn. 31: „*umbrella rule*" bzw. beziehungsarmer, weil „aus dem Rahmen fallender [= exorbitanter]" Gerichtsstand). 335

Beachte: § 23 S. 1 ZPO zählt zum Katalog der „geächteten Zuständigkeiten" („Schwarze Liste" exorbitanter Gerichtsstände – „europäisches Sündenregister", so *Junker*, IZPR, § 5 Rn. 25) i.S. von Art. 5 Abs. 2 i.V.m. Art. 76 Abs. 4 Brüssel Ia-VO (bzw. Art. 3 Abs. 2 i.V.m. Anhang I LugÜ): § 23 ZPO kann gegen Personen mit Wohnsitz in einem EU-Mitgliedstaat **nicht** herangezogen werden (wohl aber in Bezug auf Personen mit Wohnsitz in einem Nicht-EU-Mitgliedstaat, die EU-Staatsangehörige sind, vgl. insoweit das Meistbegünstigungsprinzip in Art. 6 Abs. 2 Brüssel Ia-VO).

Zur Annahme einer internationalen Zuständigkeit deutscher Gerichte hat die Norm denn auch eine **restriktive Interpretation** erfahren (BGHZ 115, 90, 94): Sie gelangt nur im Falle eines **hinreichenden Inlandsbezugs** zur Anwendung und setzt zudem voraus, dass die Vermögensgegenstände nicht unpfändbar oder nur unterwertig sind. Die Forderung von *Schack* (ZZP 97 [1984], 46, 64 f.) einer Begrenzung der Vollstreckbarkeit eines Urteils auf den Wert des inländischen Vermögens hat jedoch keine Resonanz erfahren. 336

Judikatur: Der BGH (BGHZ 115, 90 = NJW 1991, 3092) hat dazu Folgendes festgestellt: Einschränkungen werden insbesondere in Bezug auf das Merkmal „Vermögen" in § 23 ZPO befürwortet. Nach der vom RG begründeten und vom BGH fortgesetzten Rechtsprechung ist „Vermögen" jeder Gegenstand mit einem wenn auch nur geringen Geldwert, wobei nicht erforderlich ist, dass das Vermögensstück zur Befriedigung des Klägers ausreicht oder in angemessener Relation zum Streitwert des Prozesses steht (RGZ 4, 408 409; 6, 400, 409; 51, 163 165). Einschränkungen des § 23 ZPO sind nach Ansicht des BGH nur insoweit angebracht, als der Vermögensgerichtsstand allein dann gegeben sein kann, wenn der Rechtsstreit einen **hinreichenden Bezug zum Inland** hat. D.h., eine Zuständigkeit deutscher Gerichte über § 23 S. 1 ZPO ist nur dann begründet, wenn der Rechtsstreit einen über die Vermögensbelegenheit hinausgehenden Inlandsbezug aufweist.

337 Ein **hinreichender Inlandsbezug** wird z.B. angenommen, wenn der Kläger einen Wohnsitz oder einen gewöhnlichen Aufenthalt im Inland hat bzw. der Sachverhalt schwerpunktmäßig im Inland zu verorten ist.

338 Bei Forderungen gilt als der Ort, wo das Vermögen sich befindet, nach § 23 S. 2 ZPO der Wohnsitz des (Dritt-) Schuldners und, wenn für die Forderungen eine Sache zur Sicherheit haftet, auch der Ort, wo die Sache sich befindet.

Beachte: Im Geltungsbereich der Brüssel Ia-VO ist wegen dessen Art. 5 der Anwendungsbereich des § 23 ZPO begrenzt.

c) Besonderer Gerichtsstand des Erfüllungsorts (§ 29 ZPO)

339 Für Streitigkeiten aus einem Vertragsverhältnis und über dessen Bestehen (**Vertragsstreitigkeiten**, *forum contractus*) ist nach § 29 Abs. 1 ZPO das Gericht des Ortes zuständig, an dem die (konkret) streitige Verpflichtung zu erfüllen ist (**Erfüllungsort**, *forum executionis* – maßgeblich ist hingegen nicht die charakteristische Leistung, so aber Art. 7 Nr. 1 Buchst. b Brüssel Ia-VO).

Beachte: Nach h.A. (BGHZ 120, 334, 330) ist der Erfüllungsort einer Verpflichtung (wie der EuGH dies für Art. 7 Nr. 1 Buchst. a Brüssel Ia-VO annimmt) nach dem Recht zu bestimmen, das nach den Kollisionsnormen des Forums auf den Vertrag anwendbar ist (mithin nach der *lex causae*).

340 **Exkurs:** Einen **Schutz des Schwächeren** (analog Art. 10 bis 23 Brüssel Ia-VO) kennt die ZPO so nicht:

– Im Kontext mit **Haustürgeschäften** (§ 312b BGB) statuiert § 29c Abs. 1 ZPO einen besonderen Gerichtsstand: Für entsprechende Klagen ist das Gericht zuständig, in dessen Bezirk der Verbraucher zur Zeit der Klageerhebung seinen Wohnsitz (in Ermangelung eines solchen seinen gewöhnlichen Aufenthalt) hat. Für Klagen gegen den Verbraucher ist dieses Gericht ausschließlich zuständig.
– In Bezug auf **Arbeitsverträge** nimmt das BAG (NZA 2003, 339) einen (für Arbeitgeber und Arbeitnehmer) einheitlichen Erfüllungsort am „gewöhnlichen Arbeitsort" an.
– Für Klagen aus einem **Versicherungsvertrag** ist nach § 215 Abs. 1 VVG (auch) das Gericht (örtlich und damit auch international) zuständig, in dessen Bezirk der Versicherungsnehmer zur Zeit der Klageerhebung seinen Wohnsitz (bzw. in Ermangelung eines solchen seinen gewöhnlichen Aufenthalt) hat. Für Klagen gegen den Versicherungsnehmer ist dieses Gericht ausschließlich zuständig.

Eine **Vereinbarung über den Erfüllungsort** begründet gemäß § 29 Abs. 2 ZPO die Zuständigkeit nur, wenn die Vertragsparteien Kaufleute, juristische Personen des öffentlichen Rechts oder öffentlich-rechtliche Sondervermögen sind. Eine Erfüllungsortvereinbarung wird damit wie eine Gerichtsstandsvereinbarung nach § 38 Abs. 1 ZPO behandelt. **341**

d) Besonderer Gerichtsstand der unerlaubten Handlung (§ 32 ZPO)

Für Klagen aus unerlaubten Handlungen ist nach § 32 ZPO das Gericht zuständig, in dessen Bezirk die Handlung begangen worden ist (*forum delicti*). Sowohl am **Handlungsort** als auch am **Erfüllungsort** kann die unerlaubte Handlung „begangen" werden, weshalb für § 32 ZPO bei Distanzdelikten (entsprechend Art. 7 Nr. 2 Brüssel Ia-VO) auch die Ubiquitätsregel gilt (BGHZ 132, 105, 110): Der Verletzte hat also ein Wahlrecht. Er kann vor dem Gericht des Handlungsorts oder vor dem Gericht des Erfüllungsorts klagen. **342**

Judikatur: In der *Google-Entscheidung* hat der BGH (BGHZ 197, 213) die internationale Zuständigkeit der deutschen Gerichte in entsprechender Anwendung des § 32 ZPO bejaht: Zwar genüge zur Begründung der internationalen Zuständigkeit im Rahmen des § 32 ZPO nicht, dass der Kläger den Mittelpunkt seiner Interessen im Inland hat. Erforderlich sei vielmehr, dass die als rechtsverletzend beanstandeten Inhalte objektiv einen deutlichen Bezug zum Inland in dem Sinne aufweisen, dass eine Kollision der widerstreitenden Interessen (Interesse des Klägers an der Achtung seines Persönlichkeitsrechts einerseits und Interesse des Beklagten an der Gestaltung seines Internetauftritts andererseits) nach den Umständen im konkreten Fall (insbesondere aufgrund des Inhalts der konkreten Meldung) im Inland tatsächlich eingetreten ist oder eintreten kann. Diese Voraussetzungen waren im Streitfall gegeben.

Vgl. in Bezug auf Art. 7 Nr. 3 Brüssel Ia-VO für **Adhäsionsverfahren** auch § 403 StPO. Vgl. zudem die Sonderregelungen in § 32a ZPO (ausschließlicher Gerichtsstand der Umwelteinwirkung) und § 32b ZPO (ausschließlicher Gerichtsstand bei falschen, irreführenden oder unterlassenen öffentlichen Kapitalmarktinformationen).

3. Gerichtsstandsvereinbarungen (§ 38 ZPO)

Ein an sich unzuständiges Gericht des ersten Rechtszugs wird nach § 38 Abs. 1 ZPO durch ausdrückliche oder stillschweigende Vereinbarung der Parteien zuständig, wenn die (d.h. **beide**) **Parteien** Kaufleute, juristische Personen des öffentlichen Rechts oder öffentlich-rechtliche Sondermögen sind. **343**

Vgl. auch Art. 25 Brüssel Ia-VO zur *prorogatio fori* bei Sachverhalten mit Auslandsbezug, wenn die Zuständigkeit eines Gerichts oder der Gerichte eines

Mitgliedstaats vereinbart wurde – weshalb § 38 ZPO dann anwendbar ist, wenn im Rahmen eines Rechtsstreits vor deutschen Gerichten geklärt werden muss, ob die Zuständigkeit eines Gerichts oder der Gerichte eines **Drittstaats** vereinbart worden ist (*Junker*, IZPR, § 21 Rn. 27).

344 Die Zuständigkeit eines Gerichts des ersten Rechtszugs kann gemäß § 38 Abs. 2 ZPO auch vereinbart werden, wenn (d.h. im Falle, dass nicht beide Parteien Kaufleute sind, vgl. § 38 Abs. 1 ZPO) **mindestens eine der Vertragsparteien** keinen allgemeinen Gerichtsstand im Inland hat. Die Vereinbarung muss dann schriftlich abgeschlossen oder – falls sie mündlich getroffen wird – schriftlich bestätigt werden. Hat eine der Parteien einen inländischen allgemeinen Gerichtsstand, so kann für das Inland nur ein Gericht gewählt werden, bei dem diese Partei ihren allgemeinen Gerichtsstand hat, oder ein besonderer Gerichtsstand begründet ist.

345 I.Ü. (d.h., wenn nicht beide Parteien Kaufleute sind, vgl. § 38 Abs. 1 ZPO, beide aber ihren allgemeinen Gerichtsstand im Inland haben) ist nach § 38 Abs. 3 ZPO eine Gerichtsstandsvereinbarung nur zulässig, wenn sie ausdrücklich und schriftlich

– nach dem Entstehen der Streitigkeit (Nr. 1) oder (alternativ)
– für den Fall geschlossen wird, dass die im Klagewege in Anspruch zu nehmende Partei nach Vertragsschluss ihren Wohnsitz oder gewöhnlichen Aufenthaltsort aus dem Geltungsbereich der ZPO verlegt, oder ihr Wohnsitz bzw. gewöhnlicher Aufenthalt im Zeitpunkt der Klageerhebung nicht bekannt ist (Nr. 2).

346 Die Vereinbarung hat nach § 40 Abs. 1 ZPO keine rechtliche Wirkung (**Unzulässigkeit der Gerichtsstandsvereinbarung**), wenn sie sich nicht auf ein bestimmtes Rechtsverhältnis und die aus ihm entspringenden Rechtsstreitigkeiten bezieht (vgl. auch Art. 25 Abs. 1 S. 1 Brüssel Ia-VO). Eine Vereinbarung ist gemäß § 40 Abs. 2 S. 1 ZPO i.Ü. auch unzulässig, wenn

– der Rechtsstreit nichtvermögensrechtliche Ansprüche betrifft, die den Amtsgerichten ohne Rücksicht auf den Wert des Streitgegenstandes zugewiesen sind (Nr. 1 – Fälle ausschließlicher Zuständigkeit, vgl. auch Art. 25 Abs. 2. Alt. 2 Brüssel Ia-VO), oder
– für die Klage ein ausschließlicher Gerichtsstand begründet ist (Nr. 2).

In diesen Fällen wird nach § 40 Abs. 2 S. 2 ZPO die Zuständigkeit eines Gerichts auch nicht durch rügelose Verhandlung zur Hauptsache begründet.

4. Zuständigkeit infolge rügeloser Einlassung (§ 39 ZPO)

347 Die (internationale) Zuständigkeit eines Gerichts des ersten Rechtszuges wird nach § 39 ZPO auch dadurch begründet, dass der Beklagte, ohne die Unzuständigkeit geltend zu machen, zur Hauptsache mündlich verhandelt. Dies gilt nicht, wenn die Belehrung nach § 504 ZPO unterblieben ist.

III. Internationale Zuständigkeit deutscher Gerichte nach dem FamFG

Literatur: *Hau*, Das Internationale Familienverfahrensrecht im FamFG, FamRZ 2009, 821.

Die internationale Zuständigkeit deutscher Gerichte in Familiensachen und in Angelegenheiten der freiwilligen Gerichtsbarkeit ist im Unterschied zur allgemeinen internationalen Zuständigkeit (§§ 12 ff. ZPO, vorstehende Rn. 329 f.) in den §§ 98 bis 106 FamFG ausdrücklich geregelt, **348**

- in den §§ 98 bis 104 FamFG sind für die wichtigsten Gerichtsstände in Bezug auf die internationale Zuständigkeit der deutschen Gerichte geregelt,
- in § 105 FamFG findet sich das **Prinzip der Doppelfunktionalität** und
- in § 106 FamFG die Feststellung, dass es sich um konkurrierende Gerichtsstände handelt.

Beachte: Die §§ 98 ff. FamFG (internationale Zuständigkeit) gelangen nur dann zur Anwendung, wenn eine **Restzuständigkeit des nationalen Rechts** besteht. So normiert § 97 Abs. 1 S. 1 FamFG, dass Regelungen völkerrechtlicher Vereinbarungen, soweit sie unmittelbar anwendbares innerstaatliches Recht geworden sind, den Vorschriften des FamFG vorgehen (**Vorrang**). Regelungen in Rechtsakten der Europäischen Gemeinschaft bleiben nach § 97 Abs. 1 S. 2 FamFG unberührt (**Unberührtheit**) – mithin gehen diese dem autonomen deutschen Recht vor:

- Dies ist in Bezug auf die EheVO dann der Fall, wenn nach dieser keine Zuständigkeit (Art. 7 Abs. 1 bzw. Art. 8 ff.) bzw. eine sachliche Ausnahme nach Art. 1 Abs. 3 besteht.
- Steht die elterliche Sorge in Rede, ist nach Maßgabe des KSÜ eine Restzuständigkeit des nationalen Rechts zu prüfen (vgl. Art. 5 Abs. 1 KSÜ).

Die §§ 98 ff. FamFG begründen nach § 106 FamFG **keine ausschließliche Zuständigkeit**. **349**

1. Ehe und Lebenspartnerschaft

a) Ehesachen sowie Verbund von Scheidungs- und Folgesachen

350 Die deutschen Gerichte sind nach § 98 Abs. 1 FamFG für **Ehesachen** (dazu nachstehende Rn. 352 ff., **Statussachen**) zuständig, wenn
- ein Ehegatte Deutscher (Alt. 1) ist oder bei der Eheschließung war (Alt. 2, Antrittszuständigkeit) (Nr. 1 – Heimatszuständigkeit),
- beide Ehegatten ihren gewöhnlichen Aufenthalt im Inland haben (Nr. 2),
- ein Ehegatte Staatenloser mit gewöhnlichem Aufenthalt im Inland ist (Nr. 3), oder
- ein Ehegatte seinen gewöhnlichen Aufenthalt im Inland hat, es sei denn, dass die zu fällende Entscheidung offensichtlich nach dem Recht keines der Staaten anerkannt würde, denen einer der Ehegatten angehört (Nr. 4).

351 **Ehesachen** sind nach § 121 FamFG Verfahren
- auf Scheidung der Ehe (Scheidungssachen, Nr. 1),
- auf Aufhebung der Ehe (Nr. 2) und
- auf Feststellung des Bestehens oder Nichtbestehens einer Ehe zwischen den Beteiligten (Nr. 3).

Beachte: Die praktische Relevanz von § 98 Abs. 1 FamFG – ggf. mit Ausnahme der Nr. 1 – ist wegen der vollständigen Übereinstimmung mit Art. 1 Abs. 1 Buchst. a EheVO gering (vgl. Art. 7 Abs. 1 EheVO). Es verbleibt insoweit kaum ein Anwendungsbereich für das autonome deutsche Recht.

352 Die Zuständigkeit der deutschen Gerichte nach § 98 Abs. 1 FamFG erstreckt sich im Fall des Verbunds von Scheidungs- und Folgesachen gemäß § 98 Abs. 2 FamFG auch auf die Folgesachen (**Verbundzuständigkeit**). Über Scheidung und Folgesachen ist nach § 137 Abs. 1 FamFG zusammen zu verhandeln und zu entscheiden (**Verbund**).

353 **Verbundsachen** sind gemäß § 137 Abs. 2 S. 1 FamFG
- Versorgungsausgleichssachen (Nr. 1),
- Unterhaltssachen, sofern sie die Unterhaltspflicht gegenüber einem gemeinschaftlichen Kind oder die durch Ehe begründete gesetzliche Unterhaltspflicht betreffen mit Ausnahme des vereinfachten Verfahrens über den Unterhalt Minderjähriger (Nr. 2),
- Ehewohnungs- und Haushaltssachen (Nr. 3) und
- Güterrechtssachen (Nr. 4),

wenn eine Entscheidung für den Fall der Scheidung zu treffen ist und die Familiensache spätestens zwei Wochen vor der mündlichen Verhandlung im ersten Rechtszug in der Scheidungssache von einem Ehegatten anhängig gemacht wird.

Folgesachen sind nach § 137 Abs. 3 FamFG auch **Kindschaftssachen**, die die Übertragung oder Entziehung der elterlichen Sorge, das Umgangsrecht oder die Herausgabe eines gemeinschaftlichen Kindes der Ehegatten oder das Umgangsrecht eines Ehegatten mit dem Kind des anderen Ehegatten betreffen, wenn ein Ehegatte vor Schluss der mündlichen Verhandlung im ersten Rechtszug in der Scheidungssache die Einbeziehung in den Verbund beantragt, es sei denn, das Gericht hält die Einbeziehung aus Gründen des Kindeswohls nicht für sachgerecht. 354

Beachte: Trotz des restriktiven Wortlauts des § 98 Abs. 2 FamFG („Zuständigkeit der deutschen Gerichte nach Absatz 1“) über die Verbundzuständigkeit wird die Norm von der h.A. auch auf Fälle angewendet, in denen sich der Gerichtsstand für die Scheidungssache (nicht aus § 98 Abs. 1 FamFG, sondern) aus Art. 3 EheVO ergibt (so *Junker*, IZPR, § 22 Rn. 7).

b) Lebenspartnerschaftssachen

Die EheVO erfasst die eingetragene Lebenspartnerschaft nicht. Da auch keine staatsvertraglichen Regelungen bestehen, ist der Anwendungsbereich des die internationale Zuständigkeit in Statussachen von Lebenspartnerschaften autonom regelnden § 103 FamFG umfassend. 355

Die deutschen Gerichte sind gemäß § 103 Abs. 1 FamFG in Lebenspartnerschaftssachen, die die Aufhebung der Lebenspartnerschaft auf Grund des LPartGG oder die Feststellung des Bestehens oder Nichtbestehens einer Lebenspartnerschaft zum Gegenstand haben, zuständig, wenn ein Lebenspartner Deutscher ist oder bei Begründung der Lebenspartnerschaft war (Nr. 1 – Staatsangehörigkeit), einer der Lebenspartner seinen gewöhnlichen Aufenthalt im Inland hat (Nr. 2 – gewöhnlicher Aufenthalt), oder die Lebenspartnerschaft vor einer zuständigen deutschen Stelle begründet worden ist (Nr. 3 – sog. Zelebrationskompetenz). 356

Beachte jedoch Art. 3 Abs. 3 des Gesetzes zur Einführung des Rechts auf Eheschließung für Personen gleichen Geschlechts vom 20.7.2017 (BGBl. I, S. 2787), wonach Lebenspartnerschaften nach Inkrafttreten dieses Gesetzes in Deutschland nicht mehr begründet werden können.

Die Zuständigkeit der deutschen Gerichte nach § 103 Abs. 1 FamFG erstreckt sich im Fall des Verbunds von Aufhebungs- und Folgesachen 357 gemäß § 103 Abs. 2 FamFG auch auf die Folgesachen (**Verbundzuständigkeit für Folgesachen**). Dabei gelten die §§ 99, 101, 102 und 105 FamFG entsprechend (so § 103 Abs. 3 FamFG).

> **Beachte:** Da gleichgeschlechtliche Partnerschaften nicht dem Ehebegriff der EheVO unterfallen, bestimmt sich die internationale Zuständigkeit deutscher Gerichte nach Maßgabe von § 103 FamFG (Palandt/*Thorn*, Art. 17b EGBGB Rn. 11).

2. Kindschaftssachen und Abstammung

a) Kindschaftssachen

358 Die deutschen Gerichte sind – außer in Verfahren nach § 151 Nr. 7 FamFG (nachstehende Rn. 359) – gemäß § 99 Abs. 1 S. 1 FamFG zuständig, wenn das Kind Deutscher ist (Nr. 1 – Staatsangehörigkeit) oder seinen gewöhnlichen Aufenthalt im Inland hat (Nr. 2 – gewöhnlicher Aufenthalt). Sie sind nach § 99 Abs. 1 S. 2 FamFG ferner zuständig, soweit das Kind der Fürsorge durch ein deutsches Gericht bedarf.

359 **Kindschaftssachen** sind die nach § 151 FamFG dem Familiengericht zugewiesene Verfahren, die Folgendes betreffen:
- die elterliche Sorge (Nr. 1),
- das Umgangsrecht und das Recht auf Auskunft über die persönlichen Verhältnisse des Kindes (Nr. 2),
- die Kindesherausgabe (Nr. 3),
- die Vormundschaft (Nr. 4),
- die Pflegschaft oder die gerichtliche Bestellung eines sonstigen Vertreters für einen Minderjährigen oder für eine Leibesfrucht (Nr. 5),
- die Genehmigung der freiheitsentziehenden Unterbringung eines Minderjährigen (§§ 1631b, 1800 und 1915 BGB) (Nr. 6),
- die Anordnung der freiheitsentziehenden Unterbringung eines Minderjährigen nach den Landesgesetzen über die Unterbringung psychisch Kranker (Nr. 7) oder
- die Aufgaben nach dem Jugendgerichtsgesetz (Nr. 8).

> **Beachte:** Der EheVO gebührt i.d.R. ein **Vorrang**, da der Katalog des Art. 1 Abs. 1 Buchst. b und Abs. 2 EheVO weitgehend deckungsgleich mit § 99 Abs. 1 i.V.m. § 151 FamFG ist. I.Ü. kann auch aus völkerrechtlichen Übereinkommen – wie dem MSA bzw. dem KSÜ – ein Vorrang herrühren.

360 Sind für die **Anordnung einer Vormundschaft** sowohl die deutschen Gerichte als auch die Gerichte eines anderen Staates zuständig und ist die Vormundschaft in dem anderen Staat anhängig, kann die Anordnung der Vormundschaft nach § 99 Abs. 2 FamFG im Inland unterbleiben, wenn dies im Interesse des Mündels liegt.

Sind für die Anordnung einer Vormundschaft sowohl die deutschen Gerichte als auch die Gerichte eines anderen Staates zuständig und besteht die Vormundschaft im Inland, kann das Gericht, bei dem die Vormundschaft anhängig ist, sie nach § 99 Abs. 3 FamFG an den Staat, dessen Gerichte für die Anordnung der Vormundschaft zuständig sind, abgeben, wenn dies im Interesse des Mündels liegt, der Vormund seine Zustimmung erteilt und dieser Staat sich zur Übernahme bereit erklärt. Verweigert der Vormund oder, wenn mehrere Vormünder die Vormundschaft gemeinschaftlich führen, einer von ihnen seine Zustimmung, so entscheidet anstelle des Gerichts, bei dem die Vormundschaft anhängig ist, das im Rechtszug übergeordnete Gericht. Der Beschluss ist nicht anfechtbar. **361**

b) Abstammungssachen

Die deutschen Gerichte sind nach § 100 FamFG zuständig, wenn das Kind, die Mutter, der Vater oder der Mann, der an Eides statt versichert, der Mutter während der Empfängniszeit beigewohnt zu haben, Deutscher ist (Nr. 1 – **Staatsangehörigkeit**, Heimatzuständigkeit) oder (alternativ) seinen gewöhnlichen Aufenthalt im Inland hat (Nr. 2 – **gewöhnlicher Aufenthalt**). **362**

Abstammungssachen sind nach § 169 FamFG Verfahren **363**

- auf Feststellung des Bestehens oder Nichtbestehens eines Eltern-Kind-Verhältnisses, insbesondere der Wirksamkeit oder Unwirksamkeit einer Anerkennung der Vaterschaft (Nr. 1),
- auf Ersetzung der Einwilligung in eine genetische Abstammungsuntersuchung und Anordnung der Duldung einer Probeentnahme (Nr. 2),
- auf Einsicht in ein Abstammungsgutachten oder Aushändigung einer Abschrift (Nr. 3) oder
- auf Anfechtung der Vaterschaft (Nr. 4).

> **Beachte:** Weder die EheVO noch das MSA bzw. das KSÜ regeln die internationale Zuständigkeit in Abstammungssachen. Infolgedessen gelangt in diesem Bereich das autonome deutsche Recht (§ 100 FamFG) vollumfänglich zur Anwendung.

c) Adoptionssachen

Die deutschen Gerichte sind gemäß § 101 FamFG zuständig, wenn der Annehmende, einer der annehmenden Ehegatten oder das Kind **364**

Deutscher ist (Nr. 1) oder seinen gewöhnlichen Aufenthalt im Inland hat (Nr. 2).

3. Versorgungsausgleichssachen

365 Die deutschen Gerichte sind nach § 102 FamFG zuständig, wenn der Antragsteller oder der Antragsgegner seinen gewöhnlichen Aufenthalt im Inland hat (Nr. 1), über inländische Anrechte zu entscheiden ist (Nr. 2) oder ein deutsches Gericht die Ehe zwischen Antragsteller und Antragsgegner geschieden hat (Nr. 3).

4. Betreuungs- und Unterbringungssachen sowie Pflegschaft für Erwachsene

366 Die deutschen Gerichte sind nach § 104 Abs. 1 S. 1 FamFG zuständig, wenn der Betroffene oder der volljährige Pflegling Deutscher ist (Nr. 1) oder seinen gewöhnlichen Aufenthalt im Inland hat (Nr. 2). Die deutschen Gerichte sind ferner zuständig, soweit der Betroffene oder der volljährige Pflegling der Fürsorge durch ein deutsches Gericht bedarf (§ 104 Abs. 1 S. 2 FamFG).

5. Andere Verfahren

367 In anderen Verfahren nach dem FamFG sind nach dessen § 105 die deutschen Gerichte zuständig, wenn ein deutsches Gericht örtlich zuständig ist.

Kapitel 3. Grenzüberschreitende (Auslands-) Zustellung und Beweisaufnahme als Hoheitsakte

A. Zustellung

Literatur: *Heinze*, Fiktive Inlandszustellung und der Vorrang des europäischen Zivilverfahrensrechts, IPRax 2010, 155; *Hess*, Neues deutsches und europäisches Zustellungsrecht, NJW 2002, 2417; *Hess*, Die Zustellung von Schriftstücken im Europäischen Justizraum, NJW 2001, 15; *Jastrow*, Auslandszustellung im Zivilverfahren – Erste Praxiserfahrungen mit der EG-Zustellungsverordnung, NJW 2002, 3383; *Lindacher*, Europäisches Zustellungsrecht, ZZP 114 (2001), 179; *Rahlf/Gottschalk*, Das Europäische Zustellungsrecht, EWS 2004, 303; *Rösler/Siepmann*, Zum Sprachenproblem im europäischen Zustellungsrecht, NJW 2006, 475; *Stadler*, Neues europäisches Zustellungsrecht, IPRax 2001, 514; *Sujecki*, Verhältnis der Zustellungsalternativen der EuZVO zueinander, EuZW 2007, 44; *Sujecki*, Die reformierte Zustellungsverordnung, NJW 2008, 1628.

Die **grenzüberschreitende Zustellung** ist geregelt in der 368
- VO (EG) Nr. 1393/2007 vom 13.11.2007 über die Zustellung gerichtlicher und außergerichtlicher Schriftstücke in Zivil- und Handelssachen in den Mitgliedstaaten (Zustellung von Schriftstücken) (ABl. EG Nr. L 324 vom 10.12.2007, S. 79 – vgl. dazu die deutschen Ausführungsbestimmungen in den §§ 1067 bis 1069 ZPO) – **Europäische Zustellungsverordnung (EuZustVO)** und im
- Haager Übereinkommen über die Zustellung gerichtlicher und außergerichtlicher Schriftstücke im Ausland in Zivil- und Handelssachen (**Haager Zustellungsübereinkommen** – **HZÜ**) vom 15.11.1965 (BGBl. II 1977, S. 1452), das für Deutschland am 26.6.1979 in Kraft getreten ist.

Der EuGH (NJW 2013, 443 – *Krystyna Adler u.a./Sabina Orlowska* 369
u.a.) hat entschieden, dass Art. 1 Abs. 1 EuZustVO dahin auszulegen ist, dass die Regelung Rechtsvorschriften eines Mitgliedstaats entgegensteht, nach denen die für eine Partei mit Wohnsitz oder gewöhnlichem Aufenthalt in einem anderen Mitgliedstaat bestimmten gerichtlichen Schriftstücke in der Gerichtsakte belassen werden und damit als zugestellt gelten (**fiktive Inlandszustellung** [versus zulässige **echte Inlandszustellung**, d.h. die Zustellung einer Klageschrift an einen vorübergehend sich in Deutschland aufhaltenden organschaftlichen Vertreter einer ausländischen Beklagten]), wenn diese Partei keinen Zustellungsbevollmächtigten benannt hat, der in dem erstgenannten Staat ansässig ist, in dem das Gerichtsverfahren stattfindet (unionsrechtswidrige Fiktion der

Zustellung an eine ausländische Partei durch Niederlegung in der Gerichtsakte).

370 Ob eine Auslandszustellung notwendig ist, beurteilt sich nach der *lex fori processualis* (*Junker*, IZPR, § 25 Rn. 4). Fragen nach einer wirksamen Auslandszustellung stellen sich (so *Junker*, IZPR, § 25 Rn. 5) im Kontext mit Art. 28 Abs. 2 bis 4 (Nichtzulassung des Beklagten im Erkenntnisverfahren), Art. 32 (Zeitpunkt des Eintritts der Rechtshängigkeit der Streitsache) bzw. Art. 45 Abs. 1 Buchst. b Brüssel Ia-VO (Anerkennung und Vollstreckung ausländischer Entscheidungen).

I. Europäische Zustellungsverordnung

1. Anwendungsbereich

371 Die EuZustVO ist nach ihrem Art. 1 Abs. 1 (entsprechend Art. 1 Abs. 1 Brüssel Ia-VO, jedoch ohne die Bereichsausnahmen nach dessen Abs. 2) in Zivil- und Handelssachen anzuwenden (**sachlicher Anwendungsbereich**), in denen ein gerichtliches oder außergerichtliches Schriftstück (vgl. zur Zustellung einer notariellen Urkunde außerhalb eines gerichtlichen Verfahrens EuGH NJW 2009, 2513 – *Roda Golf & Beach Resort SL*) von einem in einen anderen Mitgliedstaat (**räumlicher Anwendungsbereich**) zum Zwecke der Zustellung zu übermitteln ist (Zustellung gerichtlicher [mithin solcher, die in einem unmittelbaren Zusammenhang mit einem Gerichtsverfahren stehen] und außergerichtlicher Schriftstücke [vgl. dazu Art. 16 EuZustVO, wonach außergerichtliche Schriftstücke zum Zweck der Zustellung in einem anderen Mitgliedstaat nach Maßgabe der VO, d.h. der Art. 4 ff., übermittelt werden können]). Die EuZustVO erfasst insbesondere nicht Steuer- und Zollsachen, verwaltungsrechtliche Angelegenheiten sowie die Haftung des Staates für Handlungen oder Unterlassungen im Rahmen der Ausübung hoheitlicher Rechte (*acta iure imperii*). I.S. der VO bezeichnet der Begriff „Mitgliedstaat" alle Mitgliedstaaten mit Ausnahme Dänemarks (Art. 1 Abs. 3 EuZustVO). Die EuZustVO ist jedoch in Bezug auf Dänemark zum 1.7.2007 durch völkerrechtlichen Vertrag ausgedehnt worden (ABl. EG Nr. L 300 vom 17.11.2005, S. 55). Die VO gilt nach ihrem Art. 26 für alle Zustellungen, die ab dem 13.11.2008 begonnen worden sind (**zeitlicher Anwendungsbereich**).

2. Verfahren

372 Jeder Mitgliedstaat benennt nach Art. 2 EuZustVO die Amtspersonen, Behörden oder sonstigen Personen, die für die Übermittlung

(Abs. 1) bzw. die Entgegennahme (Abs. 2) gerichtlicher und außergerichtlicher Schriftstücke, die in einem anderen Mitgliedstaat zuzustellen sind, zuständig sind (**Übermittlungsstellen** respektive **Empfangsstellen**). I.Ü. benennt jeder Mitgliedstaat nach Art. 3 auch eine **Zentralstelle**, die den Übermittlungsstellen Auskünfte erteilt (Buchst. a), nach Lösungswegen sucht, wenn bei der Übermittlung von Schriftstücken zum Zwecke der Zustellung Schwierigkeiten auftreten (Buchst. b) oder in Ausnahmefällen auf Ersuchen einer Übermittlungsstelle einen Zustellungsantrag an die zuständige Empfangsstelle weiterleitet (Buchst. c).

Vgl. bspw. zum Problem der fehlenden Übersetzung von Anlagen bei der Übermittlung von Schriftstücken EuGH NJW 2008, 1721 – *Ingenieurbüro M. Weiss und Partner GbR/IHK Berlin*.

> **Beachte: Übermittlungsstelle** ist in Deutschland nach § 1069 Abs. 1 ZPO für Gerichtsstücke das Gericht, das die Zustellung betreibt, und für außergerichtliche Schriftstücke das Amtsgericht, in dessen Bezirk die Person, die die Zustellung betreibt, ihren Wohnsitz oder der Notar seinen Amtssitz hat. **Empfangsstelle** ist in Deutschland nach § 1069 Abs. 2 ZPO das Amtsgericht, in dessen Bezirk das Schriftstück zugestellt werden soll. **Zentralstellen** gemäß § 1069 Abs. 3 ZPO werden von den Landesregierungen durch Rechtsverordnung bestimmt.

In den Art. 4 bis 11 EuZustVO ist die **Zustellung im Wege der Rechtshilfe** eingehend geregelt. Andere Arten der Übermittlung und Zustellung gerichtlicher Schriftstücke – die kumulativ oder alternativ ergriffen werden können, ohne dass eine Rangordnung gegeben ist (*Junker*, IZPR, § 25 Rn. 12) – sind in den Art. 12 bis 15 EuZustVO normiert (**alternative Zustellungsformen**): 373

- Art. 13 EuZustVO: Zustellung durch diplomatische oder konsularische Vertreter
- Art. 14 EuZustVO: Postzustellung durch ein Schreiben in einem anderen Mitgliedstaat
- Art. 15 EuZustVO: unmittelbare Zustellung.

> **Beachte:** Im Zusammenhang mit Art. 26 Brüssel Ia-VO kommt Art. 19 EuZustVO (Nichteinlassung des Beklagten) eine entscheidende Bedeutung zu.

II. Haager Zustellungsübereinkommen

1. Anwendungsbereich und Verhältnis zur EuZustVO

374 Das Haager Übereinkommen ist nach seinem Art. 1 Abs. 1 (weitgehend deckungsgleich mit der EuZustVO) in Zivil- oder Handelssachen in allen Fällen anzuwenden, in denen ein gerichtliches oder außergerichtliches Schriftstück zum Zweck der Zustellung in das Ausland zu übermitteln ist (**sachlicher Zuständigkeitsbereich**). Die EuZustVO hat nach ihrem Art. 20 Abs. 1 in ihrem Anwendungsbereich aber Vorrang vor den Bestimmungen, die in den von den Mitgliedstaaten geschlossenen bilateralen oder multilateralen Übereinkünften oder Vereinbarungen enthalten sind, insbesondere vor Art. IV des Protokolls zum Brüsseler Übereinkommen von 1968 und vor dem HZÜ vom 15.11.1965 (d.h. Vorrang der EuZustVO vor dem HZÜ, womit dieses nach dem **Grundsatz der Subsidiarität** in Bezug auf seinen **räumlichen Anwendungsbereich** nur im Verhältnis zu Vertragsstaaten des HZÜ gilt, die nicht Mitgliedstaaten der EU sind.

2. Unterschiede zwischen HZÜ und EuZustVO

375 Die EuZustVO lehnt sich eng an das HZÜ an – unterscheidet sich aber von diesem dadurch, dass sie für die EU als supranationale Staatengemeinschaft gilt, wohingegen das HZÜ stärker die Souveränität der Staaten betont (*Junker*, IZPR, § 25 Rn. 16). Daraus folgt, dass der Zustellungsverkehr nach den Art. 2 bis 6 HZÜ (anders als jener gemäß Art. 2 und 4 EuZustVO, der im unmittelbaren Verhältnis zwischen Prozessgericht [Übermittlungsstelle, § 1069 Abs. 1 ZPO] und Zustellungsbehörde [Empfangsbehörde, § 1069 Abs. 2 ZPO] erfolgt) über die **Zentralen Behörden** der Vertragsstaaten abläuft.

3. Verfahren

376 Die Erledigung eines Zustellungsantrags kann nach Art. 13 Abs. 1 HZÜ nur abgelehnt werden, wenn der ersuchte Staat sie für geeignet hält, seine Hoheitsrechte oder seine Sicherheit zu gefährden (***ordre public*-Vorbehalt** – im Unterschied zur EuZustVO, die keinen solchen Vorbehalt kennt).

377 Die Zustellungsmöglichkeiten nach Art. 10 HZÜ als Alternative zum Rechtshilfeverkehr über die Zentralen Behörden sind restriktiver als nach der EuZustVO: Das HZÜ schließt, wenn der Bestimmungsstaat keinen Widerspruch erklärt hat (was Deutschland jedoch nach § 6 S. 2 AusfG getan hat), nicht aus,

- dass gerichtliche Schriftstücke im Ausland befindlichen Personen unmittelbar durch die Post übersandt werden dürfen (Buchst. a),
- dass Justizbeamte, andere Beamte oder sonst zuständige Personen des Ursprungsstaats Zustellungen unmittelbar durch Justizbeamte, andere Beamte oder sonst zuständige Personen des Bestimmungsstaats bewirken lassen dürfen (Buchst. b), sowie
- dass jeder an einem gerichtlichen Verfahren Beteiligte Zustellungen gerichtlicher Schriftstücke unmittelbar durch Justizbeamte, andere Beamte oder sonst zuständige Personen des Bestimmungsstaats bewirken lassen darf (Buchst. c).

Das HZÜ schließt nach seinem Art. 11 nicht aus, dass Vertragsstaaten vereinbaren, zum Zweck der Zustellung gerichtlicher Schriftstücke auch andere als die in dessen Art. 10 vorgesehenen Übermittlungswege zuzulassen, insbesondere den unmittelbaren Verkehr zwischen ihren Behörden. Jedem Vertragsstaat steht es nach Art. 8 Abs. 1 HZÜ (Zustellung durch diplomatische Vertreter) auch frei, Personen, die sich im Ausland befinden, gerichtliche Schriftstücke unmittelbar durch seine diplomatischen oder konsularischen Vertreter ohne Anwendung von Zwang zustellen zu lassen. **378**

Beachte zudem die für Art. 26 Brüssel Ia-VO wichtige Regelung der Ladung nach Art. 15 HZÜ.

III. Autonomes deutsches Recht

Nur soweit nicht unmittelbar anwendbare Regelungen der EU (in ihrer jeweils geltenden Fassung) – insbesondere in **379**
- der EuZustVO oder
- dem Abkommen der EG und dem Königreich Dänemark vom 19.10.2005 über die Zustellung gerichtlicher und außergerichtlicher Schriftstücke in Zivil- oder Handelssachen (ABl. L 300 vom 17.11.2005, S. 55) –

maßgeblich sind, gelten nach § 183 Abs. 1 ZPO für die Zustellung im Ausland die Regelungen des § 183 Abs. 2 bis 5 ZPO (**Vorrang der EuZustVO**), wobei für die Durchführung der EuZustVO die §§ 1067 Abs. 1, 1068 Abs. 1 und 1069 Abs. 1 ZPO gelten.

Eine Zustellung im Ausland kann i.Ü. gemäß § 183 Abs. 2 ZPO nach den bestehenden völkerrechtlichen Vereinbarungen (z.B. dem HZÜ) vorgenommen werden. **380**

Ist eine Zustellung nach § 183 Abs. 1 oder 2 ZPO nicht möglich – d.h. im sog. „vertragslosen Verkehr“ (*Junker*, IZPR, § 25 Rn. 22) – ist gemäß **381**

§ 183 Abs. 2 ZPO durch die zuständige **diplomatische oder konsularische Vertretung** des Bundes oder die sonstige zuständige Behörde zuzustellen. So ist insbesondere dann zu verfahren, wenn völkerrechtliche Vereinbarungen nicht bestehen, die zuständigen Stellen des betreffenden Staates zur Rechtshilfe nicht bereit sind oder besondere Gründe eine solche Zustellung rechtfertigen. Insoweit gilt die vom Bund und den Ländern erlassene **Rechtshilfeordnung in Zivilsachen** (ZRHO).

B. Beweisaufnahme im Ausland

Literatur: *Alio*, Änderungen im deutschen Rechtshilferecht – Beweisaufnahme nach der Europäischen Beweisaufnahmeverordnung, NJW 2004, 2706; *Berger*, Die EG-Verordnung über die Zusammenarbeit der Gerichte auf dem Gebiet der Beweisaufnahme in Zivil- und Handelssachen (EuBVO), IPRax 2001, 522; *Blaschczok*, Das Haager Übereinkommen über die Beweisaufnahme im Ausland in Zivil- und Handelssachen, 1986; *Böckstiegel/Schlafen*, Die Haager Reformübereinkommen und die Zustellung und die Beweisaufnahme im Ausland, NJW 1978, 1073; *Heinze*, Beweissicherung im europäischen Zivilprozessrecht, IPRax 2008, 480; *Heß/Müller*, Die Verordnung 1206/01/EG zur Beweisaufnahme im Ausland, ZZPInt 6 (2001), 149; *Huber*, Der optionale Charakter der europäischen Beweisaufnahmeverordnung, ZEuP 2014, 642; *Knöfel*, Vier Jahre Europäische Beweisaufnahmeverordnung – Bestandsaufnahme und aktuelle Entwicklungen, EuZW 2008, 267; *Leitzen*, Die grenzüberschreitende Beweisaufnahme in Zivilsachen, JURA 2007, 201; *Siehr*, Grundfragen der internationalen Rechtshilfe in Zivilsachen, RIW 2007, 321; *Thole*, Kein abschließender Charakter der europäischen Beweisaufnahmeverordnung, IPRax 2014, 255; *Trittmann/Leitzen*, Haager Beweisübereinkommen und pre trial discovery, IPRax 2003, 7.

382 Die **Durchführung einer grenzüberschreitenden Beweisaufnahme** ist in der

- VO (EG) Nr. 1206/2001 des Rates vom 28.5.2001 über die Zusammenarbeit zwischen den Gerichten der Mitgliedstaaten auf dem Gebiet der Beweisaufnahme in Zivil- und Handelssachen (**Europäische Beweisaufnahmeverordnung – EuBewVO**), die am 1.1.2004 in Kraft getreten ist und deren Ausführungsbestimmungen im deutschen Recht sich in den §§ 1072 bis 1075 ZPO finden, sowie im
- Übereinkommen über die Beweisaufnahme im Ausland in Zivil- und Handelssachen vom 18.3.1970 (**Haager Beweisaufnahmeübereinkommen – HBewÜ**) geregelt, dass für Deutschland am 26.6.1979 (zusammen mit dem HZÜ) in Kraft getreten ist.

383 Ob eine Beweisaufnahme im Ausland (abzugrenzen von einer Beweisbeschaffung im Ausland, dazu *Junker*, IZPR, § 26 Rn. 3) überhaupt stattfinden soll, bestimmt sich nach der *lex fori processualis*, wie eine solche stattfinden kann (d.h. die Modalitäten), beurteilt sich nach Maßgabe der EuBewVO bzw. dem HBewÜ.

I. Europäische Beweisaufnahmeverordnung

1. Anwendungsbereich

Die EuBewVO ist nach ihrem Art. 1 Abs. 1 (**sachlicher Anwendungsbereich**) in Zivil- oder Handelssachen anzuwenden, wenn das Gericht eines Mitgliedstaats nach seinen innerstaatlichen Rechtsvorschriften das zuständige Gericht eines anderen Mitgliedstaats um Beweisaufnahme ersucht (Buchst. a), oder darum ersucht, in einem anderen Mitgliedstaat unmittelbar Beweis erheben zu dürfen (Buchst. b). Um Beweisaufnahme darf gemäß Art. 1 Abs. 2 EuBewVO nicht ersucht werden, wenn die Beweise nicht zur Verwendung in einem bereits eingeleiteten oder zu eröffnenden gerichtlichen Verfahren bestimmt sind. Art. 1 Abs. 3 EuBewVO regelt den **räumlichen Anwendungsbereich**, wonach „Mitgliedstaat" i.S. der VO die Mitgliedstaaten mit Ausnahme Dänemarks (vgl. Erwägungsgrund 22) bezeichnet – womit im Verhältnis zu Dänemark allein das HBewÜ zur Anwendung gelangt. Nach seinem **zeitlichen Anwendungsbereich** erfasst die VO alle Beweisaufnahmen, die ab dem 1.1.2004 erfolgen (Art. 24 EuBewVO). 384

2. Verfahren

Das Verfahren ist geprägt durch einen **unmittelbaren Geschäftsverkehr** zwischen den Gerichten (ersuchendes an ersuchtes Gericht): Ersuchen nach Art. 1 Abs. 1 Buchst. a sind gemäß Art. 2 Abs. 1 EuBewVO von dem Gericht, bei dem das Verfahren eingeleitet wurde und eröffnet werden soll (**ersuchendes Gericht**), unmittelbar dem zuständigen Gericht eines anderen Mitgliedstaats (**ersuchtes Gericht**) zur Durchführung der Beweisaufnahme zu übersenden. Die Art. 4 bis 16 EuBewVO bestimmen i.E. die Beweisaufnahme im Wege der Rechtshilfe (die dem Grundsatz der Kostenfreiheit folgt, vgl. Art. 18 EuBewVO). Eine Ablehnung des Erledigungsersuchens kann nur nach Maßgabe der in Art. 14 EuBewVO genannten Gründe erfolgen. Das ersuchte Gericht erledigt das Ersuchen nach Art. 10 Abs. 1 EuBewVO unverzüglich, spätestens aber innerhalb von 90 Tagen nach Eingang des Ersuchens, und wendet gemäß Art. 13 EuBewVO – soweit erforderlich – geeignete Zwangsmaßnahmen an. 385

Hervorzuheben ist die **Möglichkeit einer unmittelbaren Beweisaufnahme des ersuchenden Gerichts in einem anderen Mitgliedstaat** nach Art. 17 EuBewVO, die der Genehmigung durch die Zentralstelle 386 des ersuchten Staats bedarf und die nur statthaft ist, wenn sie auf freiwilliger Grundlage erfolgt und ohne Zwangsmaßnahmen erfolgen kann. Die unmittelbare Beweisaufnahme erfolgt dann durch einen beauftragten Richter, der die Beweisaufnahme im Ausland durchführt (vgl. § 1073 Abs. 2 ZPO).

Judikatur: Die Bestimmungen der EuBewVO – insbesondere deren Art. 1 Abs. 1 – sind nach Ansicht des EuGH (NJW 2012, 3771 – *Maurice Robert Josse Marie Gishlain Lippens/Hendrikus Cornelis Kortekaas*) dahin auszulegen, dass das zuständige Gericht eines Mitgliedstaats, das eine in einem anderen Mitgliedstaat wohnhafte Partei als Zeugen vernehmen will, hinsichtlich der Durchführung der Zeugenvernehmung die Möglichkeit hat, die betreffende Partei nach dem Recht seines Mitgliedstaats vorzuladen und zu vernehmen (**fakultativer Charakter der EuBewVO bei Vernehmung eines ausländischen Zeugen**).

II. Haager Beweisaufnahmeübereinkommen

387 Aufgrund Art. 21 EuBewVO gilt das Übereinkommen im Verhältnis zu den Vertragsstaaten, die nicht EU-Mitgliedstaaten (Ausnahme: Dänemark, vorstehende Rn. 384) sind.

388 Die Beweisaufnahme vollzieht sich nach Maßgabe der Art. 1 ff. HBewÜ im Wege der **Rechtshilfe** über das System Zentraler Behörden, die die Beweisaufnahmeersuchen prüfen und an die zuständigen gerichtlichen Behörden ihres Staats zur Erledigung weiterleiten. Alternativ dazu eröffnen die Art. 15 und 16 HBewÜ eine Beweisaufnahme durch diplomatische oder konsularische Vertreter bzw. Art. 17 HBewÜ eine Beweisaufnahme durch Beauftragte.

> **Beachte:** Nach Art. 23 HBewÜ kann jeder Vertragsstaat bei der Unterzeichnung, bei der Ratifikation oder beim Beitritt erklären, dass er Rechtshilfeersuchen nicht erledigt, die ein Verfahren zum Gegenstand haben, das in den Ländern des *Common Law* unter der Bezeichnung *„pretrial discovery of documents"* bekannt ist. Deutschland hat eine solche Erklärung abgegeben (dazu *Junker*, IZPR, § 26 Rn. 12 ff. – gerichtet gegen den Ausforschungsbeweis der US-amerikanischen Rechtspraxis).

III. Autonomes deutsches Zivilprozessrecht

389 Die Vorschriften der EuBewVO bleiben nach § 363 Abs. 3 ZPO – ebenso wie völkerrechtliche Verträge (z.B. das HBewÜ) – unberührt und damit vorrangig. Nur in dem seltenen Fall eines „vertragslosen Rechtshilfeersuchens" gelangen § 363 Abs. 1 und 2 ZPO zur Anwendung. Soll die Beweisaufnahme dann im Ausland erfolgen, so hat der Vorsitzende nach § 363 Abs. 1 ZPO die Behörde um Aufnahme des Beweises zu ersuchen. Kann die Beweisaufnahme gemäß § 363 Abs. 2 ZPO durch einen Bundeskonsul erfolgen (wenn ausländische Staaten ohne völkerrechtliche Verpflichtung auf der Grundlage völkerrechtlicher *Courtoisie* dies zulassen), so ist das Ersuchen an diesen zu richten.

Kapitel 4. Anerkennung und Vollstreckung ausländischer Entscheidungen

Nach dem Territorialitätsprinzip bedürfen gerichtliche Entscheidungen, wenn sie in einem anderen Staat Geltung beanspruchen sollen, grundsätzlich der **Anerkennung** (bei ausländischen Feststellungs- oder Gestaltungsurteilen) oder zusätzlich der **Vollstreckbarerklärung** (bei ausländischen Leistungsurteilen). 390

A. Brüssel Ia-VO

Die Art. 36 bis 57 Brüssel Ia-VO regeln die Anerkennung und Vollstreckung aller Entscheidungen, die nach Art. 1 Brüssel Ia-VO in den **sachlichen Anwendungsbereich** und gemäß Art. 66 Brüssel Ia-VO in den **zeitlichen Anwendungsbereich** dieser VO fallen. Die Brüssel Ia-VO erfasst damit Verfahren, die am oder nach dem 10.1.2015 eingeleitet worden sind. 391

Alle in einem Mitgliedstaat ergangenen Entscheidungen (womit über Art. 1 Brüssel Ia-VO auch der Anwendungsbereich des Art. 6 Abs. 1 Brüssel Ia-VO erfasst wird, werden seit dem 10.1.2015 nach Art. 36 Abs. 1 Brüssel Ia-VO in den anderen Mitgliedstaaten anerkannt, ohne dass es hierfür eines besonderen Verfahrens bedarf. Es erfolgt damit eine **inzidente Anerkennung** solcher Entscheidungen **kraft Gesetzes**. Einer Vollstreckbarerklärung nach nationalem Recht bedarf es somit nicht mehr (**Wegfall des sog. Exequaturverfahrens**, vgl. Art. 39 Brüssel Ia-VO, wonach eine Entscheidung aus einem Mitgliedstaat ohne Vollstreckbarerklärung in den anderen Mitgliedstaaten vollstreckbar ist). 392

Vgl. auch die **Parallelregelungen** nach
- Art. 21 Abs. 1 EheVO,
- Art. 23 Abs. 1 UnterhaltsVO bzw.
- Art. 39 Abs. 1 EuErbVO.

Eine **Versagung der Anerkennung einer Entscheidung** kommt nach Art. 45 Abs. 1 Brüssel Ia-VO i.S. einer negativen Feststellung – wegen des **Grundsatzes der Anerkennung ausländischer Entscheidungen** – nur in folgenden Fällen (abschließender Ausnahmekatalog) in Betracht (**Anerkennungsversagungsgründe bzw. -hindernisse**): 393

– Die Anerkennung (i.S. der Erstreckung der Urteilswirkungen auf den Anerkennungsstaat) würde der öffentlichen Ordnung des ersuchten Mitgliedstaats (d.h. dem nationalen *ordre public*) „offensichtlich" widersprechen (Buchst. a). Dabei ist zwischen dem **verfahrensrechtlichen** (wobei entsprechende Verstöße nach Buchst. a nur dann relevant sind, wenn sie nicht den vorrangigen Versagungsgründen nach den Buchst. b bis e unterfallen) und dem **materiellen *ordre public*** (i.S. einer Unvereinbarkeit der Anerkennung des Ergebnisses eines Urteils mit der öffentlichen Ordnung des Anerkennungsstaats) zu unterscheiden (*Junker*, IZPR, § 28 Rn. 19 ff.). Gegen den verfahrensrechtlichen *ordre public* verstößt das Urteil eines ausländischen Gerichts, wenn es in einem Verfahren ergangen ist, „das von den Grundprinzipien des deutschen Verfahrensrechts in einem solchen Maße abweicht, dass es nicht als in einem geordneten rechtsstaatlichen Verfahren ergangen angesehen werden kann" (so BGH NJW 1990, 2201, 2202 f.).
– Dem Beklagten, der sich auf das Verfahren nicht „eingelassen" hat, ist das verfahrenseinleitende Schriftstück oder ein gleichwertiges Schriftstück nicht so rechtzeitig und in einer Weise zugestellt worden, dass er sich verteidigen konnte (**fehlende effektive Gewährung rechtlichen Gehörs bei Verfahrenseinleitung**, d.h. der Klagezustellung). Etwas anderes gilt dann, wenn der Beklagte gegen die Entscheidung keinen Rechtsbehelf eingelegt hat, obwohl er die Möglichkeit dazu hatte (Rechtsbehelfsversäumnis als Negativvoraussetzung und Obliegenheit des Beklagten) (Buchst. b). „Eingelassen" ist europarechtlich autonom als jede Äußerung zu verstehen, durch die der Beklagte zu erkennen gibt, dass er vom Verfahren Kenntnis erlangt hat und sich verteidigen kann (es sei denn, er beschränkt sich auf eine Zuständigkeitsrüge, so *Junker*, IZPR, § 28 Rn. 24).
– Die Entscheidung ist mit einer Entscheidung unvereinbar (**Inkompatibilität**, da die Rechtsfolgen der Entscheidung sich ggf. ausschließen i.S. eines „Rechtskraftkonflikts", dazu *Linke/Hau*, IZVR, Rn. 13.24 – hingegen kein „Rechtshängigkeitskonflikt" i.S. von § 328 Nr. 3 ZPO, so *Junker*, IZPR, § 28 Rn. 33), die zwischen denselben Parteien im ersuchten Mitgliedstaat ergangen ist (Buchst. c – **Urteilskollision i.S. unvereinbarer Entscheidungen mit Vorrang der inländischen Entscheidung**, *Junker*, IZPR, § 28 Rn. 29).
– Die Entscheidung ist mit einer früheren Entscheidung unvereinbar, die in einem anderen Mitgliedstaat oder in einem Drittstaat in einem Rechtsstreit wegen desselben Anspruchs zwischen denselben Parteien ergangen ist, sofern die frühere Entscheidung die notwendigen Voraussetzungen für ihre Anerkennung im ersuchten Mitgliedstaat er-

füllt (Buchst. d – **Urteilskollision i.S. unvereinbarer Entscheidungen: Vorrang der früheren Entscheidung**, Prioritätsprinzip). Oder die Entscheidung ist (im Interesse eines Schutzes der schwächeren Partei) mit Kapitel II Abschnitte 3, 4 oder 5 Brüssel Ia-VO (Versicherungs-, Verbraucher- bzw. Arbeitsvertragssachen) unvereinbar, sofern der Beklagte Versicherungsnehmer, Versicherter, Begünstigter des Versicherungsvertrags, Geschädigter, Verbraucher oder Arbeitnehmer ist (Alt. 1) oder unvereinbar mit Kapitel II Abschnitt 6 Brüssel Ia-VO (Alt. 2 – ausschließliche Zuständigkeit nach Art. 24 Brüssel Ia-VO) (Buchst. e).

Die Zuständigkeit des Ursprungsgerichts (**Anerkennungszuständigkeit**) darf nach Art. 45 Abs. 3 S. 1 Brüssel Ia-VO – unbeschadet Art. 45 Abs. 1 Buchst. e Brüssel Ia- VO – (im ersuchten Mitgliedstaat) als **Ausdruck des Vertrauensprinzips** (so EuGH NJW 2014, 203; vgl. auch Erwägungsgrund 26 der Brüssel Ia-VO) nicht nachgeprüft werden. **394**

Nach der Klarstellung in Art. 45 Abs. 3 S. 2 Brüssel Ia-VO gehören die Vorschriften über die Zuständigkeit nicht zur „öffentlichen Ordnung" (*ordre public*) i.S. des Art. 45 Abs. 1 Buchst. a Brüssel Ia-VO. **395**

Das mit dem Antrag befasste Gericht ist nach Art. 45 Abs. 2 Brüssel Ia-VO bei der Prüfung, ob eine der in Art. 45 Abs. 1 Buchst. e Brüssel Ia-VO angeführten Zuständigkeiten gegeben ist, an die tatsächlichen Feststellungen gebunden (**Tatsachenbindung**), aufgrund deren das Ursprungsgericht seine Zuständigkeit angenommen hat. **396**

Beachte: Ungeschriebenes Anerkennungshindernis ist i.Ü. das **Fehlen der Gerichtsbarkeit des Ursprungsgerichts im völkerrechtlichen Sinne** (*Junker*, IZPR, § 28 Rn. 4).

Die Prüfung, ob ein Anerkennungsversagungsgrund vorliegt, erfolgt nach Art. 45 Abs. 1 Brüssel Ia-VO nur auf einen entsprechenden **Antrag** eines Berechtigten hin – und zwar in einem Versagungsverfahren der ohne die Exequatur (Vollstreckungserklärung) eröffneten Vollstreckung nach Art. 46 Brüssel Ia-VO. **397**

Die genannten Anerkennungsversagungsgründe bedürfen nach Ansicht des EuGH einer **engen Auslegung**, da sie letztlich als Ausnahmen vom **EU-Urteilsfreizügigkeitsgrundsatz** zu qualifizieren sind. Sie bilden nämlich ein Hindernis für die Verwirklichung der grundlegenden Ziele des Brüssel Ia-VO (so EuGH NJW 2000, 2185, Rn. 26 – zum EuGVÜ): „Was insbesondere die *ordre-public*-Klausel ... des Übereinkommens betrifft, so kann sie ... nur in Ausnahmefällen eine Rolle spielen". **398**

399

I.Ü. eröffnen die Art. 46 ff. Brüssel Ia-VO bei Vorliegen eines der Versagungsgründe nach Art. 45 Brüssel Ia-VO auch die Möglichkeit, ein **Vollstreckungsversagungsverfahren** einzuleiten.

Judikatur: Art. 45 Brüssel Ia-VO steht nach Ansicht des EuGH (NJW 2011, 3506 – *Prism Investments BV/Jaap Anne van der Meer*) der Versagung oder Aufhebung einer Vollstreckbarerklärung einer Entscheidung durch ein Gericht entgegen, das über einen Rechtsbehelf gemäß Art. 43 oder 44 VO zu entscheiden hat, aus einem anderen als einem in den Art. 34 und 35 VO genannten Grund.

400 Art. 36 Abs. 2 Brüssel Ia-VO gibt dem Berechtigten auch die Möglichkeit, positiv im Rahmen eines **Anerkennungsverfahrens** feststellen zu lassen, dass **kein Anerkennungsversagungsgrund** i.S. von Art. 45 Brüssel Ia-VO vorliegt. Wird die Anerkennung in einem Rechtsstreit vor dem Gericht eines Mitgliedstaats verlangt, dessen Entscheidung von der Versagung der Anerkennung abhängt, kann gemäß Art. 36 Abs. 3 Brüssel Ia-VO dieses Gericht über die Anerkennung entscheiden.

Problem: Wirkt ein Urteil nur zwischen den Streitparteien oder auch gegenüber Dritten?

Nach der auch vom EuGH (NJW 1989, 663 Rn. 11 – *Hoffmann*) vertretenen **Theorie der Wirkungserstreckung** kommt einem ausländischen Urteil im Anerkennungs-, d.h. im ersuchten Zweitstaat, dieselbe Wirkung zu wie im Entscheidungs-, d.h. im Erst- (Urteils-) staat (vgl. auch Art. 54 Abs. 1 Unterabs. 2 Brüssel Ia-VO, wonach eine Anpassung nicht dazu führen darf, „dass (Urteils-) Wirkungen entstehen, die über die im Recht des Ursprungsmitgliedstaats vorgesehenen Wirkungen hinausgehen“).

Nach a.A. (**Theorie der Wirkungsgleichstellung**) richtet sich die Urteilswirkung nach dem Anerkennungsstaat, d.h. dem ersuchten Zweitstaat.

401 Nach Art. 51 Abs. 1 S. 1 Brüssel Ia-VO kann das mit einem Antrag auf Verweigerung der Vollstreckung befasste Gericht oder das nach Art. 49 oder 50 Brüssel Ia-VO mit einem Rechtsbehelf befasste Gericht das Verfahren aussetzen, wenn gegen die Entscheidung im Ursprungsmitgliedstaat ein ordentlicher Rechtsbehelf eingelegt wurde oder die Frist für einen solchen Rechtsbehelf noch nicht verstrichen ist (**Verfahrensaussetzung**).

402 Gemäß Art. 52 Brüssel Ia-VO darf eine in einem Mitgliedstaat ergangene Entscheidung im ersuchten Mitgliedstaat keineswegs in der Sache – mithin bei Prüfung von Urteilsanerkennungs- bzw. Vollstreckungsversagungsgründen – selbst nachgeprüft werden (**Verbot einer *révision au***

fond): **Ausschluss einer Überprüfbarkeit in der Sache**. Dadurch erfährt der Ausnahmecharakter der Versagungsgründe nach Art. 45 Abs. 1 Brüssel Ia-VO seine Bestätigung. Eine allgemeine Nachprüfung der ausländischen Entscheidung auf ihre Gesetzmäßigkeit (bspw. darauf, ob die Entscheidung aufgrund eines ordnungsgemäßen Verfahrens ergangen ist) findet außerhalb von Art. 45 Abs. 1 Brüssel Ia-VO bzw. § 328 ZPO oder § 109 FamFG im autonomen deutschen Recht nicht statt.

Vgl. auch die **Parallelregelungen** in Art. 26 EheVO, Art. 42 UnterhaltsVO bzw. Art. 41 EuErbVO oder in Bezug auf das autonome deutsche Recht in § 723 Abs. 1 ZPO im Hinblick auf die Vollstreckbarkeit (wenngleich nach h.A. § 723 Abs. 1 ZPO in analoger Anwendung auch bei der Anerkennung herangezogen wird).

Prüfungsschema in Bezug auf die Versagung der Anerkennung einer ausländischen Entscheidung 403

1. Sind die Art. 36 ff. Brüssel Ia-VO (**Anwendungsbereich**) gegeben?
   - (vorläufig vollstreckbare [§§ 708 ff. ZPO], vgl. Art. 39 Brüssel Ia-VO: „vollstreckbar ist") Entscheidung eines staatlichen Gerichts (Art. 2 Buchst. a Brüssel Ia-VO) eines anderen (ohne Rücksicht auf den Wohnsitz des Beklagten) Mitgliedstaats?
   - Zivil- und Handelssache (Art. 1 Abs. 1 und 2 Brüssel Ia-VO,)?
2. Bestand im Ursprungsmitgliedstaat **Gerichtsbarkeit im völkerrechtlichen Sinne**?
3. **Folge:** Grundsatz des Art. 52 Brüssel Ia-VO (**Ausschluss der Überprüfbarkeit in der Sache**)
4. **Ausnahmen**: Anerkennungshindernisse nach Art. 45 Abs. 1 Brüssel Ia-VO

Beachte: Prozessvergleiche sind keine „Entscheidungen eines staatlichen Gerichts" – sie können aber nach Art. 59 Brüssel Ia-VO (wie eine öffentliche Urkunde, vgl. Art. 57 Brüssel Ia-VO) in einem anderen Mitgliedstaat für vollstreckbar erklärt werden (EuGH NJW 1995, 38).

Einstweilige Maßnahmen sind „Entscheidungen", sofern der Beklagte im Interesse der Gewährleistung rechtlichen Gehörs vorgeladen oder die Entscheidung ihm vor der Vollstreckung zugesandt worden war (vgl. Art. 2 Buchst. a Unterabs. 2 S. 1 und 2 Brüssel Ia-VO i.V.m. Erwägungsgrund 33 S. 1, 3 und 4, näher *Junker*, IZPR, § 28 Rn. 8). 404

B. EheVO

Literatur: *Dornblüth*, Die europäische Regelung der Anerkennung und Vollstreckbarerklärung von Ehe- und Kindschaftsentscheidungen, 2003; *Martiny*, Kindesentführung, vorläufige Sorgerechtsregelung und einstweilige Maßnahmen nach der Brüssel IIa-VO, FPR 2010, 493; *Winkel*, Grenzüberschreitendes Sorge- und Umgangsrecht und dessen Vollstreckung, 2001.

405 Die Art. 21 bis 52 EheVO regeln die Anerkennung und Vollstreckung aller Entscheidungen, die nach Art. 1 EheVO in den **sachlichen Anwendungsbereich** und gemäß Art. 72 EheVO in den **zeitlichen Anwendungsbereich** dieser VO fallen.

I. Anerkennung (Art. 21 ff. EheVO)

1. Gründe für die Nichtanerkennung einer Entscheidung über eine Ehescheidung, Trennung ohne Auflösung des Ehebandes oder Ungültigerklärung einer Ehe

406 Eine Entscheidung, die die Ehescheidung, die Trennung ohne Auflösung des Ehebandes oder die Ungültigerklärung einer Ehe betrifft, wird nach Art. 22 EheVO (vgl. die Parallelregelung in Art. 45 Abs. 1 Buchst. a bis d Brüssel Ia-VO) nur dann nicht anerkannt,

- wenn die Anerkennung der öffentlichen Ordnung des Mitgliedstaats, in dem sie beantragt wird, offensichtlich widerspricht (Buchst. a);
- wenn dem Antragsgegner, der sich auf das Verfahren nicht eingelassen hat, das verfahrenseinleitende Schriftstück oder ein gleichwertiges Schriftstück nicht so rechtzeitig und in einer Weise zugestellt wurde, dass er sich verteidigen konnte, es sei denn, es wird festgestellt, dass er mit der Entscheidung eindeutig einverstanden ist (Buchst. b);
- wenn die Entscheidung mit einer Entscheidung unvereinbar ist, die in einem Verfahren zwischen denselben Parteien in dem Mitgliedstaat, in dem die Anerkennung beantragt wird, ergangen ist (Buchst. c); oder
- wenn die Entscheidung mit einer früheren Entscheidung unvereinbar ist, die in einem anderen Mitgliedstaat oder in einem Drittstaat zwischen denselben Parteien ergangen ist, sofern die frühere Entscheidung die notwendigen Voraussetzungen für ihre Anerkennung in dem Mitgliedstaat erfüllt, in dem die Anerkennung beantragt wird (Buchst. d).

2. Gründe für die Nichtanerkennung einer Entscheidung über die elterliche Verantwortung

Eine Entscheidung über die elterliche Verantwortung wird nach Art. 23 EheVO nur dann nicht anerkannt, 407

- wenn die Anerkennung der öffentlichen Ordnung des Mitgliedstaats, in dem sie beantragt wird, offensichtlich widerspricht, wobei das Wohl des Kindes zu berücksichtigen ist (als Gesichtspunkt des *ordre public*, Buchst. a – maßgeblich ist das Recht des Anerkennungsstaates);
- wenn die Entscheidung – ausgenommen in dringenden Fällen – ergangen ist, ohne dass das Kind die Möglichkeit hatte, gehört zu werden, und damit wesentliche verfahrensrechtliche Grundsätze des Mitgliedstaats, in dem die Anerkennung beantragt wird, verletzt werden (Nichtgewährung rechtlichen Gehörs, Buchst. b – maßgeblich ist das Recht des Anerkennungsstaates);
- wenn der betreffenden Person (d.h. dem Inhaber der elterlichen Verantwortung), die sich auf das Verfahren nicht eingelassen hat, das verfahrenseinleitende Schriftstück oder ein gleichwertiges Schriftstück nicht so rechtzeitig und in einer Weise zugestellt wurde, dass sie sich verteidigen konnte, es sei denn, es wird festgestellt, dass sie mit der Entscheidung eindeutig einverstanden ist (Buchst. c);
- wenn eine Person dies mit der Begründung beantragt, dass die Entscheidung in ihre elterliche Verantwortung eingreift, falls die Entscheidung ergangen ist, ohne dass diese Person die Möglichkeit hatte, gehört zu werden (Buchst. d);
- wenn die Entscheidung mit einer späteren Entscheidung über die elterliche Verantwortung unvereinbar ist, die in dem Mitgliedstaat, in dem die Anerkennung beantragt wird, ergangen ist (Buchst. e);
- wenn die Entscheidung mit einer späteren Entscheidung über die elterliche Verantwortung unvereinbar ist, die in einem anderen Mitgliedstaat oder in dem Drittstaat, in dem das Kind seinen gewöhnlichen Aufenthalt hat, ergangen ist, sofern die spätere Entscheidung die notwendigen Voraussetzungen für ihre Anerkennung in dem Mitgliedstaat erfüllt, in dem die Anerkennung beantragt wird (Buchst. f), oder
- wenn das Verfahren des Art. 56 EheVO (zur Unterbringung eines Kindes in einem anderen Mitgliedstaat) nicht eingehalten wurde (Buchst. g).

Judikatur: Art. 23 Buchst. a EheVO ist nach Ansicht des EuGH (NJW 2016, 307) dahin auszulegen, dass diese Bestimmung es einem Gericht eines Mitgliedstaats, das seine Zuständigkeit für die Entscheidung über das Sorgerecht für ein Kind bejaht, nicht gestattet, der von einem Gericht eines anderen Mitgliedstaats getroffenen Entscheidung über das Sorgerecht für dieses Kind die Anerkennung zu versagen, sofern unter Berücksichtigung des Wohls des Kindes keine offensichtliche Verletzung einer in der Rechtsordnung dieses Mitgliedstaats als wesentlich geltenden Rechtsnorm oder eines dort als grundlegend anerkannten Rechts vorliegt.

3. Verbot einer Nachprüfung

408 Die Zuständigkeit des Gerichts des Ursprungsmitgliedstaats darf nach Art. 24 EheVO nicht überprüft werden (**keine Nachprüfung der Zuständigkeit des Erstgerichts** – unabhängig davon, ob dieses seine Zuständigkeit auf die EheVO oder auf die *lex fori* gestützt hat, so *Junker*, IZPR, § 30 Rn. 6). Die Überprüfung der Vereinbarkeit mit der öffentlichen Ordnung (*ordre public*) gemäß Art. 22 Buchst. a und Art. 23 Buchst. a EheVO darf sich nicht auf die Zuständigkeitsvorschriften der Art. 3 bis 14 EheVO erstrecken (**Verbot der Nachprüfung der Zuständigkeit des Gerichts des Ursprungsmitgliedstaats**).

409 Die Anerkennung einer Entscheidung darf gemäß Art. 25 EheVO (insbesondere) nicht deshalb abgelehnt werden, weil eine Ehescheidung, Trennung ohne Auflösung des Ehebandes oder Ungültigerklärung einer Ehe nach dem Recht des Mitgliedstaats, in dem die Anerkennung beantragt wird, unter Zugrundelegung desselben Sachverhalts nicht zulässig wäre (Unterschiede beim anzuwendenden Recht).

410 Die Entscheidung darf nach Art. 26 EheVO keinesfalls in der Sache selbst nachgeprüft werden (**Ausschluss einer Nachprüfung in der Sache – Verbot einer *revision au fond***).

II. Vollstreckung (Art. 40 ff. EheVO)

411 Wenn die EheVO auch grundsätzlich dem Modell „**Vollstreckbarerklärung**" folgt, gilt in Bezug auf Entscheidungen über
- das Umgangsrecht und solche über
- die Rückgabe des Kindes (infolge einer die Rückgabe des Kindes anordnenden Entscheidung gemäß Art. 11 Abs. 8 EheVO)

(alternativ) nach Art. 40 Abs. 1 das **Modell unmittelbarer Vollstreckbarkeit** (*Junker*, IZPR, § 30 Rn. 10 – arg.: Eilbedürftigkeit, da „mit dem Zeitablauf Entfremdung" droht).

1. Umgangsrecht

412 Eine in einem Mitgliedstaat ergangene vollstreckbare Entscheidung über das Umgangsrecht i.S. des Art. 40 Abs. 1 Buchst. a EheVO, für die eine Bescheinigung nach Abs. 2 im Ursprungsmitgliedstaat ausgestellt

wurde, wird nach Art. 41 Abs. 1 EheVO in einem anderen Mitgliedstaat ohne weiteres anerkannt und kann dort vollstreckt werden, ohne dass es einer Vollstreckbarerklärung bedarf und ohne dass die Anerkennung angefochten werden kann. Auch wenn das nationale Recht nicht vorsieht, dass eine Entscheidung über das Umgangsrecht ungeachtet der Einlegung eines Rechtsbehelfs von Rechts wegen vollstreckbar ist, kann das Gericht des Ursprungsmitgliedstaats die Entscheidung für vollstreckbar erklären.

2. Rückgabe des Kindes

Auch eine in einem Mitgliedstaat ergangene vollstreckbare Entscheidung über die Rückgabe des Kindes (i.S. des Art. 40 Abs. 1 Buchst. b i.V.m. Art. 11 Abs. 8 EheVO), für die eine Bescheinigung nach Abs. 2 im Ursprungsmitgliedstaat ausgestellt wurde, wird in einem anderen Mitgliedstaat nach Art. 42 Abs. 1 EheVO anerkannt und kann dort vollstreckt werden, ohne dass es einer Vollstreckbarerklärung bedarf und ohne dass die Anerkennung angefochten werden kann. Auch wenn das nationale Recht nicht vorsieht, dass eine in Art. 11 Abs. 8 EheVO genannte Entscheidung über die Rückgabe des Kindes ungeachtet der Einlegung eines Rechtsmittels von Rechts wegen vollstreckbar ist, kann das Gericht des Ursprungsmitgliedstaats die Entscheidung für vollstreckbar erklären. **413**

Judikatur: Zur Vollstreckung einer ausländischen einstweiligen Maßnahme über die Herausgabe eines Kindes EuGH NJW 2010, 2861 – wonach die Vorschriften der Art. 21 ff. EheVO nicht auf einstweilige Maßnahmen hinsichtlich des Sorgerechts nach Art. 20 EheVO anwendbar sind.

Vgl. zur Anerkennung und Vollstreckung einer Rückführungsentscheidung bei Kindesentführung auch EuGH NJW 2010, 2863.

C. Anerkennung, Vollstreckbarkeit und Vollstreckung von Entscheidungen nach der UnterhaltsVO

Literatur: *Botur*, Aktuelle Probleme der grenzüberschreitenden Vollstreckung europäischer Unterhaltstitel nach der Brüssel I-VO, FamRZ 2010, 1860; *Gebauer*, Vollstreckung von Unterhaltstiteln nach der EUVTVO und der geplanten Unterhaltsverordnung, FPR 2006, 252; *Hohloch*, Grenzüberschreitende Unterhaltsvollstreckung, FPR 2004, 315; *Martiny*, Grenzüberschreitende Unterhaltsdurchsetzung nach europäischem und internationalem Recht, FamRZ 2008, 1681; *Strasser*, Abänderung und Vollstreckung von Unterhaltstiteln aus dem EU-Ausland in Deutschland, FPR 2007, 451.

414 Kapitel IV (Art. 16 bis 43) UnterhaltsVO regelt die Anerkennung, die Vollstreckbarkeit und die Vollstreckung der unter die UnterhaltsVO fallenden Entscheidungen (Art. 16 Abs. 1 UnterhaltsVO, mithin solcher über die Unterhaltspflichten aus einem Familien-, Verwandtschafts- oder eheähnlichem Verhältnis bzw. Schwägerschaft, vgl. Art. 1 Abs. 1 UnterhaltsVO, ohne Rücksicht auf den Wohnsitz der Parteien – näher *Ring/Olsen-Ring*, Quellen, § 1 Rn. 159). Vgl. dazu auch die deutschen Ausführungsbestimmungen in den §§ 30 bis 56 AUG.

I. Unmittelbare Vollstreckung

415 Abschnitt 1 (Art. 17 bis 22) des vierten Kapitels UnterhaltsVO gilt für Entscheidungen, die in einem Mitgliedstaat, der durch das **HUntProt gebunden** (nicht gebunden sind das Vereinigte Königreich und Dänemark) ist (**Ursprungsstaat**), ergangen sind (Art. 16 Abs. 2 UnterhaltsVO):

- Eine in einem durch das HUntProt gebundenen Mitgliedstaat ergangene Entscheidung ist damit in den anderen Mitgliedstaaten anzuerkennen, ohne dass es noch eines besonderen Verfahrens bedarf (**Anerkennung**) und ohne dass die Anerkennung angefochten werden kann (so Art. 17 Abs. 1 UnterhaltsVO).
- Eine in einem durch das HUntProt gebundenen Mitgliedstaat ergangene Entscheidung, die in diesem Staat (Ursprungsstaat) vollstreckbar ist, ist nach Art. 17 Abs. 2 UnterhaltsVO auch in einem anderen Mitgliedstaat vollstreckbar, ohne dass es einer Vollstreckbarerklärung bedarf – **Abschaffung des Exequaturverfahrens und Anordnung der sofortigen Vollstreckbarkeit**, *Ring/Olsen-Ring*, Quellen, § 1 Rn. 160).
- Eine Urteilsbestätigung im Ursprungsstaat entfällt damit.

416 Erfasst werden nach Art. 75 Abs. 1 UnterhaltsVO alle Entscheidungen in Unterhaltsverfahren, die ab dem 18.6.2011 begonnen wurden.

Beachte: *Junker* (IZPR, § 30 Rn. 16) weist darauf hin, dass die Abschaffung des Exequaturverfahrens zu einer Schwächung des Unterhaltsschuldners mit korrespondierender Stärkung des Unterhaltsgläubigers führt. Die Nichtgewährung rechtlichen Gehörs bzw. der Verstoß gegen den *ordre public* im Ursprungsstaat finden im Vollstreckungsstaat kein Gehör – „Die durch die Anwendung der Kollisionsnormen (des HUntProt) gebotenen Garantien sollen es rechtfertigen, dass Entscheidungen in Unterhaltssachen, die in einem durch das Haager Protokoll von 2007 gebundenen Mitgliedstaat ergangen sind, ohne weiteres Verfahren und ohne jegliche inhaltliche Prüfung im Vollstreckungsmitgliedstaat in den anderen Mitgliedstaaten anerkannt werden und vollstreckbar sind" (so Erwägungsgrund 24 der UnterhaltsVO).

1. Recht auf Nachprüfung

Ein Antragsgegner, der sich im Ursprungsmitgliedstaat nicht auf das **417**
Verfahren eingelassen hat, hat nach Art. 19 Abs. 1 UnterhaltsVO nur das Recht, eine Nachprüfung der Entscheidung durch das zuständige Gericht dieses Mitgliedstaats zu beantragen, wenn

- ihm das verfahrenseinleitende Schriftstück oder ein gleichwertiges Schriftstück nicht so rechtzeitig und in einer Weise zugestellt worden ist, dass er sich verteidigen konnte (Buchst. a), oder
- er aufgrund höherer Gewalt oder aufgrund außergewöhnlicher Umstände ohne eigenes Verschulden nicht in der Lage gewesen ist, Einspruch gegen die Unterhaltsforderung zu erheben (Buchst. b),

es sei denn, er hat gegen die Entscheidung keinen Rechtsbehelf eingelegt, obwohl er die Möglichkeit dazu hatte.

Weist das Gericht den Antrag auf Nachprüfung nach Art. 19 Abs. 1 **418**
UnterhaltsVO mit der Begründung zurück, dass keine der Voraussetzungen für eine Nachprüfung nach jenem Absatz erfüllt ist, bleibt die Entscheidung nach Art. 19 Abs. 3 UnterhaltsVO in Kraft. Entscheidet das Gericht, dass eine Nachprüfung aus einem der in Art. 19 Abs. 1 UnterhaltsVO genannten Gründe gerechtfertigt ist, so wird die Entscheidung für nichtig erklärt. Die berechtigte Person verliert jedoch weder die Vorteile, die sich aus der Unterbrechung der Verjährungs- oder Ausschlussfristen ergeben, noch das Recht, im ursprünglichen Verfahren möglicherweise zuerkannte Unterhaltsansprüche rückwirkend geltend zu machen.

2. Verweigerung oder Aussetzung der Vollstreckung

a) Verweigerung derVollstreckung

Eine Vollstreckungsverweigerung im Vollstreckungsstaat ist nur **419**
nach Maßgabe von Art. 21 UnterhaltsVO statthaft. Die im Recht des Vollstreckungsmitgliedstaats vorgesehenen Gründe für die Verweigerung oder Aussetzung der Vollstreckung gelten nach Art. 21 Abs. 1 UnterhaltsVO, sofern sie nicht mit der Anwendung von Art. 21 Abs. 2 und 3 UnterhaltsVO unvereinbar sind. Die zuständige Behörde des Vollstreckungsmitgliedstaats verweigert gemäß Art. 21 Abs. 2 Unterabs. 1 UnterhaltsVO auf Antrag der verpflichteten Person die Vollstreckung der Entscheidung des Ursprungsgerichts insgesamt oder teilweise, wenn das

Recht auf Vollstreckung der Entscheidung des Ursprungsgerichts entweder nach dem Recht des Ursprungsmitgliedstaats oder nach dem Recht des Vollstreckungsmitgliedstaats verjährt ist, wobei die längere Verjährungsfrist gilt (**Verjährung des Anspruchs**). Darüber hinaus kann die zuständige Behörde des Vollstreckungsmitgliedstaats nach Art. 21 Abs. 2 Unterabs. 2 UnterhaltsVO auf Antrag der verpflichteten Person die Vollstreckung der Entscheidung des Ursprungsgerichts insgesamt oder teilweise verweigern, wenn die Entscheidung mit einer im Vollstreckungsmitgliedstaat ergangenen Entscheidung oder einer in einem anderen Mitgliedstaat oder einem Drittstaat ergangenen Entscheidung, die die notwendigen Voraussetzungen für ihre Anerkennung im Vollstreckungsmitgliedstaat erfüllt, unvereinbar ist (**entgegenstehende Entscheidung**). Eine Entscheidung, die bewirkt, dass eine frühere Unterhaltsentscheidung aufgrund geänderter Umstände geändert wird, gilt gemäß Art. 21 Abs. 2 Unterabs. 3 UnterhaltsVO nicht als unvereinbare Entscheidung i.S. des Unterabsatzes 2.

b) Aussetzung derVollstreckung

420 Die zuständige Behörde des Vollstreckungsmitgliedstaats kann nach Art. 21 Abs. 3 UnterhaltsVO auf Antrag der verpflichteten Person die Vollstreckung der Entscheidung des Ursprungsgerichts insgesamt oder teilweise aussetzen, wenn das zuständige Gericht des Ursprungsmitgliedstaats mit einem Antrag auf Nachprüfung der Entscheidung des Ursprungsgerichts nach Art. 19 UnterhaltsVO befasst wurde (vorstehende Rn. 417 f.). Darüber hinaus setzt die zuständige Behörde des Vollstreckungsmitgliedstaats auf Antrag der verpflichteten Person die Vollstreckung der Entscheidung des Ursprungsgerichts aus, wenn die Vollstreckbarkeit im Ursprungsmitgliedstaat ausgesetzt ist.

II. Entscheidungen, die in einem Mitgliedstaat, der nicht durch das HUntProt gebunden ist, ergangen sind

421 Abschnitt 2 (Art. 23 bis 38) des vierten Kapitels UnterhaltsVO gilt für Entscheidungen, die in einem Mitgliedstaat, der nicht durch das HUntProt gebunden ist, ergangen sind (so Art. 16 Abs. 3 UnterhaltsVO). **Opt-out-Mitgliedstaaten** des HUntProt sind das Vereinigte Königreich und Dänemark. Die Art. 23 ff. UnterhaltsVO lehnen sich an die Vorgaben über die Anerkennung und Vollstreckung nach der Brüssel Ia-VO an (*Junker*, IZPR, § 30 Rn. 17). Abschnitt 2 erfasst i.Ü. Entscheidungen aller Mitgliedstaaten, die nach Art. 75 Abs. 2 UnterhaltsVO dem Anwendungsbereich der UnterhaltsVO zeitlich vorgelagert sind.

Die in einem Mitgliedstaat, der nicht durch das HUntProt gebunden ist, ergangenen Entscheidungen werden nach Art. 23 Abs. 1 UnterhaltsVO in den anderen Mitgliedstaaten anerkannt, ohne dass es hierfür eines besonderen Verfahrens bedarf. Bildet die Frage, ob eine Entscheidung anzuerkennen ist, als solche den Gegenstand eines Streites, so kann gemäß Art. 23 Abs. 2 UnterhaltsVO jede Partei, welche die Anerkennung geltend macht, in dem Verfahren nach den Art. 23 ff. UnterhaltsVO die Feststellung beantragen, dass die Entscheidung anzuerkennen ist. Wird die Anerkennung in einem Rechtsstreit vor dem Gericht eines Mitgliedstaats, dessen Entscheidung von der Anerkennung abhängt, verlangt, so kann dieses Gericht nach Art. 23 Abs. 3 UnterhaltsVO über die Anerkennung entscheiden. 422

Eine Entscheidung wird nach Art. 24 S. 1 UnterhaltsVO aber nur dann nicht anerkannt (**Gründe für die Versagung einer Anerkennung**), 423

- wenn die Anerkennung der öffentlichen Ordnung (*ordre public*) des Mitgliedstaats, in dem sie geltend gemacht wird, offensichtlich widersprechen würde. Die Vorschriften über die Zuständigkeit gehören allerdings nicht zur öffentlichen Ordnung (*ordre public*) (Buchst. a);
- wenn dem Antragsgegner, der sich in dem Verfahren nicht eingelassen hat, das verfahrenseinleitende Schriftstück oder ein gleichwertiges Schriftstück nicht so rechtzeitig und in einer Weise zugestellt worden ist, dass er sich verteidigen konnte, es sei denn, der Antragsgegner hat gegen die Entscheidung keinen Rechtsbehelf eingelegt, obwohl er die Möglichkeit dazu hatte (Buchst. b);
- wenn die Entscheidung mit einer anderen Entscheidung unvereinbar ist, die zwischen denselben Parteien in dem Mitgliedstaat, in dem die Anerkennung geltend gemacht wird, ergangen ist (Buchst. c); bzw.
- wenn sie mit einer früheren Entscheidung unvereinbar ist, die in einem anderen Mitgliedstaat oder in einem Drittstaat zwischen denselben Parteien in einem Rechtsstreit wegen desselben Anspruchs ergangen ist, sofern die frühere Entscheidung die notwendigen Voraussetzungen für ihre Anerkennung in dem Mitgliedstaat erfüllt, in dem die Anerkennung geltend gemacht wird (Buchst. d).

Eine Entscheidung, die bewirkt, dass eine frühere Unterhaltsentscheidung aufgrund geänderter Umstände geändert wird, gilt gemäß Art. 24 S. 2 UnterhaltsVO nicht als „unvereinbare Entscheidung“ i.S. der Buchst. c oder d. 424

III. Regelungen, die alle Entscheidungen erfassen (gemeinsame Vorschriften)

425 Abschnitt 3 (Art. 39 bis 43) des vierten Kapitels UnterhaltsVO gilt für alle Entscheidungen (Art. 16 Abs. 4 UnterhaltsVO).

426 Das Ursprungsgericht kann die Entscheidung ungeachtet eines etwaigen Rechtsbehelfs nach Art. 39 UnterhaltsVO für vorläufig vollstreckbar erklären, auch wenn das innerstaatliche Recht keine Vollstreckbarkeit von Rechts wegen vorsieht (**vorläufige Vollstreckbarkeit** – arg.: Gewährleistung einer raschen und wirksamen Durchsetzung einer Unterhaltsforderung und Vorbeugung gegen missbräuchliche Rechtsmittel).

427 Eine Partei, die in einem anderen Mitgliedstaat eine i.S. des Art. 17 Abs. 1 oder des Abschnitt 2 UnterhaltsVO anerkannte Entscheidung geltend machen will, hat nach Art. 40 Abs. 1 UnterhaltsVO eine Ausfertigung der Entscheidung vorzulegen, die die für ihre Beweiskraft erforderlichen Voraussetzungen erfüllt (**Durchsetzung einer anerkannten Entscheidung**).

428 Art. 41 UnterhaltsVO regelt das **Vollstreckungsverfahren und die Bedingungen für die Vollstreckung**. Nach § 41 Abs. 1 UnterhaltsVO gilt – vorbehaltlich der Bestimmungen der UnterhaltsVO – für das Verfahren zur Vollstreckung der in einem anderen Mitgliedstaat ergangenen Entscheidungen das Recht des Vollstreckungsmitgliedstaats. Eine in einem Mitgliedstaat ergangene Entscheidung, die im Vollstreckungsmitgliedstaat vollstreckbar ist, wird dort unter den gleichen Bedingungen vollstreckt wie eine im Vollstreckungsmitgliedstaat ergangene Entscheidung.

429 Eine in einem Mitgliedstaat ergangene Entscheidung darf nach Art. 42 UnterhaltsVO (**Verbot der sachlichen Nachprüfung**) in dem Mitgliedstaat, in dem die Anerkennung, die Vollstreckbarkeit oder die Vollstreckung beantragt wird, in der Sache selbst nicht mehr nachgeprüft werden.

Judikatur: Die Bestimmungen von Kapitel IV – insbesondere Art. 41 Abs. 1 – UnterhaltsVO sind nach Ansicht des EuGH (NJW 2017, 1227) dahin auszulegen, dass ein Unterhaltsberechtigter, der in einem Mitgliedstaat einen Titel erwirkt hat und dessen Vollstreckung in einem anderen Mitgliedstaat begehrt, seinen Antrag unmittelbar bei der zuständigen Behörde dieses Mitgliedstaats (etwa einem Fachgericht) stellen und nicht verpflichtet werden kann, seinen Antrag über die Zentrale Behörde des Vollstreckungsmitgliedstaats einzureichen. Die Mitgliedstaaten sind i.Ü. gehalten, für die volle Wirksamkeit des in Art. 41 Abs. 1 UnterhaltsVO vorgesehenen Rechts Sorge zu tragen, indem sie ggf. ihre Verfahrensvorschriften anpassen. Das nationale Gericht hat jedenfalls die Bestimmungen von Art. 41 Abs. 1 UnterhaltsVO anzuwenden, indem es erforderlichenfalls entgegenstehende Vorschriften des nationalen Rechts unangewandt lässt, und muss somit einem Unterhaltsberechtigten die Möglichkeit geben, seinen Antrag unmittelbar bei der zuständigen Behörde des Vollstreckungsmitgliedstaats zu stellen, auch wenn dies im nationalen Recht nicht vorgesehen ist.

D. Anerkennung, Vollstreckbarkeit und Vollstreckung von Entscheidungen nach der EuErbVO

Kapitel IV (Art. 39 bis 58) EuErbVO regelt die Anerkennung, die Vollstreckbarkeit und die Vollstreckung der unter die EuErbVO (zum sachlichen Anwendungsbereich vgl. Art. 1 EuErbVO) fallenden Entscheidungen aus einem Mitgliedstaat in einem anderen Mitgliedstaat. Die EuErbVO findet in allen Mitgliedstaaten mit Ausnahme des Vereinigten Königreichs, Irlands und Dänemarks (vgl. Erwägungsgründe 82 und 83 zur EuErbVO) Anwendung in Bezug auf Erbsachen, bei denen der Erblasser gemäß Art. 83 Abs. 1, 84 EuErbVO am 17.8.2015 oder danach verstorben ist. Entscheidungen in Erbsachen aus den genannten drei Mitgliedstaaten werden in Deutschland nicht nach Maßgabe der EuErbVO anerkannt und vollstreckt – wie ebenso deutsche Entscheidungen in diesen Staaten nicht nach der EuErbVO anerkannt werden und vollstreckbar sind (*Junker*, IZPR, § 31 Rn. 20). Vgl. dazu auch die deutschen Ausführungsbestimmungen in den §§ 3 bis 31 IntErbRVG. **430**

I. Anerkennung

Die in einem Mitgliedstaat ergangenen Entscheidungen werden nach Art. 39 Abs. 1 EuErbVO (**Anerkennung**) in den anderen Mitgliedstaaten anerkannt, ohne dass es hierfür eines besonderen Verfahrens bedarf. Bildet die Frage, ob eine Entscheidung anzuerkennen ist, als solche den Gegenstand eines Streites, so kann jede Partei, welche die Anerkennung geltend macht, gemäß Art. 39 Abs. 2 EuErbVO in dem Verfahren nach den Art. 45 bis 58 EuErbVO die Feststellung beantragen, dass die Entscheidung anzuerkennen ist. Wird die Anerkennung in einem Rechtsstreit vor dem Gericht eines Mitgliedstaats, dessen Entscheidung von der Anerkennung abhängt, verlangt, so kann dieses Gericht nach Art. 39 Abs. 3 EuErbVO über die Anerkennung entscheiden. **431**

Eine Entscheidung wird nach Art. 40 EuErbVO nur dann nicht anerkannt (**Gründe für die Nichtanerkennung einer Entscheidung**), wenn **432**

- die Anerkennung der öffentlichen Ordnung (*ordre public*) des Mitgliedstaats, in dem sie geltend gemacht wird, offensichtlich widersprechen würde (Buchst. a);

– dem Beklagten, der sich auf das Verfahren nicht eingelassen hat, das verfahrenseinleitende Schriftstück oder ein gleichwertiges Schriftstück nicht so rechtzeitig und in einer Weise zugestellt worden ist, dass er sich verteidigen konnte, es sei denn, der Beklagte hat die Entscheidung nicht angefochten, obwohl er die Möglichkeit dazu hatte (Buchst. b);
– die Entscheidung mit einer anderen Entscheidung unvereinbar ist, die in einem Verfahren zwischen denselben Parteien in dem Mitgliedstaat, in dem die Anerkennung geltend gemacht wird, ergangen ist (Buchst. c); bzw.
– die Entscheidung mit einer früheren Entscheidung unvereinbar ist, die in einem anderen Mitgliedstaat oder in einem Drittstaat in einem Verfahren zwischen denselben Parteien wegen desselben Anspruchs ergangen ist, sofern die frühere Entscheidung die notwendigen Voraussetzungen für ihre Anerkennung in dem Mitgliedstaat, in dem die Anerkennung geltend gemacht wird, erfüllt (Buchst. d).

433 Die in einem Mitgliedstaat ergangene Entscheidung darf nach Art. 41 EuErbVO keinesfalls in der Sache selbst nachgeprüft werden (**Ausschluss einer Nachprüfung in der Sache**).

II. Vollstreckung: Notwendigkeit einer Vollstreckbarerklärung

434 Die in einem Mitgliedstaat ergangenen und in diesem Staat vollstreckbaren Entscheidungen sind nach Art. 43 EuErbVO (**Vollstreckbarkeit**) in einem anderen Mitgliedstaat vollstreckbar, wenn sie auf Antrag eines Berechtigten dort nach dem Verfahren der Art. 45 bis 58 EuErbVO für vollstreckbar erklärt worden sind (**Notwendigkeit einer Vollstreckbarerklärung**) – wobei dem Gericht, das die Vollstreckung durchzuführen hat, grundsätzlich keine inhaltliche Prüfung der Entscheidung zusteht.

E. VO über die Einführung eines Europäischen Vollstreckungstitels für unbestrittene Forderungen

Literatur: *Bach*, Grenzüberschreitende Vollstreckung in Europa, 2008; *Bittmann*, Das Verhältnis der EG-VollstrTitelVO zur EuGVVO, IPRax 2011, 55; *Coester-Waltjen*, Der neue europäische Vollstreckungstitel, JURA 2005, 394; *Gebauer*, Der Europäische Vollstreckungstitel für unbestrittene Forderungen, NJ 2006, 103; *Hök*, Die grenzüberschreitende Forderungs- und Kontopfändung, MDR 2005, 306; *Junker*, IZPR, § 31 Rn. 2 ff.; *Luckey*, Der Europäische Vollstreckungstitel (EG-VO Nr. 805/2004), ZGS 2005, 420; *Pfeiffer*, Der einheitliche europäische Vollstreckungsraum, ZGS 2005, 401; *Rausch*, Vereinfachte Unterhaltsvollstreckung in der EU mit dem neuen Europäischen Vollstreckungstitel, FuR

2005, 437; *Röthel-Sparmann*, Der europäische Vollstreckungstitel für unbestrittene Forderungen, WM 2006, 2285; *Stadler*, Kritische Anmerkungen zum Europäischen Vollstreckungstitel, RIW 2004, 801; *Stürner*, Rechtsschutz gegen fehlerhafte Europäische Vollstreckungstitel, GPR 2010, 43; *Stein*, Der Europäische Vollstreckungstitel für unbestrittene Forderungen – Einstieg in den Ausstieg aus dem Exequaturverfahren bei der Auslandsvollstreckung, EuZW 2004, 679; *Wagner*, Die neue Verordnung zum Europäischen Vollstreckungstitel, IPRax 2005, 189; *Wagner*, Der Europäische Vollstreckungstitel, NJW 2005, 1157.

Mit der VO (EG) Nr. 805/2004 über die Einführung eines Europäischen Vollstreckungstitels für unbestrittene Forderungen (**EuVTVO**) – die am **21.1.2005** in Kraft getreten ist (vgl. Art. 33 der EuVTVO) – ist ein einheitlicher europäischer Vollstreckungstitel für unbestrittene Forderungen eingeführt worden. **435**

Durch die **Festlegung von Mindestvorschriften** für das Erkenntnisverfahren soll der freie Verkehr von nach ihrem Inkrafttreten (vgl. dazu die Übergangsbestimmung des Art. 26 EuVTVO) erlassener **436**

– **Entscheidungen**,
– **gerichtlichen Vergleichen** und
– **öffentlichen Urkunden** (so Art. 3 Abs. 1 Unterabs. 1 EuVTVO)

in allen Mitgliedstaaten – worunter Art. 2 Abs. 3 EuVTVO alle EU-Mitgliedstaaten (mit Ausnahme Dänemarks) versteht – ermöglicht werden, ohne dass im Vollstreckungsmitgliedstaat ein Zwischenverfahren vor der Anerkennung und Vollstreckung angestrengt werden muss. Werden die Mindestvoraussetzungen im Mitgliedstaat eingehalten, kann das Ursprungsgericht den nationalen Titel – die EuVTVO statuiert allerdings kein europäisches Erkenntnisverfahren – durch Bestätigung zum **Europäischen Vollstreckungstitel** erklären (**Bestätigung im Ursprungsstaat, keine Vollstreckbarerklärung im Vollstreckungsstaat**). Dieser ist in allen Mitgliedstaaten (außer Dänemark) unmittelbar vollstreckbar – **europaweite Vollstreckbarkeit** (vgl. Art. 1 EuVTVO – **automatische Anerkennung und unmittelbare Vollstreckung unbestrittener Forderungen – Abschaffung des Exequaturverfahrens**).

Vgl. dazu auch die ergänzenden deutschen Ausführungsbestimmungen in den §§ 1079 bis 1680 ZPO.

Beachte: Das Verfahren auf Erteilung eines Europäischen Vollstreckungstitels etabliert kein eigenes System internationaler Zuständigkeit. Vielmehr folgt die internationale Zuständigkeit grundsätzlich aus der Brüssel Ia-VO.

I. Anwendungsbereich

1. Sachlicher Anwendungsbereich

437 Die EuVTVO ist nach ihrem Art. 2 Abs. 1 – in Anlehnung an Art. 1 Abs. 1 Brüssel Ia-VO – in **Zivil- und Handelssachen** anzuwenden, ohne dass es auf die Art der Gerichtsbarkeit ankommt. Sie erfasst insbesondere nicht Steuer- und Zollsachen, verwaltungsrechtliche Angelegenheiten sowie die Haftung des Staates für Handlungen oder Unterlassungen im Rahmen der Ausübung hoheitlicher Rechte (*acta jure imperii*).

438 Art. 2 Abs. 2 EuVTVO nimmt folgende Bereiche aus dem Anwendungsbereich aus (**Katalogausnahmen**, entsprechend Art. 1 Abs. 2 Brüssel Ia-VO):

- den Personenstand, die Rechts- und Handlungsfähigkeit sowie die gesetzliche Vertretung von natürlichen Personen, die ehelichen Güterstände, das Gebiet des Erbrechts einschließlich des Testamentsrechts (Buchst. a);
- Konkurse, Vergleiche und ähnliche Verfahren (Buchst. b);
- die soziale Sicherheit (Buchst c) und
- die Schiedsgerichtsbarkeit (Buchst. d).

2. Räumlicher Anwendungsbereich

439 Die EuVTVO erfasst nach ihrem Art. 2 Abs. 3 alle EU-Mitgliedstaaten mit Ausnahme Dänemarks.

II. Taugliche Vollstreckungstitel des nationalen Rechts

440 Die EuVTVO gilt nach ihrem Art. 3 Abs. 1 Unterabs. 1 für **Entscheidungen** (nachstehende Rn. 441), **gerichtliche Vergleiche** (Rn. 442) und **öffentlichen Urkunden** (Rn. 443) über „unbestrittene Forderungen" (Rn. 444).

1. Entscheidung

441 „Entscheidung" ist nach der Begriffsbestimmung des Art. 4 Nr. 1 EuVTVO jede von einem Gericht eines Mitgliedstaats (vgl. Art. 2 Abs. 3 EuVTVO: EU-Mitgliedstaat mit Ausnahme Dänemarks) erlassene Entscheidung ohne Rücksicht auf ihre Bezeichnung – wie Urteil, Beschluss, Zahlungsbefehl oder Vollstreckungsbescheid, einschließlich des Kostenfestsetzungsbeschlusses eines Gerichtsbediensteten.

2. Gerichtlicher Vergleich

442 Ein „gerichtlicher Vergleich“ ist nach Art. 24 Abs. 1 EuVTVO ein Vergleich über eine Forderung i.S. von Art. 4 Nr. 2 EuVTVO (mithin eine Forderung auf Zahlung einer bestimmten Geldsumme, die fällig ist oder deren Fälligkeitsdatum in der Entscheidung, dem gerichtlichen Vergleich oder der öffentlichen Urkunde angegeben ist), der von einem Gericht gebilligt oder vor einem Gericht im Laufe eines Verfahrens geschlossenen, und der in dem Mitgliedstaat, in dem er gebilligt oder geschlossen wurde, vollstreckbar ist. Dieser Vergleich wird auf Antrag an das Gericht, das ihn gebilligt hat oder vor dem er geschlossen wurde, unter Verwendung eines Formblatts als Europäischer Vollstreckungstitel bestätigt.

3. Öffentliche Urkunde

443 „Öffentliche Urkunde“ ist nach der Begriffsbestimmung des Art. 4 Nr. 3 EuVTVO ein Schriftstück, das als öffentliche Urkunde aufgenommen oder registriert worden ist (wobei die Beurkundung sich auf die Unterschrift und den Inhalt der Urkunde bezieht und von einer Behörde oder einer anderen von dem Ursprungsmitgliedstaat hierzu ermächtigten Stelle vorgenommen worden ist) oder eine vor einer Verwaltungsbehörde geschlossene oder von ihr beurkundete Unterhaltsvereinbarung oder -verpflichtung.

4. Der Begriff der „unbestrittenen Forderung“

444 Nach der gesetzlichen Fiktion des Art. 3 Abs. 1 Unterabs. 2 EuVTVO gilt eine Forderung (vgl. dazu die Legaldefinition in Art. 4 Nr. 2 EuVTVO) als „unbestritten“, wenn

- der Schuldner ihr im gerichtlichen Verfahren ausdrücklich durch Anerkenntnis oder durch einen von einem Gericht gebilligten oder vor einem Gericht im Laufe eines Verfahrens geschlossenen Vergleich zugestimmt hat (Buchst. a – **aktiv unbestrittene Forderung** – **Anerkenntnistitel**), oder
- der Schuldner ihr im gerichtlichen Verfahren zu keiner Zeit nach den maßgeblichen Verfahrensvorschriften des Rechts des Ursprungsmitgliedstaats widersprochen hat (Buchst. b – **passiv unbestrittene Forderung** – **Säumnistitel**), oder
- der Schuldner zu einer Gerichtsverhandlung über die Forderung nicht erschienen oder dabei nicht vertreten worden ist, nachdem er zuvor im gerichtlichen Verfahren der Forderung widersprochen hatte, sofern ein solches Verhalten nach dem Recht des Ursprungsmitgliedstaats

als stillschweigendes Zugeständnis der Forderung oder des vom Gläubiger behaupteten Sachverhalts anzusehen ist (Buchst. c – **passiv unbestrittene Forderung – Säumnistitel**), oder
– der Schuldner die Forderung ausdrücklich in einer öffentlichen Urkunde anerkannt hat (Buchst. d – **aktiv unbestrittene Forderung – Anerkenntnistitel**).

Judikatur: Die Voraussetzungen, unter denen im Fall eines Versäumnisurteils eine Forderung als „unbestritten" i.S. von Art. 3 Abs. 1 Unterabs. 2 Buchst. b EuVTVO gilt, sind – so der EuGH (NJW 2016, 2311) – autonom allein anhand der VO zu bestimmen.

Vgl. auch EuGH NJW 2014, 841 zu den Vraussetzungen der Bestätigung als Europäischer Vollstreckungstitel bei Rechtsstreitigkeiten zwischen Verbrauchern: Danach ist Art. 6 Abs. 1 Buchst. d EuVTVO dahin auszulegen, dass er nicht auf Verträge anwendbar ist, die zwischen zwei nicht berufs- oder gewerbebezogen handelnden Persnen geschlossen wird.

III. Europäischer Vollstreckungstitel

445 Eine Entscheidung, die im Ursprungsmitgliedstaat als Europäischer Vollstreckungstitel bestätigt worden ist, wird nach Art. 5 EuVTVO in den anderen Mitgliedstaaten anerkannt und vollstreckt, ohne dass es einer Vollstreckbarerklärung bedarf und ohne dass die Anerkennung angefochten werden kann (**Abschaffung des Vollstreckbarerklärungsverfahrens**).

446 Art. 6 der VO normiert die **Voraussetzungen für die Bestätigung als Europäischer Vollstreckungstitel**. Dabei erfolgt in Bezug auf die Schutzbedürftigkeit des Schuldners eine Differenzierung zwischen Anerkenntnis- (geringere Anforderungen, weil aktiv unbestrittene Forderung) und Säumnistiteln (strengere Anforderungen i.S. zusätzlicher Mindestanforderungen im Interesse eines Beklagtenschutzes, weil nur passiv unbestrittene Forderung).

447 Eine in einem Mitgliedstaat über eine unbestrittene Forderung (vgl. Art. 3 Abs. 1 Unterabs. 2 EuVTVO) ergangene Entscheidung wird nach Art. 6 Abs. 1 EuVTVO auf jederzeitigen **Antrag an das Ursprungsgericht** (vgl. dazu die Begriffsbestimmung in Art. 4 Nr. 6 EuVTVO) als Europäischer Vollstreckungstitel beim Vorliegen folgender Voraussetzungen bestätigt:
– Die Entscheidung ist im Ursprungsmitgliedstaat (dazu die Legaldefinition in Art. 4 Nr. 4 EuVTVO) ergangen und (auch vorläufig) vollstreckbar (Buchst. a – **Vollstreckbarkeit im Ursprungsmitgliedstaat**).
– Die Entscheidung steht nicht im Widerspruch zu den Zuständigkeitsregeln in Kapitel II Abschnitte 3 (Versicherungssachen, Art. 10 bis

16) und 6 (ausschließliche Zuständigkeiten, Art. 24) der Brüssel Ia-VO (Buchst. b).

Beachte als besondere Voraussetzung für Säumnistitel (zusätzlich): 448

- Das gerichtliche Verfahren hat im Ursprungsmitgliedstaat im Fall einer (passiv) unbestrittenen Forderung i.S. von Art. 3 Abs. 1 Buchst. b oder c EuVTVO (passiv unbestrittene Forderung) den (**Mindest-) Voraussetzungen** des Kapitels III (Art. 12 bis 19) Brüssel Ia-VO entsprochen (Buchst. c – **Schutz der Verteidigungsrechte des Schuldners** – arg.: passiv unbestrittene Forderung), **und**
- (nur sofern es sich um einen **Vollstreckungstitel gegen einen Verbraucher** handelt) die Entscheidung ist in dem Mitgliedstaat ergangen, in dem der Schuldner seinen Wohnsitz i.S. von Art. 59 Brüssel Ia-VO hat (Buchst. d), sofern
  - die Forderung unbestritten i.S. von Art. 3 Abs. 1 Buchst. b oder c EuVTVO (passiv unbestrittene Forderung) ist,
  - sie einen Vertrag betrifft, den eine Person, der Verbraucher ist, zu einem Zweck geschlossen hat, der nicht der beruflichen oder gewerblichen Tätigkeit dieser Person zugerechnet werden kann und
  - der Schuldner der Verbraucher ist.

Beachte: Buchst. d greift – so *Junker* (IZPR, § 31 Rn. 17) – den Gedanken des Art. 18 Abs. 2 Brüssel Ia-VO auf: Der Verbraucher kann in Verbrauchersachen (Art. 17 Brüssel Ia-VO) eine nicht in seinem Wohnsitzstaat erhobene Klage ignorieren. 449

Beachte: Da nur eine im Wohnsitzstaat des Verbrauchers ergangene Säumnisentscheidung nach Buchst. d als Europäischer Vollstreckungstitel bestätigt werden kann, hat die EuVTVO für gegen Verbraucher gerichtete Vollstreckungstitel keine große praktische Bedeutung (*Junker*, IZPR, § 31 Rn. 18 – arg.: regelmäßige Belegenheit des Verbrauchervermögens im Wohnsitzstaat, weshalb eine Auslandsvollstreckung kaum relevant ist). 450

Die Bestätigung als Europäischer Vollstreckungstitel wird nach Art. 9 EuVTVO unter Verwendung des Formblatts in Anhang I der VO in der Sprache ausgestellt, in der die Entscheidung abgefasst ist (**Ausstellung der Bestätigung als Europäischer Vollstreckungstitel**). 451

Die Bestätigung als Europäischer Vollstreckungstitel kann nach Maßgabe des Art. 10 Abs. 1 der VO auf Antrag an das Ursprungsgericht berichtigt oder widerrufen werden. 452

Die Bestätigung als Europäischer Vollstreckungstitel entfaltet gemäß Art. 11 EuVTVO Wirkung nur im Rahmen der Vollstreckbarkeit der 453

Entscheidung (**Wirkung der Bestätigung als Europäischer Vollstreckungstitel**).

IV. Mindestvoraussetzungen für eine Bestätigung als Europäischer Vollstreckungstitel

454 Eine Entscheidung über eine unbestrittene Forderung i.S. von Art. 3 Abs. 1 Buchst. b oder c kann nach Art. 12 EuVTVO nur dann als Europäischer Vollstreckungstitel bestätigt werden, wenn das gerichtliche Verfahren im Ursprungsmitgliedstaat den verfahrensrechtlichen Erfordernissen nach den Art. 13 bis 19 EuVTVO genügt hat.

455 Art. 19 EuVTVO bestimmt i.Ü., dass ergänzend zu den Art. 13 bis 18 EuVTVO eine Entscheidung nur dann als Europäischer Vollstreckungstitel bestätigt werden kann, wenn der Schuldner nach dem Recht des Ursprungsmitgliedstaats berechtigt ist, eine Überprüfung der Entscheidung bei Vorliegen der dort genannten Voraussetzungen zu beantragen.

V. Vollstreckung

456 Für das Vollstreckungsverfahren gilt nach Art. 20 Abs. 1 EuVTVO – vorbehaltlich der Art. 21 bis 23 der VO – das **Recht des Vollstreckungsmitgliedstaats**, d.h. nach der Legaldefinition des Art. 4 Nr. 5 EuVTVO des Mitgliedstaates, in dem die Vollstreckung der/des als Europäischer Vollstreckungstitel bestätigten Entscheidung, gerichtlichen Vergleichs oder öffentlichen Urkunde betrieben wird. Eine als Europäischer Vollstreckungstitel bestätigte Entscheidung wird unter den gleichen Bedingungen vollstreckt wie eine im Vollstreckungsmitgliedstaat ergangene Entscheidung.

457 Der Partei, die in einem Mitgliedstaat eine Entscheidung vollstrecken will, die in einem anderen Mitgliedstaat als Europäischer Vollstreckungstitel bestätigt wurde, darf nach Art. 20 Abs. 3 EuVTVO wegen ihrer Eigenschaft als Ausländer oder wegen Fehlens eines inländischen Wohnsitzes oder Aufenthaltsorts eine Sicherheitsleistung oder Hinterlegung, unter welcher Bezeichnung es auch sei, nicht auferlegt werden.

458 Auf Antrag des Schuldners kann die Vollstreckung nach Maßgabe von Art. 21 Abs. 1 EuVTVO vom zuständigen Gericht im Vollstreckungsmitgliedstaat verweigert werden (**Verweigerung der Vollstreckung**). Doch dürfen nach Art. 21 Abs. 2 EuVTVO weder die Entscheidung noch ihre Bestätigung als Europäischer Vollstreckungstitel im Vollstreckungsmitgliedstaat in der Sache selbst nachgeprüft werden.

Vgl. i.Ü. auch Art. 23 EuVTVO, der die Möglichkeit einer Aussetzung oder Beschränkung der Vollstreckung eröffnet.

VI. Konkurrenzen

Die EuVTVO berührt nach ihrem Art. 27 nicht die Möglichkeit, die Anerkennung und Vollstreckung einer Entscheidung über eine unbestrittene Forderung, eines gerichtlichen Vergleichs oder einer öffentlichen Urkunde auch gemäß der Brüssel Ia-VO zu betreiben (EuVTVO als **alternative Möglichkeit** zur Vollstreckung von Titeln – die aber keine internationale Zuständigkeit begründet, so *Junker*, IZPR, § 31 Rn. 4). Zum anderen lässt die EuVTVO nach ihrem Art. 28 die Anwendung der EheVO unberührt. 459

Prüfungsschema: Kann ein (nationaler) Titel als europäischer Vollstreckungstitel bestätigt werden? 460

1. Ist die EuVTVO sachlich und räumlich anwendbar (Art. 2 EuVTVO)?
2. Tauglichkeit des Vollstreckungstitels (Art. 3 EuVTVO)
3. Notwendige Voraussetzungen einer Bestätigung nach Art. 6 EuVTVO

Die **Rechtsfolgen** einer Bestätigung sind in den Art. 11 und 20 Abs. 2 EuVTVO geregelt.

F. VO (EG) Nr. 861/2007 zur Einführung eines europäischen Verfahrens für geringfügige Forderungen (europäisches Bagatellverfahren)

Literatur: *Hau*, Das neue europäische Verfahren zur Beitreibung geringfügiger Forderungen, JuS 2008, 1056; *Junker*, IZPR, § 31 Rn. 25 ff.; *Kern*, Das europäische Verfahren für geringfügige Forderungen und die gemeineuropäischen Verfahrensgrundsätze, JZ 2012, 389.

Die VO (EG) Nr. 861/2007 zur Einführung eines europäischen Verfahrens für geringfügige Forderungen (kurz: **EuGFVO**, ABl. EU Nr. L 199 vom 31.7.2007, S. 1) gilt nach ihrem Art. 29 ab dem **1.1.2009** – nunmehr i.d.F. von Art. 1 der VO (EU) 2015/2421 vom 16.12.2015 (mit Wirkung ab dem 14.7.2017 und mit der Zielsetzung, das Verfahren für die Praxis gegenüber nationalen Zivilverfahren attraktiver auszugestalten, da bislang die Zahl Europäischer Bagatellverfahren nur ein bescheidenes Niveau erreicht hat): Anhebung der Bagatellgrenze von früher 2.000 € auf jetzt **5.000 €** und Einflussnahme auf die Verfahrenskosten (*Junker*, IZPR, § 31 Rn. 26). 461

462 Das europäische Bagatellverfahren zielt nach seinem Art. 1 zum einen darauf ab, dass Streitigkeiten in **grenzüberschreitenden Rechtssachen** (in Zivil- und Handelssachen) **mit geringem Streitwert** (maximal 5.000 €) einfacher und schneller beigelegt und die Kosten hierfür reduziert werden können. Es ist – ebenso wie das europäische Mahnverfahren) – als **besonderes europarechtliches Erkenntnisverfahren** ausgestaltet. Nach Erwägungsgrund 38 der VO gilt es nicht im Verhältnis zu Dänemark. Die Durchführungsbestimmungen im deutschen Recht finden sich in den §§ 1097 bis 1109 ZPO.

463 Eine **grenzüberschreitende Rechtssache** i.S. der VO liegt nach deren Art. 3 vor, wenn mindestens eine der Parteien ihren Wohnsitz oder ihren gewöhnlichen Aufenthalt (der sich nach den Art. 59 und 60 Brüssel Ia-VO bestimmt) in einem anderen Mitgliedstaat als dem des angerufenen Gerichts hat. Das europäische Verfahren für geringfügige Forderungen steht dabei den Rechtssuchenden nach Art. 1 als eine **Alternative** (d.h. fakultativ, neben der EuVTVO bzw. der EuMVVO) zu den in den Mitgliedstaaten (wozu nach Art. 2 Abs. 3 der VO alle EU-Mitgliedstaaten mit Ausnahme Dänemarks zählen) bestehenden innerstaatlichen (Erkenntnis-) Verfahren zur Verfügung.

464 Mit dieser VO wird die Notwendigkeit von Zwischenverfahren zur Anerkennung und Vollstreckung der in anderen Mitgliedstaaten im Verfahren für geringfügige Forderungen ergangenen Urteile beseitigt. Es führt zu einem **originären europäischen Vollstreckungstitel**, aus dem nach Art. 20 der VO in den anderen Mitgliedstaaten vollstreckt werden kann. Das Verfahren wird grundsätzlich schriftlich durchgeführt.

I. Anwendungsbereich der VO

465 Die VO gilt nach ihrem Art. 2 Abs. 1 – in Übereinstimmung mit der Brüssel Ia-VO – für **grenzüberschreitende Rechtssachen i.S. von Art. 3 in Zivil- und Handelssachen**, ohne dass es auf die Art der Gerichtsbarkeit ankommt, wenn der **Streitwert** der Klage (ohne Zinsen, Kosten und Auslagen) zum Zeitpunkt des Eingangs beim zuständigen Gericht **5.000 €** nicht überschreitet. Sie erfasst insbesondere nicht Steuer- und Zollsachen, verwaltungsrechtliche Angelegenheiten sowie die Haftung des Staates für Handlungen oder Unterlassungen im Rahmen der Ausübung hoheitlicher Rechte (*acta iure imperii*).

Beachte: Das Europäische Bagatellverfahren erfasst – anders als das Europäische Mahnverfahren – nicht nur Geldforderungen, sondern (bis zur Streitwertgrenze) **alle Streitgegenstände** (*Junker*, IZPR, § 31 Rn. 29). 466

Beachte zudem: Die Verordnung trifft keine eigenständige Regelung der internationalen Zuständigkeit. Vielmehr verweist sie insoweit auf die Brüssel Ia-VO (*Junker*, IZPR, § 31 Rn. 29). **467**

Vom Anwendungsbereich ausgenommen sind die in Art. 2 Abs. 2 der VO enumerativ aufgelisteten Bereiche (**Ausnahmekatalog**, der nur in Bezug auf die Buchstaben h [Arbeitsrecht], i [Miete und Pacht unbeweglicher Sachen] und j [Verletzung der Privatsphäre oder der Persönlichkeitsrechte] Unterschiede zur Brüssel Ia-VO aufweist). **468**

II. Verfahren

Der Kläger leitet das europäische Verfahren für geringfügige Forderungen nach Maßgabe von Art. 4 der VO ein. Das Klageformblatt muss eine Beschreibung der Beweise zur Begründung der Forderung enthalten. Ggf. können ihm als Beweismittel geeignete Unterlagen beigefügt werden. **469**

Das Verfahren wird gemäß Art. 5 der VO schriftlich durchgeführt. Das Gericht hält eine mündliche Verhandlung nur dann ab, wenn es der Auffassung ist, dass es auf der Grundlage der schriftlichen Beweismittel kein Urteil fällen kann, oder wenn eine der Parteien einen entsprechenden Antrag stellt. Das Gericht kann einen solchen Antrag ablehnen, wenn es der Auffassung ist, dass in Anbetracht der Umstände des Falles ein faires Verfahren auch ohne mündliche Verhandlung sichergestellt werden kann. **470**

Innerhalb von 30 Tagen, nachdem die Antworten des Beklagten oder des Klägers unter Einhaltung der Frist des Art. 5 der VO eingegangen sind, erlässt das Gericht nach Art. 7 Abs. 1 VO ein **Urteil** oder verfährt wie folgt: **471**

- Es fordert die Parteien innerhalb einer bestimmten Frist, die 30 Tage nicht überschreiten darf, zu weiteren die Klage betreffenden Angaben auf (Buchst. a),
- es führt eine Beweisaufnahme nach Art. 9 der VO durch (Buchst. b),
- es lädt die Parteien zu einer mündlichen Verhandlung vor, die innerhalb von 30 Tagen nach der Vorladung stattzufinden hat (Buchst. c).

Das Gericht erlässt sein Urteil gemäß Art. 7 Abs. 2 VO entweder innerhalb von 30 Tagen nach einer etwaigen mündlichen Verhandlung oder nach Vorliegen sämtlicher Entscheidungsgrundlagen. Das Urteil wird den Parteien gemäß Art. 13 VO zugestellt. **472**

Das Urteil ist nach Art. 15 Abs. 1 VO ungeachtet eines möglichen Rechtsmittels vollstreckbar. Es darf keine Sicherheitsleistung verlangt werden. **473**

474 Der Beklagte, der sich auf das Verfahren nicht eingelassen hat, ist nach Maßgabe von Art. 18 Abs. 1 VO berechtigt, beim zuständigen Gericht des Mitgliedstaats, in dem das Urteil im europäischen Verfahren für geringfügige Forderungen ergangen ist, eine Überprüfung des Urteils zu beantragen, es sei denn, der Beklagte hat gegen das Urteil kein Rechtsmittel eingelegt, obwohl er die Möglichkeit dazu hatte.

475 Sofern die VO nichts anderes bestimmt, gilt für das Verfahren nach Art. 19 der VO das Verfahrensrecht des Mitgliedstaats, in dem das Verfahren durchgeführt wird.

III. Anerkennung und Vollstreckung in einem anderen Mitgliedstaat

476 Ein im Verfahren ergangenes Urteil wird nach Art. 20 Abs. 1 VO in einem anderen Mitgliedstaat anerkannt und vollstreckt, ohne dass es einer Vollstreckbarerklärung bedarf und ohne dass die Anerkennung angefochten werden kann. Auf Antrag einer Partei fertigt das Gericht gemäß Art. 20 Abs. 2 VO ohne zusätzliche Kosten unter Verwendung eines Formblatts eine Bestätigung zu einem im europäischen Verfahren über geringfügige Forderungen ergangenen Urteil.

477 Unbeschadet der Bestimmungen der Art. 20 bis 23 der VO gilt für das Vollstreckungsverfahren nach Art. 21 Abs. 1 VO das Recht des Vollstreckungsmitgliedstaats. Jedes im Verfahren ergangene Urteil wird unter den gleichen Bedingungen vollstreckt wie ein im Vollstreckungsmitgliedstaat ergangenes Urteil. Die Partei, die die Vollstreckung beantragt, muss gemäß Art. 21 Abs. 2 VO Folgendes vorlegen:

- eine Ausfertigung des Urteils, die die Voraussetzungen für den Nachweis seiner Echtheit erfüllt (Buchst. a); und
- die Bestätigung i.S. des Art. 20 Abs. 2 VO sowie, falls erforderlich, eine Übersetzung davon in die Amtssprache des Vollstreckungsmitgliedstaats (Buchst. b).

478 Von einer Partei, die in einem Mitgliedstaat die Vollstreckung eines im Verfahren in einem anderen Mitgliedstaat ergangenen Urteils beantragt, darf nach Art. 21 Abs. 3 der VO weder wegen ihrer Eigenschaft als Ausländer noch wegen Fehlens eines inländischen Wohnsitzes oder Aufenthaltsorts im Vollstreckungsmitgliedstaat eine Sicherheitsleistung oder Hinterlegung, unter welcher Bezeichnung auch immer, verlangt werden.

479 Auf Antrag der Person, gegen die die Vollstreckung gerichtet ist, wird die Vollstreckung vom zuständigen Gericht im Vollstreckungsmitgliedstaat nur nach Maßgabe von Art. 22 Abs. 1 VO (**Ablehnung der Voll-**

streckung) abgelehnt. Keinesfalls darf ein im Verfahren ergangenes Urteil aber im Vollstreckungsmitgliedstaat in der Sache selbst nachgeprüft werden (so Art. 22 Abs. 2 der VO).

G. VO (EG) Nr. 1896/2006 zur Einführung eines Europäischen Mahnverfahrens

Literatur: *Junker*, IZPR, § 31 Rn. 19 ff.; *McGuire*, Das neue Europäische Mahnverfahren (EuMVVO): Über das (Miss-) Verhältnis zwischen Effizienz und Schuldnerschutz, GPR 2007, 303; *Preuß*, Erlass und Überprüfung des Europäischen Zahlungsbefehls, ZZP 122 (2009), 3.

Die VO (EG) Nr. 1896/2006 zur Einführung eines Europäischen Mahnverfahrens vom 12.12.2006 (**EuMVVO** – ABl. EU Nr. L 399 vom 30.12.2000, S. 1) – i.d.F. von Art. 2 der VO (EU) 2015/2421 vom 16.12.2015 (mit Wirkung ab dem 14.7.2017 und mit der Zielsetzung, dass Gläubiger im Falle eines Einspruchs gegen den Europäischen Zahlungsbefehl [nachstehende Rn. 481] das Verfahren möglichst nicht in ein nationales Zivilverfahren, sondern in ein **europäisches Verfahren für geringfügige Forderungen** [vorstehende Rn. 461 ff.] überleiten [*Junker*, IZPR, § 31 Rn. 19]) – verfolgt nach ihrem Art. 1 Abs. 1 das Ziel, grenzüberschreitende Verfahren im Zusammenhang mit unbestrittenen Geldforderungen zu vereinfachen und zu beschleunigen sowie die Verfahrenskosten durch Einführung eines Europäischen Mahnverfahrens zu verringern (**einheitliches europäisches Verfahren der vereinfachten Titulierung und Vollstreckung von Geldforderungen**). **480**

Die EuMVVO will den freien Verkehr Europäischer Zahlungsbefehle in den Mitgliedstaaten – d.h. nach Art. 2 Abs. 3 EuMVVO alle EU-Mitgliedstaaten mit Ausnahme Dänemarks – ermöglichen. Dies geschieht durch die Festlegung von Mindestvorschriften, bei deren Einhaltung die Zwischenverfahren im Vollstreckungsmitgliedstaat, die vormals für die Anerkennung und Vollstreckung erforderlich waren, entfallen. Anders als nach der EuVTVO stellt die EuMVVO ein **eigenständiges Erkenntnisverfahren** (so Art. 1 Abs. 1 Buchst. a EuMVV) mit dem **Erlass eines eigenes Europäischen Zahlungsbefehls** (Art. 1 Abs. 1 Buchst. b EuMVVO) – als originärer europäischer, weil unmittelbar auf der Verordnung basierender Vollstreckungstitel – zur Verfügung. **481**

Nach Art. 1 Abs. 2 EuMVVO stellt die VO es dem Antragsteller frei, eine Forderung i.S. von Art. 4 EuMVVO auch im Wege eines anderen Verfahrens nach dem Recht eines Mitgliedstaats oder nach Gemeinschaftsrecht durchzusetzen – das Europäische Mahnverfahren bietet damit eine alternative Möglichkeit zur Durchsetzung von Forderungen (vgl. auch die Parallelregelung des Art. 27 EuVTVO). **482**

Beachte: Das Europäische Mahnverfahren etabliert allerdings kein eigenes System internationaler Zuständigkeit. Vielmehr folgt die internationale Zuständigkeit grundsätzlich aus der Brüssel Ia-VO (ggf. auch aus der UnterhaltsVO), vgl. Art. 6 Abs. 1 EuMVVO – allerdings besteht bei Verfahren gegen einen Verbraucher (anders als nach der Brüssel Ia-VO) gemäß Art. 6 Abs. 2 EuMVVO im Interesse eines umfassenden Verbraucherschutzes ein ausschließlicher Gerichtsstand im Wohnsitzstaat des Verbrauchers.

Vgl. auch die Durchführungsbestimmungen des deutschen Rechts in den §§ 1087 bis 1096 ZPO.

Beachte: Praktisch vorteilhaft für die Gläubigerseite ist die „Konzentration der Zuständigkeit bei einem einzigen (deutschen) Europäischen Mahngericht, dem AG Berlin-Wedding (§ 1087 ZPO)", so *Junker*, IZPR, § 31 Rn. 20).

I. Anwendungsbereich

483 Die EuMVVO ist nach ihrem Art. 2 Abs. 1 (in Übereinstimmung mit der Brüssel Ia-VO) in **grenzüberschreitenden Rechtssachen in Zivil- und Handelssachen** anzuwenden, ohne dass es auf die Art der Gerichtsbarkeit ankommt. Eine grenzüberschreitende Rechtssache i.S. der EuMVVO liegt nach deren Art. 3 Abs. 1 dann vor, wenn mindestens eine der Parteien ihren Wohnsitz oder gewöhnlichen Aufenthalt in einem anderen Mitgliedstaat als dem des befassten Gerichts hat. Der „Wohnsitz" wird nach den Art. 59 und 60 Brüssel Ia-VO bestimmt. Die EuMVVO erfasst insbesondere nicht Steuer- und Zollsachen, verwaltungsrechtliche Angelegenheiten sowie die Haftung des Staates für Handlungen oder Unterlassungen im Rahmen der Ausübung hoheitlicher Rechte (*acta jure imperii*).

484 Vom Anwendungsbereich sind nach Art. 2 Abs. 2 EuMVVO ausgeschlossen (**Ausnahmekatalog** in weitgehender Übereinstimmung mit der Brüssel Ia-VO und einer Ausnahme in Buchst. d)

- die ehelichen Güterstände, das Gebiet des Erbrechts einschließlich des Testamentsrechts (Buchst. a),
- Konkurse, Verfahren im Zusammenhang mit dem Abwickeln zahlungsunfähiger Unternehmen oder anderer juristischer Personen, gerichtliche Vergleiche, Vergleiche und ähnliche Verfahren (Buchst. b),
- die soziale Sicherheit (Buchst. c),
- Ansprüche aus außervertraglichen Schuldverhältnissen (Buchst. d), soweit

- diese nicht Gegenstand einer Vereinbarung zwischen den Parteien oder eines Schuldanerkenntnisses sind, oder
- diese sich nicht auf bezifferte Schuldbeträge beziehen, die sich aus gemeinsamem Eigentum an unbeweglichen Sachen ergeben.

Beachte: Buchst. d schließt damit – anders als die Brüssel Ia-VO, die EuVTVO oder EuGFVO – Ansprüche aus außervertraglichen Schuldverhältnissen von ihrem Anwendungsbereich aus. „Die EuMVVO zielt somit auf die erleichterte Geltendmachung vertraglicher Ansprüche" (so *Junker*, IZPR, § 31 Rn. 23).

In Bezug auf den **räumlichen Anwendungsbereich** bestimmt Art. 2 **485** Abs. 3 EuMVVO, dass die VO für alle EU-Mitgliedstaaten außer Dänemark gilt.

II. Das Europäische Mahnverfahren

Das Europäische Mahnverfahren gilt nach Art. 4 EuMVVO für die **486** Beitreibung bezifferter Geldforderungen, die zum Zeitpunkt der Einreichung des Antrags auf Erlass eines Europäischen Zahlungsbefehls fällig sind (**Fälligkeit und Bezifferbarkeit der Geldforderung**).

I.Ü. muss es sich um eine **grenzüberschreitende Rechtssache** i.S. **487** von Art. 3 EuMVVO handeln.

Für die Zwecke der Anwendung der VO wird nach Art. 6 Abs. 1 **488** EuMVVO die **Zuständigkeit** nach den hierfür geltenden Vorschriften des Gemeinschaftsrechts bestimmt (insbesondere der Brüssel Ia-VO). Betrifft die Forderung jedoch einen Vertrag, den eine Person, der Verbraucher, zu einem Zweck geschlossen hat, der nicht der beruflichen oder gewerblichen Tätigkeit dieser Person zugerechnet werden kann, und ist der Verbraucher Antragsgegner, so sind gemäß Art. 6 Abs. 2 EuMVVO nur die Gerichte des Mitgliedstaats zuständig, in welchem der Antragsgegner seinen Wohnsitz i.S. des Art. 59 Brüssel Ia-VO hat.

Der **Antrag auf Erlass eines Europäischen Zahlungsbefehls** ist **489** nach Art. 7 Abs. 1 EuMVVO unter Verwendung des Formblatts A gemäß Anhang I der VO zu stellen. Der Antrag muss gemäß Art. 7 Abs. 2 EuMVVO Folgendes beinhalten:

- Die Namen und Anschriften der Verfahrensbeteiligten und ggf. ihrer Vertreter sowie des Gerichts, bei dem der Antrag eingereicht wird (Buchst. a);
- die Höhe der Forderung einschließlich der Hauptforderung und ggf. der Zinsen, Vertragsstrafen und Kosten (Buchst. b);
- bei Geltendmachung von Zinsen der Zinssatz und der Zeitraum, für den Zinsen verlangt werden, es sei denn, gesetzliche Zinsen werden

nach dem Recht des Ursprungsmitgliedstaats automatisch zur Hauptforderung hinzugerechnet (Buchst. c);
- den Streitgegenstand einschließlich einer Beschreibung des Sachverhalts, der der Hauptforderung und ggf. der Zinsforderung zugrunde liegt (Buchst. d);
- eine Bezeichnung der Beweise, die zur Begründung der Forderung herangezogen werden (Buchst. e);
- die Gründe für die Zuständigkeit (Buchst. f) und
- den grenzüberschreitenden Charakter der Rechtssache i.S. von Art. 3 EuMVVO (Buchst. g).

490 Das mit einem Antrag auf Erlass eines Europäischen Zahlungsbefehls befasste Gericht prüft nach Art. 8 EuMVVO so bald wie möglich anhand des Antragsformulars, ob die in den Art. 2, 3, 4, 6 und 7 EuMVVO genannten Voraussetzungen erfüllt sind und ob die Forderung begründet erscheint. Diese Prüfung kann im Rahmen eines automatisierten Verfahrens erfolgen.

491 Das Gericht weist den Antrag nach Art. 11 Abs. 1 VO zurück,
- wenn die in den Art. 2, 3, 4, 6 und 7 EuMVVO genannten Voraussetzungen nicht erfüllt sind (Buchst. a), oder
- wenn die Forderung offensichtlich unbegründet ist (Buchst. b), oder
- wenn der Antragsteller nicht innerhalb der von dem Gericht gemäß Art. 9 Abs. 2 EuMVVO gesetzten Frist seine Antwort (auf eine Vervollständigungs- oder Berichtigungsaufforderung durch das Gericht diesem) übermittelt (Buchst. c), oder
- wenn der Antragsteller gemäß Art. 10 EuMVVO nicht innerhalb der von dem Gericht gesetzten Frist antwortet oder den Vorschlag des Gerichts ablehnt (Buchst. d).

492 Sind die in Art. 8 EuMVVO genannten Voraussetzungen erfüllt, so erlässt das Gericht nach Art. 12 EuMVVO so bald wie möglich und in der Regel binnen 30 Tagen nach Einreichung eines entsprechenden Antrags einen **Europäischen Zahlungsbefehl** unter Verwendung des Formblatts E gemäß Anhang V der EuMVVO.

493 Der Antragsgegner kann beim Ursprungsgericht (vgl. Art. 5 Nr. 1 EuMVVO) nach Art. 16 Abs. 1 EuMVVO **Einspruch gegen den Europäischen Zahlungsbefehl** unter Verwendung des Formblatts F gemäß Anhang VI der EuMVVO einlegen, das dem Antragsgegner zusammen mit dem Europäischen Zahlungsbefehl zugestellt wird. Der Einspruch muss innerhalb von 30 Tagen ab dem Tag der Zustellung des Zahlungsbefehls an den Antragsgegner versandt werden (so Art. 16 Abs. 2 EuMVVO).

III. Vollstreckung des Europäischen Mahnbescheids

Wurde innerhalb der Frist des Art. 16 Abs. 2 EuMVVO unter Berücksichtigung eines angemessenen Zeitraums für die Übermittlung kein Einspruch beim Ursprungsgericht eingelegt, so erklärt das Gericht nach Art. 18 Abs. 1 EuMVVO den Europäischen Zahlungsbefehl unter Verwendung des Formblatts G gemäß Anhang VII unverzüglich für vollstreckbar. Das Ursprungsgericht überprüft das Zustellungsdatum des Europäischen Zahlungsbefehls. **494**

Unbeschadet Art. 18 Abs. 1 EuMVVO richten sich die Voraussetzungen der Zwangsvollstreckung für die Vollstreckbarkeit nach den Rechtsvorschriften des Ursprungsmitgliedstaats (so Art. 18 Abs. 2 EuMVVO). Das Gericht übersendet dem Antragsteller gemäß Art. 18 Abs. 3 EuMVVO den vollstreckbaren Europäischen Zahlungsbefehl. **495**

Der im Ursprungsmitgliedstaat vollstreckbar gewordene Europäische Zahlungsbefehl wird nach Art. 19 EuMVVO in den anderen Mitgliedstaaten **anerkannt und vollstreckt**, ohne dass es einer Vollstreckbarerklärung bedarf und ohne dass seine Anerkennung angefochten werden kann (**Abschaffung des Exequaturverfahrens**). Eine Überprüfung des Europäischen Zahlungsbefehls kommt nach Art. 20 EuMVVO nur noch nach Maßgabe der dort genannten Ausnahmefälle durch das zuständige Gericht des Ursprungsmitgliedstaats in Betracht. **496**

Judikatur: Art. 20 Abs. 2 EuMVVO ist nach Ansicht des EuGH (NJW 2016, 860) dahin auszulegen, dass er einem Antragsteller, dem ein Europäischer Zahlungsbefehl nach dieser VO wirksam zugestellt worden ist, nicht gestattet, die gerichtliche Überprüfung dieses Zahlungsbefehls mit der Begründung zu beantragen, dass sich das Ursprungsgericht unter Berufung auf falsche Angaben des Antragstellers im Antragsformular dieses Zahlungsbefehls zu Unrecht für zuständig erklärt hat.

Nach Art. 21 Abs. 1 EuMVVO gilt – unbeschadet der Bestimmungen der EuMVVO – für das Vollstreckungsverfahren das **Recht des Vollstreckungsmitgliedstaats**. Ein vollstreckbar gewordener Europäischer Zahlungsbefehl wird unter den gleichen Bedingungen vollstreckt wie eine im Vollstreckungsmitgliedstaat vollstreckbar gewordene Entscheidung. **497**

Einem Antragsteller, der in einem Mitgliedstaat die Vollstreckung eines in einem anderen Mitgliedstaat erlassenen Europäischen Zahlungsbefehls beantragt, darf nach Art. 21 Abs. 3 EuMVVO wegen seiner Eigenschaft als Ausländer oder wegen Fehlens eines inländischen Wohnsitzes oder Aufenthaltsorts im Vollstreckungsmitgliedstaat eine Sicherheitsleistung oder Hinterlegung, unter welcher Bezeichnung es auch sei, nicht auferlegt werden. **498**

499 Auf Antrag des Antragsgegners kann die Vollstreckung vom zuständigen Gericht im Vollstreckungsmitgliedstaat nur nach Art. 22 EuMVVO verweigert werden.

500 Ein Europäischer Zahlungsbefehl darf nach Art. 22 Abs. 3 EuMVVO im Vollstreckungsmitgliedstaat in der Sache aber selbst nicht mehr nachgeprüft werden.

Judikatur: EuGH NJW 2013, 2657 (*Goldbet Sportwessen GmbH/Massimo Sperindeo*): keine rügelose Einlassung durch Einspruch gegen den Europäischen Zahlungsbefehl; EuGH NJW 2013, 1796 (*Novontech-Zala kft/Logicdata Electronic & Software Entwicklungs GmbH*): Versäumung der Einspruchsfrist gegen einen Europäischen Zahlungsbefehl durch einen Rechtsanwalt

H. VO über die vorläufige Kontenpfändung

Literatur: *Domej*, Ein wackeliger Balanceakt – Die geplante Verordnung über die Europäische vorläufige Kontenpfändung, ZEuP 2013, 496; *Hess/Raffelsieper*, Die Europäische Kontenpfändungsverordnung: Eine überfällige Reform zur Effektuierung grenzüberschreitender Vollstreckung im Europäischen Justizraum, IPRax 2015, 46; *Junker*, IZPR, § 31 Rn. 30 ff.; *Stamm*, Plädoyer für einen Verzicht auf den Europäischen Beschluss zur vorläufigen Kontenpfändung – Zehn gute Gründe gegen dessen Einführung, IPRax 2014, 124.

501 Die VO (EU) Nr. 655/2014 des europäischen Parlaments und des Rates vom 15.5.2014 zur Einführung eines Verfahrens für einen Europäischen Beschluss zur vorläufigen Kontenpfändung im Hinblick auf die Erleichterung der grenzüberschreitenden Eintreibung von Forderungen in Zivil- und Handelssachen (**EuKtPVO**, ABl. EU Nr. L 189 vom 27.6.2014, S. 59) gilt seit dem **18.1.2017** in grenzüberschreitenden Rechtssachen.

502 Durch die **Gewährung einstweiligen Rechtsschutzes** mit dem Ziel einer Sicherung der Vollstreckungsgrundlage zugunsten des Gläubigers soll verhindert werden, dass der Schuldner einer Vollstreckung in sein Bankkonto dadurch begegnet, dass er dieses zuvor „plündert" (**vorläufige Pfändung des schuldnerischen Bankkontos**).

503 Mit der EuKtPVO wird – so deren Art. 1 Abs. 1 – ein Unionsverfahren eingeführt, mit dem ein Gläubiger einen **Europäischen Beschluss zur vorläufigen Kontenpfändung** erwirken kann, der verhindert, dass die spätere Vollstreckung seiner Forderung dadurch gefährdet wird, dass Gelder bis zu dem im Beschluss angegebenen Betrag, die vom Schuldner oder in seinem Namen auf einem in einem Mitgliedstaat geführten Bankkonto geführt werden, überwiesen oder abgehoben werden (**Sicherung von Geldforderungen**). Der Beschluss zur vorläufigen Pfändung steht dem Gläubiger nach Art. 1 Abs. 2 EuKtPVO (ebenso wie die Verfahren nach der EuMVVO oder der Brüssel Ia-VO) als eine **Alternative** zu den Maßnahmen zur vorläufigen Pfändung nach dem nationalen Recht zur Verfügung.

I. Anwendungsbereich

1. Sachlicher Anwendungsbereich

Die EuKtPVO gilt nach ihrem Art. 2 Abs. 1 (entsprechend der Brüssel Ia-VO) für Geldforderungen in Zivil- und Handelssachen bei grenzüberschreitenden Rechtssachen i.S. des Art. 3 EuKtPVO, ohne dass es auf die Art des Gerichts ankommt. Sie gilt aber insbesondere nicht für Steuer- und Zollsachen sowie verwaltungsrechtliche Angelegenheiten oder für die Haftung des Staates für Handlungen oder Unterlassungen im Rahmen der Ausübung hoheitlicher Rechte (*acta jure imperii*). **504**

Der **Ausschlusskatalog** des Art. 2 Abs. 2 EuKtPVO entspricht der Brüssel Ia-VO mit Ausnahmen in Bezug auf den Umstand, dass die EuKtPVO nur Geldforderungen sichert. **505**

Art. 3 EuKtPVO definiert „grenzüberschreitende Rechtssachen“: Für die Zwecke der EuKtPVO gilt eine Rechtssache dann als „grenzüberschreitend“, wenn das mit dem Beschluss zur vorläufigen Pfändung vorläufig zu pfändende Bankkonto oder die damit vorläufig zu pfändenden Bankkonten in einem anderen Mitgliedstaat geführt werden als dem Mitgliedstaat des Gerichts, bei dem der Beschluss zur vorläufigen Pfändung gemäß Art. 6 EuKtPVO beantragt worden ist, oder dem Mitgliedstaat, in dem der Gläubiger seinen Wohnsitz hat. **506**

2. Räumlicher Anwendungsbereich

Die VO gilt für alle EU-Mitgliedstaaten mit Ausnahme des Vereinigten Königreichs (Erwägungsgrund 50) und Dänemarks (Erwägungsgrund 51). **507**

II. Erlass des Pfändungsbeschlusses

Anträge auf Erlass eines Beschlusses zur vorläufigen Pfändung sind nach Art. 4 EuKtPVO unter Verwendung eines Formblatts einzureichen. Ein Beschluss zur vorläufigen Pfändung steht dem Gläubiger gemäß Art. 5 EuKtPVO in folgenden Situationen zur Verfügung: **508**

– Bevor der Gläubiger in einem Mitgliedstaat ein Verfahren gegen den Schuldner in der Hauptsache einleitet oder während eines solchen

Verfahrens, bis die gerichtliche Entscheidung erlassen oder ein gerichtlicher Vergleich gebilligt oder geschlossen wird (Buchst. a), und
– nachdem der Gläubiger in einem Mitgliedstaat eine gerichtliche Entscheidung, einen gerichtlichen Vergleich oder eine öffentliche Urkunde bewirkt hat, mit der bzw. dem der Schuldner aufgefordert wird, die Forderung des Gläubigers zu erfüllen (Buchst. b).

509 Die **internationale Zuständigkeit** hat in den Art. 5 ff. EuKtPVO (wie in den Verfahren nach der EuMVVO bzw. der EuGFVO) keine eigenständige Regelung erfahren. Vielmehr ist wie folgt zu differenzieren:

– In Fällen, in denen der Gläubiger noch keine gerichtliche Entscheidung, keinen gerichtlichen Vergleich oder keine öffentliche Urkunde (d.h. keinen Vollstreckungstitel) erwirkt hat, liegt die Zuständigkeit für den Erlass eines Beschlusses zur vorläufigen Pfändung nach Art. 6 Abs. 1 EuKtPVO bei den Gerichten des Mitgliedstaats, die gemäß den einschlägigen anzuwendenden Zuständigkeitsvorschriften für die Entscheidung in der Hauptsache (i.d.R. nach Maßgabe der Brüssel Ia-VO) zuständig sind.
– Ungeachtet Art. 6 Abs. 1 EuKtPVO sind, sofern der **Schuldner ein Verbraucher** ist und einen Vertrag mit dem Gläubiger zu einem Zweck geschlossen hat, der nicht der beruflichen oder gewerblichen Tätigkeit des Schuldners zugerechnet werden kann, nach Art. 6 Abs. 2 EuKtPVO ausschließlich die Gerichte des Mitgliedstaats, in dem der Schuldner seinen Wohnsitz hat, für den Erlass eines Beschlusses zur vorläufigen Pfändung zur Sicherung einer Forderung aus diesem Vertrag zuständig (**ausschließlicher Gerichtsstand des Verbrauchers**).
– Hat der Gläubiger bereits eine gerichtliche Entscheidung oder einen gerichtlichen Vergleich erwirkt, so sind nach Art. 6 Abs. 3 EuKtPVO die Gerichte des Mitgliedstaats, in dem die Entscheidung erlassen wurde oder der gerichtliche Vergleich gebilligt oder geschlossen wurde, für den Erlass des Beschlusses zur vorläufigen Pfändung über die in der gerichtlichen Entscheidung oder dem gerichtlichen Vergleich angegebene Forderung zuständig.
– Hat der Gläubiger die Ausstellung einer öffentlichen Urkunde erwirkt (Geldforderung, die in einer vollstreckbaren Urkunde tituliert ist), so sind nach Art. 6 Abs. 4 EuKtPVO die als hierfür zuständig bezeichneten Gerichte des Mitgliedstaats, in dem die Urkunde errichtet wurde, für den Erlass des Beschlusses zur vorläufigen Pfändung über die in der Urkunde angegebene Forderung zuständig.

510 Das Gericht erlässt dann einen Beschluss zur vorläufigen Pfändung, wenn ein **Erlassgrund** (Art. 7 Abs. 1 EuKtPVO) gegeben ist und ein **Erlassanspruch** (Art. 7 Abs. 2 EuKtPVO) vorgetragen wird. Das Gericht erlässt nach Art. 7 Abs. 1 einen Beschluss zur vorläufigen Pfändung, wenn der Gläubiger hinreichende Beweismittel vorgelegt hat, die

das Gericht zu der berechtigten Annahme veranlassen, dass eine Sicherungsmaßnahme in Form eines Beschlusses zur vorläufigen Pfändung „dringend erforderlich" ist, weil eine tatsächliche Gefahr besteht, dass ohne diese Maßnahme die spätere Vollstreckung der Forderung des Gläubigers gegenüber dem Schuldner unmöglich oder sehr erschwert wird.

III. Schuldnerschutz

Art. 33 EuKtPVO gibt dem Schuldner einen Rechtsbehelf gegen den Beschluss zur vorläufigen Pfändung: Auf Antrag des Schuldners beim zuständigen Gericht des Ursprungsmitgliedstaats wird der Beschluss zur vorläufigen Pfändung aus dem Grund widerrufen oder ggf. abgeändert, u.a. weil die Bedingungen oder Voraussetzungen der EuKtPVO nicht erfüllt sind (Buchst. a). **511**

Der Gläubiger oder der Schuldner kann nach Art. 35 Abs. 1 EuKtPVO bei dem Gericht, das den Beschluss zur vorläufigen Pfändung erlassen hat, auch aus dem Grund die Abänderung oder den Widerruf des Beschlusses beantragen, dass sich die Umstände, die Anlass für den Erlass des Beschlusses waren, geändert haben. Das Gericht, das den Beschluss zur vorläufigen Pfändung erlassen hat, kann ferner gemäß Art. 35 Abs. 2 EuKtPVO aufgrund veränderter Umstände, sofern dies nach dem Recht des Ursprungsmitgliedstaats zulässig ist, den Beschluss auch von sich aus abändern oder widerrufen. **512**

Ungeachtet der Art. 33 und 35 EuKtPVO wird gemäß Art. 34 EuKtPVO auf Antrag des Schuldners beim zuständigen Gericht oder, soweit dies im nationalen Recht vorgesehen ist, bei der zuständigen Vollstreckungsbehörde des Vollstreckungsmitgliedstaats die Vollstreckung des Beschlusses zur vorläufigen Pfändung in diesem Mitgliedstaat **eingeschränkt** (Buchst. a) oder **beendet** (Buchst. b) aus den dort genanten Gründen. **513**

Beachte aber mögliche Haftungsgefahren für den Gläubiger: Der Gläubiger haftet nach Art. 13 Abs. 1 EuKtPVO für etwaige Schäden, die dem Schuldner durch den Beschluss zur vorläufigen Pfändung aufgrund eines Verschuldens des Gläubigers entstanden sind. Die Beweislast hierfür liegt beim Schuldner.

I. Anerkennung und Vollstreckung nach internationalen Abkommen

514 Ist in einer Streitsache i.S. von Art. 31 Abs. 1 CMR (dazu vorstehende Rn. 285 ff.) ein Urteil eines Gerichtes eines Vertragsstaates in diesem Staat vollstreckbar geworden, so wird es nach Art. 31 Abs. 3 CMR auch in allen anderen Vertragsstaaten vollstreckbar, sobald die in dem jeweils in Betracht kommenden Staat hierfür vorgeschriebenen Formerfordernisse erfüllt sind. Diese Formerfordernisse dürfen zu keiner sachlichen Nachprüfung führen.

Hinweis: Nach Art. 7 MSA werden Maßnahmen, die eine international zuständige Behörde ergriffen hat, in allen Vertragsstaaten anerkannt: Die Maßnahmen, welche die nach dem MSA zuständigen Behörden getroffen haben, sind in allen Vertragsstaaten anzuerkennen. Erfordern diese Maßnahmen jedoch Vollstreckungshandlungen in einem anderen Staat als in dem, in welchem sie getroffen worden sind, so bestimmen sich ihre Anerkennung und ihre Vollstreckung entweder nach dem innerstaatlichen Recht des Staates, in dem die Vollstreckung beantragt wird, oder nach zwischenstaatlichen Übereinkünften.

J. Anerkennung und Vollstreckung nach autonomem deutschen Recht

Literatur: *Althammer*, Verfahren mit Auslandsbezug nach dem neuen FamFG, IPRax 2009, 381; *Hau*, Das Internationale Zivilverfahrensrecht im FamFG, FamRZ 2009, 821; *Heiderhoff*, Die Anerkennung ausländischer Entscheidungen in Ehesachen, StAZ 2009, 328.

515 **Autonomes deutsches Recht** (§§ 722, 723 und § 328 ZPO bzw. §§ 107 bis 110 FamFG) findet nur dann Anwendung, wenn die einschlägigen europarechtlichen Regelungen bzw. Staatsvertragsrecht nach ihrem sachlichen, räumlichen oder zeitichen Anwendungsbereich nicht zur Anwendung gelangen. In Rede stehen dann insbesondere Entscheidungen von Nicht-EU-Staaten.

516 Die **Kollisionsvorrangregel** des § 97 Abs. 1 FamFG, wonach Regelungen in völkerrechtlichen Vereinbarungen, soweit sie unmittelbar anwendbares innerstaatliches Recht geworden sind, den Vorschriften des FamFG vorgehen, und Regelungen in Rechtsakten der Europäischen Ge-

meinschaft unberührt bleiben, gilt über die Anerkennungs- und Vollstreckungsregelungen der §§ 107 bis 110 FamFG hinaus auch für die §§ 328, 722 f. ZPO (so *Junker*, IZPR, § 32 Rn. 5).

Die Anerkennung und Vollstreckung von Entscheidungen in Famili- **517**
ensachen und in Angelegenheiten der Freiwilligen Gerichtsbarkeit nach den §§ 107 bis 110 FamFG geht (obgleich es sich um „Zivilsachen" i.S. § 13 GVG handelt) den §§ 328, 722 f. ZPO vor (*Junker*, IZPR, § 32 Rn. 11).

I. Anerkennung und Vollstreckung nach der ZPO

Aus dem Urteil eines ausländischen Gerichts findet die Zwangsvoll- **518**
streckung nach § 722 Abs. 1 ZPO nur statt, wenn ihre Zulässigkeit durch ein Vollstreckungsurteil ausgesprochen ist. Das Vollstreckungsurteil ist gemäß § 723 Abs. 1 ZPO ohne Prüfung der Gesetzmäßigkeit der Entscheidung zu erlassen (Verbot einer *révision au fond*, vgl. auch Art. 52 Brüssel Ia-VO). Es ist nach § 723 Abs. 2 S. 1 ZPO erst zu erlassen, wenn das Urteil des ausländischen Gerichts nach dem für dieses Gericht geltenden Recht die Rechtskraft erlangt hat. Der Erlass eines Vollstreckungsurteils scheidet gemäß § 723 Abs. 2 S. 2 ZPO jedoch aus, wenn die Anerkennung des Urteils nach § 328 ZPO ausgeschlossen ist.

Beachte: Die §§ 328, 722 f. ZPO setzen voraus, dass ein ausländisches (staatliches) Gericht (**räumlicher Anwendungsbereich**) in einer bürgerlichen Rechtsstreitigkeit (**sachlicher Anwendungsbereich**, wobei sich dieser nach § 13 GVG bestimmt und damit weiter reicht als nach Art. 1 Abs. 1 Brüssel Ia-VO: „Zivil- und Handelssachen") ein Urteil (vgl. Art. 2 Buchst. a Brüssel Ia-VO: „Entscheidung") erlassen hat.

Beachte zudem: Während § 328 Abs. 1 ZPO keine formelle Rechtskraft voraussetzt, bedarf eine Vollstreckung nach § 723 Abs. 2 S. 1 ZPO der **formellen Rechtskraft** der Entscheidung (anders als Art. 39 Brüssel Ia-VO, wonach für die Vollstreckung vorläufige Vollstreckbarkeit ausreicht).

1. Anerkennung ausländischer Urteile (§ 328 ZPO)

Der Anerkennung ausländischer Urteile nach dem autonomen deut- **519**
schen Recht liegt zunächst der Gedanke zu Grunde, dass es grundsätzlich zu **keiner Überprüfung in der Sache** selbst kommt (vgl. auch Art. 52 Brüssel Ia-VO). Die Gesetzmäßigkeit einer Entscheidung ist regelmäßig nicht überprüfbar (Verbot einer *révision au fond*, so § 723

Abs. 1 ZPO respektive § 109 Abs. 5 FamFG, näher *Junker*, IZPR, § 32 Rn. 15).

520 Die Anerkennung des Urteils eines ausländischen Gerichts ist nach § 328 Abs. 1 ZPO (entsprechend der Systematik des Art. 45 Abs. 1 Brüssel Ia-VO) nur ausgeschlossen (**Anerkennungshindernis/Versagungsgründe**)

- wenn die Gerichte des Staates, dem das ausländische Gericht angehört, nach den deutschen Gesetzen (d.h. international) nicht zuständig sind (Nr. 1 – **Anerkennungszuständigkeit**, respektive § 109 Abs. 1 Nr. 1 FamFG – vgl. auch Art. 45 Abs. 1 Buchst. e Brüssel Ia-VO [festzustellen nach dem Spiegelbildprinzip, dazu *Junker*, IZPR, § 32 Rn. 28 ff.: d.h. spiegelbildliche Anwendung der deutschen Vorschriften über die Entscheidungszuständigkeit]);
- wenn dem Beklagten, der sich auf das Verfahren nicht eingelassen hat und (kumulativ) sich hierauf beruft, das verfahrenseinleitende Dokument nicht ordnungsmäßig oder nicht so rechtzeitig zugestellt worden ist, dass er sich verteidigen konnte (Nr. 2 – **fehlendes rechtliches Gehör**, wobei Nr. 2 [anders als Art. 45 Abs. 1 Buchst. b Brüssel Ia-VO] nicht verlangt, dass der Beklagte im Erstverfahren einen möglichen Rechtsbehelf eingelegt hat – respektive § 109 Abs. 1 Nr. 2 FamFG);
- wenn das Urteil mit einem in Deutschland erlassenen (Alt. 1) oder einem anzuerkennenden früheren ausländischen Urteil (Alt. 2) oder wenn das ihm zugrunde liegende Verfahren mit einem früher in Deutschland rechtshängig gewordenen Verfahren (Alt. 3) unvereinbar ist (**Unvereinbarkeit i.S. einer Identität des Streitgegenstands**, d.h. der Kernpunkte des Streits, so *Junker*, IZPR, § 32 Rn. 25) (Nr. 3 – **unvereinbare Urteile oder Verfahren**, respektive § 109 Abs. 1 Nr. 3 FamFG [vgl. auch Art. 45 Abs. 1 Buchst. c Brüssel Ia-VO]);
- wenn die Anerkennung des Urteils zu einem Ergebnis führt, das mit wesentlichen Grundsätzen des deutschen Rechts „offensichtlich unvereinbar" ist, insbesondere wenn die Anerkennung mit den Grundrechten unvereinbar ist (Nr. 4 – **Verstoß gegen den *ordre public***, respektive § 109 Abs. 1 Nr. 4 FamFG [vgl. auch Art. 45 Abs. 1 Buchst. a Brüssel Ia-VO], dazu etwa BGHZ 118, 312, 330; 138, 331, 335);
- wenn die Gegenseitigkeit (nach Prüfung von Referenzentscheidungen) nicht verbürgt ist (Nr. 5 – **Gegenseitigkeitserfordernis**, respektive § 109 Abs. 4 Nr. 1 bis 5 FamFG [beschränkt auf Familien- und bestimmte Lebenspartnerschaftssachen]) – wobei für diesen Fall gemäß § 328 Abs. 2 ZPO eine Anerkennung des Urteils dann doch in Betracht kommt, wenn das Urteil einen nichtvermögensrechtlichen Anspruch betrifft und nach den deutschen Gesetzen ein Gerichtsstand im Inland nicht begründet war.

2. Vollstreckungserklärung nach den §§ 722, 723 ZPO

Nach den §§ 722, 723 ZPO erfolgt die Vollstreckungserklärung in einem **kontradiktorischen Verfahren** durch **Urteil**, wobei das **konstitutive Vollstreckungsurteil** (§ 723 ZPO) als Gestaltungsurteil dem Ersturteil die Vollstreckbarkeit verleiht – mithin die „Vollstreckungswirkung im Zweitstaat" begründet (*Junker*, IZPR, § 32 Rn. 37). **521**

a) Vollstreckbarkeit ausländischer Urteile

Aus dem Urteil eines ausländischen Gerichts findet nach § 722 Abs. 1 ZPO die Zwangsvollstreckung nur statt, wenn ihre Zulässigkeit durch ein Vollstreckungsurteil ausgesprochen ist. Für die Klage auf Erlass des Urteils ist das AG oder LG, bei dem der Schuldner seinen allgemeinen Gerichtsstand hat, und sonst das AG oder LG zuständig, bei dem nach § 23 ZPO gegen den Schuldner Klage erhoben werden kann (so § 722 Abs. 2 ZPO). **522**

b) Vollstreckungsurteil

Das Vollstreckungsurteil ist nach § 723 Abs. 1 ZPO **ohne Prüfung der Gesetzmäßigkeit der Entscheidung** zu erlassen. Es ist gemäß § 723 Abs. 2 ZPO erst zu erlassen, wenn das Urteil des ausländischen Gerichts nach dem für dieses Gericht geltenden Recht die (formelle) **Rechtskraft** erlangt hat (ebenso § 110 Abs. 3 S. 2 FamFG). Vorläufige Vollstreckbarkeit reicht für eine Vollstreckbarerklärung damit nicht aus. Das Vollstreckungsurteil ist nicht zu erlassen, wenn die Anerkennung des Urteils nach § 328 ZPO (vorstehende Rn. 320) ausgeschlossen ist. Dadurch wird die Vollstreckbarerklärung mit der Anerkennungsfähigkeit der ausländischen Entscheidung verknüpft (vgl. auch § 110 Abs. 1 FamFG). **523**

II. Anerkennung und Vollstreckbarkeit ausländischer Entscheidungen in Ehesachen

Die §§ 107 bis 110 FamFG regeln die Anerkennung und Vollstreckbarkeit ausländischer Entscheidungen in Familiensachen und Angelegenheiten der Freiwilligen Gerichtsbarkeit. Dabei ist wie folgt zu unterscheiden: **524**

- Ausländische Entscheidungen in **Ehesachen** i.S. von § 107 Abs. 1 S. 1 FamFG bedürfen einer **Anerkennung**.
- **Andere Entscheidungen** werden „ohne dass es dafür eines besonderen Verfahrens bedarf" (inzident) anerkannt (**Inzidentanerkennung**).
- Nach § 108 Abs. 2 und 3 FamFG kommt auch ein **fakultatives Anerkennungsverfahren** in den dort genannten Fällen in Betracht.

525 In den Fällen des § 95 Abs. 1 FamFG, in denen ein Exequaturverfahren erforderlich ist, ist nach § 110 Abs. 2 FamFG durch **Beschluss** über die Vollstreckbarkeit der ausländischen Entscheidung zu entscheiden.

1. Anerkennung ausländischer Entscheidungen in Ehesachen (§ 107 FamFG)

526 Entscheidungen, durch die im Ausland eine Ehe für nichtig erklärt, aufgehoben, dem Ehebande nach oder unter Aufrechterhaltung des Ehebandes geschieden oder durch die das Bestehen oder Nichtbestehen einer Ehe zwischen den Beteiligten festgestellt worden ist, werden nach § 107 Abs. 1 FamFG nur anerkannt, wenn die Landesjustizverwaltung festgestellt hat, dass die Voraussetzungen für die Anerkennung vorliegen. Hat ein Gericht oder eine Behörde des Staates entschieden, dem beide Ehegatten zur Zeit der Entscheidung angehört haben, hängt die Anerkennung nicht von einer Feststellung der Landesjustizverwaltung ab.

527 Zuständig ist gemäß § 107 Abs. 2 FamFG die Justizverwaltung des Landes, in dem ein Ehegatte seinen „gewöhnlichen Aufenthalt" hat. Hat keiner der Ehegatten seinen gewöhnlichen Aufenthalt im Inland, ist die Justizverwaltung des Landes zuständig, in dem eine neue Ehe geschlossen oder eine Lebenspartnerschaft begründet werden soll. Die Landesjustizverwaltung kann den Nachweis verlangen, dass die Eheschließung oder die Begründung der Lebenspartnerschaft angemeldet ist. Wenn eine andere Zuständigkeit nicht gegeben ist, ist die Justizverwaltung des Landes Berlin zuständig.

528 Die Entscheidung ergeht nach § 107 Abs. 4 FamFG auf **Antrag**. Den Antrag kann stellen, wer ein „rechtliches Interesse an der Anerkennung" glaubhaft macht. Lehnt die Landesjustizverwaltung den Antrag ab, kann der Antragsteller gemäß § 107 Abs. 5 FamFG beim OLG die Entscheidung beantragen. Stellt die Landesjustizverwaltung fest, dass die Voraussetzungen für die Anerkennung vorliegen, kann ein Ehegatte, der den Antrag nicht gestellt hat, nach § 107 Abs. 6 FamFG beim OLG die Entscheidung beantragen. Die Entscheidung der Landesjustizverwaltung wird mit der Bekanntgabe an den Antragsteller wirksam. Die Landesjustizverwaltung kann jedoch in ihrer Entscheidung bestimmen, dass die Entscheidung erst nach Ablauf einer von ihr bestimmten Frist wirksam wird. Zuständig ist nach § 107 Abs. 7 FamFG ein Zivilsenat des OLG, in dessen Bezirk die Landesjustizverwaltung ihren Sitz hat. Der Antrag auf gerichtliche Entscheidung hat keine aufschiebende Wirkung. Die genannten Vorschriften sind entsprechend anzuwenden, wenn nach § 107 Abs. 8 FamFG die Feststellung begehrt wird, dass die Voraussetzungen für die Anerkennung einer Entscheidung nicht vorliegen. Die

Feststellung, dass die Voraussetzungen für die Anerkennung vorliegen oder nicht vorliegen, ist für Gerichte und Verwaltungsbehörden bindend (so § 107 Abs. 9 FamFG).

2. Anerkennung anderer ausländischer Entscheidungen (§ 108 FamFG)

Abgesehen von Entscheidungen in Ehesachen werden nach § 108 **529**
Abs. 1 FamFG ausländische Entscheidungen anerkannt, ohne dass es hierfür eines besonderen Verfahrens bedarf. Beteiligte, die ein „rechtliches Interesse" haben, können gemäß § 108 Abs. 2 FamFG eine Entscheidung über die Anerkennung oder Nichtanerkennung einer **ausländischen Entscheidung nicht vermögensrechtlichen Inhalts** beantragen. § 107 Abs. 9 FamFG gilt dann entsprechend.

Für die Anerkennung oder Nichtanerkennung einer **Annahme als** **530**
Kind gelten jedoch die §§ 2, 4 und 5 des Adoptionswirkungsgesetzes, wenn der Angenommene zur Zeit der Annahme das 18. Lebensjahr nicht vollendet hatte.

Für die Entscheidung über den Antrag bezüglich Anerkennung oder **531**
Nichtanerkennung einer ausländischen Entscheidung nicht vermögensrechtlichen Inhalts (§ 108 Abs. S. 1 FamFG) ist nach § 108 Abs. 3 FamFG das Gericht **örtlich zuständig**, in dessen Bezirk zum Zeitpunkt der Antragstellung

- der Antragsgegner oder die Person, auf die sich die Entscheidung bezieht, sich gewöhnlich aufhält (Nr. 1) oder
- bei Fehlen einer Zuständigkeit nach Nr. 1 das Interesse an der Feststellung bekannt wird oder das Bedürfnis der Fürsorge besteht (Nr. 2).

Diese Zuständigkeiten sind **ausschließlich**.

3. Anerkennungshindernisse (§ 109 FamFG, entsprechend § 328 ZPO)

Die Anerkennung einer ausländischen Entscheidung ist nach § 109 **532**
Abs. 1 FamFG **ausgeschlossen**,

- wenn die Gerichte des anderen Staates nach deutschem Recht nicht zuständig sind (Nr. 1 – respektive § 328 Nr. 1 ZPO – vgl. jedoch zwecks Vermeidung „hinkender Rechtsverhältnisse" die Ausnahmen nach § 109 Abs. 2 und 3 FamFG in Bezug auf Ehe- und Lebenspartnerschaftssachen);
- wenn einem Beteiligten, der sich zur Hauptsache nicht geäußert hat und sich hierauf beruft, das verfahrenseinleitende Dokument nicht ordnungsgemäß oder nicht so rechtzeitig mitgeteilt worden ist, dass er

seine Rechte wahrnehmen konnte (Nr. 2 – respektive § 328 Nr. 1 ZPO);

- wenn die Entscheidung mit einer in Deutschland erlassenen oder anzuerkennenden früheren ausländischen Entscheidung oder wenn das ihr zugrunde liegende Verfahren mit einem früher in Deutschland rechtshängig gewordenen Verfahren unvereinbar ist (Nr. 3);
- wenn die Anerkennung der Entscheidung zu einem Ergebnis führt, das mit wesentlichen Grundsätzen des deutschen Rechts offensichtlich unvereinbar ist, insbesondere wenn die Anerkennung mit den Grundrechten unvereinbar ist (Nr. 4 – respektive § 328 Nr. 4 ZPO [z.B. eine ausländische Entscheidung zur Vornahme einer Privatscheidung, so BGHZ 176, 365, 374 – nicht jedoch eine rückwirkende Verurteilung zu Unterhaltszahlungen, so BGH NJW-RR 2009, 1300, 1301]).

533 Der **Anerkennung einer ausländischen Entscheidung in einer Ehesache** steht nach § 109 Abs. 2 FamFG die Regelung des § 98 Abs. 1 Nr. 4 FamFG nicht entgegen, wenn ein Ehegatte seinen „gewöhnlichen Aufenthalt" in dem Staat hatte, dessen Gerichte entschieden haben. Wird eine ausländische Entscheidung in einer Ehesache von den Staaten anerkannt, denen die Ehegatten angehören, steht § 98 FamFG der Anerkennung der Entscheidung nicht entgegen.

534 § 103 FamFG steht gemäß § 109 Abs. 3 FamFG der **Anerkennung einer ausländischen Entscheidung in einer Lebenspartnerschaftssache** nicht entgegen, wenn der Register führende Staat die Entscheidung anerkennt.

535 Die Anerkennung einer ausländischen Entscheidung, die

- Familienstreitsachen (Nr. 1),
- die Verpflichtung zur Fürsorge und Unterstützung in der partnerschaftlichen Lebensgemeinschaft (Nr. 2),
- die Regelung der Rechtsverhältnisse an der gemeinsamen Wohnung und an den Haushaltsgegenständen der Lebenspartner (Nr. 3),
- Entscheidungen nach § 6 S. 2 LPartG i.V.m. §§ 1382 und 1383 BGB (Nr. 4) oder
- Entscheidungen nach § 7 S. 2 LPartG i.V.m. §§ 1426, 1430 und 1452 BGB

betrifft, ist nach § 109 Abs. 4 FamFG auch dann ausgeschlossen, wenn die Gegenseitigkeit nicht verbürgt ist.

536 Eine Überprüfung der **Gesetzmäßigkeit der ausländischen Entscheidung** findet gemäß § 109 Abs. 5 FamFG nicht statt.

4. Vollstreckbarkeit ausländischer Entscheidungen (§ 110 FamFG)

537 Eine ausländische Entscheidung ist nach § 110 Abs. 1 FamFG (entsprechend § 723 Abs. 2 S. 2 ZPO) nicht vollstreckbar, wenn sie nicht

anzuerkennen ist (**Verknüpfung der Vollstreckbarerklärung mit der Anerkennungsfähigkeit der ausländischen Entscheidung**).

Soweit die ausländische Entscheidung eine in § 95 Abs. 1 FamFG genannte Verpflichtung zum Inhalt hat, ist die Vollstreckbarkeit gemäß § 110 Abs. 2 FamFG durch **Beschluss** auszusprechen. Der Beschluss ist zu begründen. Zuständig für den Beschluss ist nach § 110 Abs. 3 FamFG das AG, bei dem der Schuldner seinen allgemeinen Gerichtsstand hat, und sonst das AG, bei dem nach § 23 ZPO gegen den Schuldner Klage erhoben werden kann. Der Beschluss ist erst zu erlassen, wenn die Entscheidung des ausländischen Gerichts nach dem für dieses Gericht geltenden Recht die **Rechtskraft** erlangt hat. **538**

Zusammenfassung: **539**

1. Vorrangig bestimmt sich die Anerkennung und Vollstreckung ausländischer Entscheidungen nach Maßgabe des europäischen Rechts bzw. völkerrechtlicher Vereinbarungen.
2. Erst wenn der Anwendungsbereich dieses vorrangig zu prüfenden europäischen bzw. staatsvertraglichen Rechts nicht eröffnet ist (in räumlicher und/oder sachlich-persönlicher Hinsicht), bleibt Raum für das autonome deutsche Recht.
3. Die Anerkennung und Vollstreckung von ausländischen Entscheidungen beurteilt sich dann nach den §§ 328, 722 f. ZPO – es sei denn, § 1 FamFG eröffnet den vorrangigen Anwendungsbereich der §§ 107 bis 110 FamFG.

Stichwortverzeichnis

(Die Zahlen beziehen sich auf Randnummern)